Wambsganz, Friedrich:
Thomas Manns >Doktor Faustus<
- das fehlgeleitete deutsche Genie
 ISBN 3-8311-3557-6

AF286202

Drucklegung März 2002

Books on Demand GmbH
Gutenbergring 53
22848 Norderstedt

ISBN 3-8311-3557-6

THOMAS MANNS

DOKTOR FAUSTUS

das fehlgeleitete deutsche Genie

**Eine politische Analyse der
Hauptmotive des Romans
unter Einbeziehung der
Selbstzeugnisse und Reden
des Autors**

**von Dr. Friedrich Wambsganz,
geb. 1945 in Peißenberg, Abitur
1964 in Weilheim, Studium der
Germanistik und Theologie 1964-
1971 in München, Studiendirektor
und Fachbetreuer für Deutsch am
Weilheimer Gymnasium, Lehr-
Auftrag SoSem 2000 an der LMU
München, Referent bei den Döblin-
Kolloquien 2001 an der FU Berlin**

Zur Entstehung des Buches

Im Rahmen meiner Dissertation im Jahr 1998 an der Ludwig-Maximilians-Universität München zum Thema >Das Leid im Werk Alfred Döblins. Eine Analyse der späten Romane in Beziehung zum Gesamtwerk< stieß ich auf Thomas Manns großartiges Alterswerk >Doktor Faustus< und konnte an verschiedenen Stellen meiner Arbeit dieses Buch mit den Antikriegsromanen Döblins, der Tetralogie >November 1918< und dem Psychologischen Roman >Hamlet oder Die lange Nacht hat ein Ende<, kontrastieren. Dabei entdeckte ich Thomas Manns Werk als ein Produkt von Weltgeltung hinsichtlich Bildwahl, Motivverknüpfung, Sprachkraft und Symbolik. Die gegen Ende des Zweiten Weltkriegs geschriebenen Romane der berühmten Autoren befassen sich im Interesse von Geschichtsverarbeitung alle mit Politik-Deutung, den Kriegsursachen und Kriegsereignissen, den gewachsenen gesellschaftlichen Bedingungen in Deutschland und dem Naturell der Deutschen.

Thomas Manns Faust-Roman faszinierte mich auch aus lokalen Gründen, weil ich in der unmittelbaren Nähe Pfeifferings/Pollings, dem Wohn- und Schaffensort der Hauptperson in den Jahren 1912 bis 1930, geboren, aufgewachsen und in die Schule gegangen und in Waldshut/Weilheim Gymnasiallehrer geworden bin.

Die Autorintention für dieses Buch und seine motivische, figurative und metaphorische Gestaltung haben mich derart angesprochen, dass ich mit meinen Oberstufenschülern 1999 in Polling eine große Foto- und Textausstellung eingerichtet habe, vor der ich seither monatlich einmal zu einer Führung und zum Referat über den Roman einlade.

Auf Grund dieser diversen Erfahrungen als begeisterter Leser und Interpret von Thomas Manns epochalem Werk und wegen der Aufforderung etlicher Besucher meiner Veranstaltung sah ich mich seit August 2000 zum Schreiben dieser Werkanalyse angeregt.

Dank sage ich meiner Familie für ihre Geduld während der Entstehungsphase dieses Buches, insbesondere meinem sachkundigen Sohn Adrian für vielerlei informationstechnische Unterstützung.

Weilheim/Polling, den 22.2.2002   Friedrich Wambsganz

Thomas Manns >Doktor Faustus<: das fehlgeleitete deutsche Genie

Von
Friedrich Wambsganz

Vorwort

Thomas Mann hat bereits 1901 als 26-jähriger Jungautor mit dem Roman >Buddenbrooks< einen sehr großen Erfolg erzielt. Mehrere Novellen, darunter >Tonio Kröger< haben seine feinsinnige Beobachtungsgabe und sein Darstellungstalent weiter bekannt gemacht. Der Roman >Tod in Venedig< kennzeichnete ihn 1912 als Konzeptor von Künstlerfiguren und deren Morbidität, und 1924 reflektierte er mit seinem sensitiven Helden Hans Castorp das Lebensgefühl und die geistige Situation in Europa mit dem >Zauberberg<-Roman. Schon mit diesen Werken, dazu auch auf Grund mehrerer umsichtiger zeitkritischer Essays und Reden, war sein Ruhm als einer der ganz großen deutschsprachigen Schriftsteller grundgelegt, so dass die ehrenvolle Verleihung des Literaturnobelpreises im Jahr 1929 an ihn einhellig begrüßt wurde. Nach den >Josephs<-Romanen mit Beginn der dreißiger Jahre und der Reverenz an Johann Wolfgang von Goethe mit >Lotte in Weimar< zum Ende des Jahrzehnts schrieb er im kalifornischen Pacific Palisades vom 23. Mai 1943 bis zum 30. Januar 1947 an seinem letzten umfangreichen Alterswerk >Dr. Faustus< und bekannte im 1949 im so genannten "Roman eines Romans", in >Die Entstehung des Doktor Faustus<, dass ihm Adrian Leverkühn, die Hauptperson seines Werkes, die am meisten geschätzte Heldengestalt geworden sei: "Leverkühn sei sozusagen eine Idealgestalt, ein `Held unserer Zeit´, ein Mensch, der das Leid der Epoche trägt. Ich ging aber weiter und gestand ihm [Erg.: Leonhard Frank], daß ich nie eine Imagination, weder Thomas Buddenbrook, noch Hans Castorp, noch Aschenbach, noch Joseph, noch den Goethe von >Lotte in Weimar< - ausgenommen vielleicht Hanno Buddenbrook - geliebt hätte wie ihn. Ich sprach die Wahrheit. Buchstäblich teilte ich die Empfindungen des guten Serenus für ihn, war sorgenvoll in ihn verliebt von seinen hochmütigen Schülertagen an, vernarrt in seine `Kälte´, seine Lebensferne, seinen Mangel an `Seele´, dieser Vermittlungs- und Versöhnungsinstanz zwischen Geist und Trieb, in sein `Unmenschentum´ und `verzweifelt Herz´, seine Überzeugung, verdammt zu sein. Dabei, merkwürdigerweise, gab ich ihm kaum ein Aussehen, eine Erscheinung, einen Körper." (>Die Entstehung des

Doktor Faustus<, S. 81) Der Roman hat Weltgeltung aus zwei Gründen. Zum einen enthält er, wie jede der letzten großen Produktionen berühmter Schriftsteller, die Summe seiner Lebenserkenntnisse, zum anderen wird der Charakter der deutschen Nation allegorisch definiert - und zwar als das faustische Streben nach dem Kaum-Erreichbaren, ja sogar Unverfügbaren, aber doch sehnlichst Gewollten. Es handelt sich um das literarische Ertasten deutschen `Dichter- und Denkertums´, allerdings unter der Maßgabe der Anfälligkeit für politische Verführung. So nimmt es nicht wunder, dass Thomas Mann Motivgruppen der emotionalen Einflussnahme, wie Magie, Fauststoff, Theologie und Musik, neben Themenbereiche philosophischer Analytik gesetzt hat, wozu die Personifizierungen des kühnen und fragilen Deutschtums in den Gestalten des Komponistengenies Adrian Leverkühn und des Philosophengenies Friedrich Nietzsche gehören. Dies alles ist verbunden mit sprachlich ungemein einfallsreicher und höchst kunstvoller Zeitgeist-, Fortschritts- und Kriegsanalyse von 1885 bis 1945. Alle erzählerischen Bilder, sämtliche geschilderten Personen und die Handlungsstränge erweisen sich zunächst als anschaulich und amüsant vorgestellte Szenerien, dann aber zugleich als Symbole für die Vorgänge in Gesellschaft und Politik. Thomas Mann wertet und urteilt zurückhaltend. Kritik paart sich mit neutralem Geltenlassen und wohlwollender Beobachtung. Ein gereifter, kluger Mann dichtet vom amerikanischen Exilort aus über deutsche Kulturgeschichte, deutsches Politikverhältnis, deutsche Bürgerlichkeit, deutsches Künstlertum und die damit verbundene Leichtfertigkeit und Vermessenheit. Die für den Autor typische Ironie gegen Haupt- und Nebenfiguren ist vielerorts im Romangeschehen spürbar. Doch hinter allem steht der leiderfahrene Ernst des 70-jährigen ausgebürgerten deutschsprachigen Erfolgsschriftstellers, der tief betroffen ist von den maßlosen Menschenrechtsverletzungen des Dritten Reiches und der in großer Sorge auf das Chaos und in die nahe Zukunft blickt. Der Untertitel des Werkes - und bereits darin scheint die `romantische Ironie´ auf, in deren Tradition der Autor Thomas Mann steht - ist betont lapidar gehalten, "Das Leben des deutschen Tonsetzers Adrian Leverkühn, erzählt von einem Freunde"; dies darf nicht irreführen. Im erzählerischen Gewand einer Biographie wird uns durch den Jugend-

und Studienfreund des Romanhelden, den Freisinger Altphilologen und Gymnasiallehrer Dr. Serenus Zeitblom, ein hochbegabter und kranker Denker und Musiker präsentiert, der den Werdegang des in politischer Beziehung fehlgeleiteten deutschen Genies verkörpert. Genietum ist für alle Deutschen zunächst einmal ein gern gehörtes Kompliment, die `Fehlleitung´ vermag wohl den Vorwurf der Kollektivschuld aller Deutschen an den Kriegsgräueln des Zweiten Weltkrieges und den Judenpogromen ab der so genannten `Reichskristallnacht´ von 1938 abzuwehren. Eine der wesentlichen Intentionen des Autors, ein Buch zu schreiben, das den unseligen Einfluss von Magie auf den hochfahrenden und suchenden Geist darstellt, findet sich bereits gegen Ende des fünften Romankapitels: "Ich spreche vom Volk, aber die altertümlich-volkstümliche Schicht gibt es in uns allen, und, um ganz zu reden was ich denke: ich halte die Religion nicht für das adäquateste Mittel, sie unter sicherem Verschluss zu halten. Dazu hilft nach meiner Meinung allein die Literatur, die humanistische Wissenschaft, das Ideal des freien und schönen Menschen." (DF, S. 51) Hier dient der auktoriale Erzähler dem ihn steuernden Autor als Sprachrohr seiner selbst - die stärkere ethische Kraft, Fanatismus zu verhindern, wird der Sprachkunst, nicht der kirchlich verbreiteten Moral zugemessen! Dieses Lob der Bücher, die Humanität verbreiten und sichern helfen, hängt gewiss mit der Beobachtung Thomas Manns zusammen, dass bis in die Mitte des zwanzigsten Jahrhunderts kirchlich definierte Ethik vorwiegend als private Moral und als allgemeine Wohltätigkeit verstanden wurde. Noch war die Zeit nicht reif für eine politische Ethik, die auch den Krieg in menschliche Sündhaftigkeit einbezieht und die positiv auf eine Etablierung von demokratischen Strukturen ausgerichtet ist. So wird verständlich, dass Thomas Mann zur Entstehungszeit seines Romans einzig der Literatur das Prädikat zugesteht, Menschen friedlicher und bedachtsamer zu machen.

1 Die doppelte Heimat
1.1 Der Gutshof Buchel - Pfeiffering/Polling

Im Roman kommt das oberbayerische Dorf Polling (bei Weilheim) zweifach vor. Einmal wird es als Geburtsort Buchel des Adrian Leverkühn bezeichnet, bei Oberweiler und dieser Ort wiederum neben dem thüringischen Kaisersaschern liegend, andererseits ist es Pfeiffering bei der Kreisstadt Waldshut, an der Bahnlinie zwischen München und Garmisch-Partenkirchen gelegen (diese Namen bleiben unverändert). Übrigens gibt es am Oberrhein, in der Nähe von Schaffhausen ein Dorf namens Weilheim, einer Kreisstadt namens Waldshut zugehörend; von daher wird der Autor die Verfremdung für das oberbayerische Weilheim genommen haben. Von der bayerischen Landeshauptstadt aus braucht man mit der Bahn eine Stunde bis Polling, der letzte Zug des Abends fährt in München um 23 Uhr ab. Von dieser spätesten Beförderung macht der Romanheld bei seinen häufigen Besuchen Münchens oft während seines 18-jährigen Aufenthaltes in Pfeiffering zwischen 1912 und 1930 Gebrauch. Nicht jeder Zug hält in Pfeiffering, daher muss Adrian bisweilen vom größeren Waldshut aus mit der Pferdekutsche der Pfeifferinger Hofeigentümer Schweigestill abgeholt werden. Im Falle einer Verhinderung bot sich auch ein professioneller Weilheimer Droschkenbetrieb an: "Selbst wenn er eine abendliche Veranstaltung, ein Akademie-Konzert oder ein solches der Zapfenstößer-Kapelle, eine Opern-Aufführung oder eine Gesellschaft - auch das kam vor - besuchte, stand ihm ein 11 Uhr-Zug zur nächtlichen Heimfahrt zur Verfügung. Freilich durfte er dann nicht auf Abholung von der Station durch Schweigestill´sches Fuhrwerk rechnen; Abmachungen mit einem Waldshuter Fuhrgeschäft galten in solchen Fällen, und übrigens liebte er es sogar, in klaren Winternächten den Weg am Weiher entlang zum schlummernden Schweigestill-Hof zu Fuß zu machen, wobei er dem um diese Stunde der Kette ledigen Kaschperl oder Suso von weitem ein Zeichen zu geben wußte, damit er nicht Lärm schlüge." (DF, S. 345) In der Art von Doppelung, wie sie in der hochmittelalterlichen Spielmannsdichtung und in der höfischen Epik vorzufinden ist mit der Funktion, das Gleiche unter dem Aspekt der erfolgten Wandlung des Helden zu betrachten, um diese dann stärker hervorzuheben, gestaltet der Autor in seinem modernen Künstlerroman den Geburts- und Sterbeort Adrians (Buchel) in genauer Entsprechung mit dem selbstgewählten Wohnort Pfeiffering. Mit dem Kunstgriff der Umgebungs-Identität unterstreicht der Dichter die berufliche und private Veränderung des Theologen und Philosophen Dr. Leverkühn zum Komponisten und die bewusste Heimatsuche des Protagonisten nach seinen Aufenthalten in Halle, Leipzig und Rom. Während die mittelalterlichen Epen >König Rother<, und >Herzog Ernst<, Hartmann von Aues >Erec< und >Iwein< und Wolfram von Eschenbachs >Parzival< jedoch mittels Wiederholung die erlittene Wendung des Helden zum Christentum und zur Verpflichtung gegenüber der Gesellschaft unterstreichen, hebt Thomas Mann sowohl durch Doppelung als auch durch Travestie die teuflische Infiltration und die Weltabgewandtheit Adrians seit dem Palestrina-Aufenthalt von 1910 hervor.

In Pfeiffering gibt es ein Adrians Eltern ähnliches Elternpaar, Max und Else Schweigestill, die zwei Kinder haben. In Buchel stellt Adrian das zweite von drei Kindern und den zweiten Sohn dar; in Pfeiffering fungiert er faktisch als eine Art Pflegesohn neben Gereon und Clementine Schweigestill. Die Wiederholungsbeziehung erstreckt sich ebenso auf das geviertartiges Gutsgebäude mit einer gewaltigen Linde im Innenhof, dazu auf die Umgebung und auf die landwirtschaftliche Hilfskraft. Es sind in Thüringen ein Tümpel namens Kuhmulde, ein Höhenrücken mit Wanderweg namens Zionsberg und darauf eine gemeindeigene Sitzbank, eine singende Stallmagd Hanne und der Wachhund Suso anzutreffen. Es existieren im oberbayerischen Pfeiffering des >Dr. Faustus<-Romans ein Teich namens Klammerweiher (einen gleichnamigen hatte Thomas Mann 1908 bis 1918 unweit seines großzügigen, vom berühmten Architekten Emanuel Seidl erbauten Bad Tölzer Sommerhauses), im Anschluss daran ein Hügel namens Rohmbühel mit gemeindeeigener Aussichtsbank zum Blick über das Dorf bis nach Waldshut, eine Stallmagd Walpurgis und der Hofhund Kaschperl. Im realen Polling handelt es sich bei den genannten Personen und Örtlichkeiten um das Guts- und Mühlenbesitzer-Ehepaar Max und Katharina Schweighart, das im 17. Jahrhundert errichtete ehemalige Kloster- und Wohngebäude in Polling am Kirchplatz 1 mit einer Ulme im

Innenhof, den 10 Gehminuten (auf der damaligen ungeteerten Fahrstraße) entfernten Badeteich Streicherweiher oder Pollinger Weiher und den sich daran anschließenden eineinhalb Kilometer langen bewaldeten Hügel namens Schafbichl. Der Bergrücken läuft gegen Süden (Richtung Huglfing und Murnau und Karwendelgebirge) hin in einem höhergelegenen Waldstück aus, das im Roman Fichtenwäldchen, in der lokalen Realität Trat genannt wird. Der Spazierweg vom Kirchplatz zum Weiher, dann auf der sich daran links hinziehenden Bodenerhebung entlang zum Wäldchen und zurück zum Wohnsitz, bildet einen festen und häufig genannten Bezugspunkt im >Dr. Faustus<. Am genauesten lässt sich der Mittelteil und eigentliche Zielpunkt dieses Wanderwegcs lokalisieren. Adrian drängt es zur Wasserfläche und immer anschließend an der linken Seite des Klammerweihers entlang auf dem Rücken des bewaldeten Rohmbühels (mit Gemeindebank) zum etwas durch eine große Geländemulde abgesetzten Fichtenwäldchen. Bei seinem Umzug nach Pfeiffering ist ihm dieser zentrale Landschaftsausschnitt sofort gegenwärtig und wird ihm zum augenblicklichen Besuchsbedürfnis, weil er bei seinen Zugfahrten ins Gebirge und nach Oberammergau schon immer sehnsüchtig auf die besonders idyllische Stelle geblickt hat: "Den Rohmbühel mit seinem Baumkranz, den grauen Spiegel des Klammerweihers hatte Adrian schon vom Zuge aus wiedergesehen; jetzt ruhte sein Auge von nahebei auf diesen Erscheinungen." (DF, S. 342) 13 Jahre später findet das schwierige Gespräch mit Rudi Schwerdtfeger, der als Vermittler gewonnen werden soll, über Adrians Heiratsantrag an Marie Godeau in diesem immer wieder bevorzugten und hochgeschätzten Punkt im Pollinger Südwesten statt: "Sie gingen gegen den Klammerweiher und an seinem Ufer hin [...] Sie hatten den Rohmbühel zu ihrer Linken gelassen und gingen durch das Fichtenwäldchen, das dahinter liegt, und von dessen Zweigen es tropfte. Dann schlugen sie den Weg am Rande des Dorfes ein, der sie zurückführte." (DF, S. 580) Der Romanheld liebt diesen Pfad während seines gesamten Pfeifferinger Aufenthaltes und er führt auch seine Besucher auf diesen Fuß- und Fahrwegen. Der Erzähler Serenus Zeitblom geht, wie alle Münchner Gäste Adrians, in Begleitung des Freundes zum Teich, dessen Wasser als kalt beschrieben wird, und anschließend auf den bewaldeten Höhenrücken: "Und bald denn nun auch kam ich selbst und wandelte an seiner Seite sonntags um seinen Weiher und den Rohmbühel hinauf." (DF, S. 349) Selbst der Pariser Opernimpressario Saul Fitelberg zeigt sich, offensichtlich schon von Ferne her über die Schönheit Pfeifferings in Kenntnis gesetzt, hellauf begeistert vom ländlichen Lebensraum des Komponisten und er nutzt die Wartezeit auf den umworbenen Künstler zu einer sofortigen Besichtigung des Geländes: " `Maitre´, sagte er, `ich verstehe vollkommen, wie Sie an der stilvollen Abgeschiedenheit hängen müssen, die Sie sich zum Aufenthalt erwählt haben, - o, ich habe alles gesehen, den Hügel, den Teich, das Kirchdorf, et puis, cette maison pleine de dignité avec son hôtesse maternelle et vigoureuse." (DF, S. 529) Noch in der Nachschrift des Romans erlangt der Klammerweiher Bedeutung, als der geistig umnachtete Adrian Leverkühn nach einer dreimonatigen Behandlung in einer Münchner Psychiatrischen Klinik, unmittelbar vor der Rückholung durch seine alte, verwitwete Mutter zum Buchel-Hof seiner Kindheit, sich in der Absicht des Suizids - die Szene ist von Thomas Mann in ironischer Parallele zum Tod König Ludwig II. im Starnberger See und dessen Ringkampf mit seinem ärztlichen Betreuer Dr. Gudden gestaltet - ins Wasser stürzt: "Eine Stunde später aber, als man ihn schlummernd wähnte, entwich er unversehens aus dem Haus und wurde von Gereon und einem Knecht erst eingeholt, als er am Klammerweiher sich seiner Oberkleider entledigt hatte und schon bis zum Hals in das so rasch sich vertiefende Gewässer hineingegangen war. Er war im Begriff, darin zu verschwinden, als der Knecht sich ihm nachwarf und ihn ans Ufer brachte. Während man ihn zum Hof zurückführte, erging er sich wiederholt über die Kälte des Weihers und fügte hinzu, es sei sehr schwer, sich in einem Wasser zu ertränken, in dem man oft gebadet und geschwommen habe. Er hatte das aber im Klammerweiher niemals, sondern nur in seinem heimischen Gegenstück, der Kuhmulde, als Knabe getan." (DF, S. 668 f) Die Gemeinde Polling will im Jahr 2002 Thomas Mann zu Ehren einen eineinviertelstündigen, sechs Kilometer langen >Dr. Faustus-Rundweg< unter Einbeziehung des in Viktor Manns >Wir waren fünf< als steil abfallend beschriebenen Ammerbergs ("Kühtod") und eines bevorzugten Arbeitspunktes der Pollinger Malschule um 1900, dem Moor (damals mit Torfstich), nun als Filz bezeichnet, anlegen.

Man kann sich trotz kleinerer Hindernisse jetzt schon ziemlich exakt auf Adrian Leverkühns Spuren seiner täglichen Erholung und Körperertüchtigung bewegen. Bevor der Romanheld von München nach Pfeiffering umgezogen ist, hat er bei einem ganztägigen Fahrradausflug 1910 diese Pfade, das Dorf und das Gutsgebäude schon kennengelernt. Rüdiger Schildknapp leistet Adrian bei den Fahrten Gesellschaft und beide besichtigen Ettal, Oberammergau, Schloss Linderhof und die beliebten oberbayerischen Seen, von München her anreisend. Die im Zug mitgeführten Fahrräder werden ab Weilheim benützt und dabei lernt Adrian die ihn sofort faszinierende, dem vertrauten Buchel ähnelnde Landschaft und die imposante Guts- und Klosteranlage schätzen: "Das Städtchen Waldshut, ohne Reiz und Sehenswürdigkeiten übrigens, liegt an der Bahnlinie Garmisch-Partenkirchen, eine Stunde von München, und die nächste Station, nur zehn Minuten weiter, ist Pfeiffering oder Pfeffering, wo aber Schnellzüge nicht halten. Sie lassen den Zwiebelturm der Kirche Pfeifferings beiseite liegen, der sich aus der hier noch anspruchslosen Landschaft erhebt [...] Sie hatten im Wirtshaus am Hauptplatz des Städtchens zu Mittag gegessen, und da ihnen der Fahrplan mehrere Stunden ließ, fuhren sie auf der baumbestandenen Landstraße weiter nach Pfeiffering, führten ihre Räder durchs Dorf, ließen sich von einem Kinde den Namen des nahen Weihers, des `Klammerweihers´, sagen, warfen einen Blick auf die baumgekrönte Anhöhe `Rohmbühel´ und baten unter dem Bellen des Kettenhundes, den eine barfüßige Magd mit seinem Namen `Kaschperl´ berief, um ein Glas Limonade unter dem mit einem geistlichen Wappen geschmückten Tor des Gutshauses, - weniger von Durstes wegen, als weil ihnen das massive und charaktervolle Bauernbarock des Gebäudes gleich in die Augen gestochen hatte." (DF, S. 275 f) Vermutlich hat Thomas Mann etwa 25 Jahre nach seinem letzten Besuch in Polling die Silhouette der Kirchtürme von Weilheim und Polling verwechselt, weil die Kirche von Pfeiffering mit einem Zwiebelturm versehen wird, die in Wirklichkeit aber - im Gegensatz zur Weilheimer Kirche - einen Spitzturm aufweist.
Bei der Gelegenheit dieser ersten Besichtigung werden dem Leser auch gleich die Hausfrau und Zimmervermieterin Else Schweigestill und die für Adrian bedeutsamen Räumlichkeiten vorgestellt, in denen

er sich eineinhalb Jahre später, nach seinem Aufenthalt im italienischen Palestrina - in der Villa Bernardini, im >Doktor Faustus< Casa Manardi genannt, wieder in Begleitung Rüdigers - als Dauermieter aufhält: "Es war Frau Else Schweigestill, die den Besuchern im Haustor stattlich entgegentrat, sie freundlich anhörte und ihnen in hohen Gläsern mit langgestielten Löffeln die Limonade mischte. Sie kredenzte sie ihnen in einer fast saalartigen, gewölbten guten Stube links an der Diele, einer Art von Bauernsalon mit gewaltigem Tisch, Fensternischen, die die Dicke der Mauern erkennen ließen, und der geflügelten Nike von Samothrake in Gips oben auf dem buntbemalten Spind. Auch ein braunes Klavier stand in dem Saal. Er werde nicht von der Familie benutzt, erklärte Frau Schweigestill, indem sie sich zu ihren Gästen setzte; der diene ein kleineres Zimmer schräg gegenüber, gleich bei der Haustür, zum abendlichen Aufenthalt. Das Haus biete viel überflüssigen Raum; weiter an dieser Seite gebe es noch ein ansehnliches Gelaß, die sogenannte Abtsstube, wohl so genannt, weil es dem Vorsteher der Augustiner-Mönche, die hier einst gewirtschaftet, als Studio gedient habe. Daß der Hof ein Klostergut gewesen war, bestätigte sie damit. Seit drei Generationen saßen die Schweigestills darauf." (DF, S.276 f)

Es erhöht die Bedeutung des äußeren Rahmens der Romanhandlung, wenn man einbezieht, dass sich Thomas Mann selbst bei seinen Polling-Besuchen im realistisch beschriebenen Schweighart-Haus einquartiert und mehrmals sehr gerne die bezeichnete Wegstrecke entlang begeben hat, wohl gelegentlich auch per Rad, bei seinen nachgewiesenen Aufenthalten von 1903 (drei Wochen), 1908 (eine Woche) und zweimal 1920 (>Heimatlexikon< S. 1128) und gewiss noch öfters bei seiner von 1906 bis 1923 am Pollinger Kirchplatz 15 im ersten Stock wohnenden Mutter Julia (mit Unterbrechungen für 1911 bis 1912 in der Münchner Schwanthalerstraße und 1913 dann wieder in Polling, für ein halbes Jahr in der Georg-Rückert-Str. 8, schließlich wieder am Kirchplatz 15 bis zu ihrem letzten Umzug in ihrem Todesjahr nach Weßling am Pilsensee, >Heimatlexikon<, S. 1128) anlässlich der üblichen Familienfeste. Gerade der lange Urlaub im August 1903 muss die Polling-Begeisterung des Autors begründet und dauerhaft gefestigt haben, wie dies aus den Zeilen, die er damals den mit ihm sehr gut befreundeten Maler Carl Ehrenberg geschrieben hat, bestätigen: "Lieber! Wo bleibst du denn? Hier lebt man ein recht zuträgliches Leben, und der Flügel klingt großartig in dem großen Prunk-Bauernzimmer, das wir als Wohnzimmer haben. Es gibt einen schattigen Garten, sehr gute Radelwege, solides Essen, Mistgeruch u.s.w. Komm also bald. Du wirst schon Unterkunft finden." (zitiert nach >Heimatlexikon<, S. 1127) Thomas Mann fügt seine Mutter als Senatorin Rodde dem Romangeschehen ein und stellt auch für diese geschätzte und lebenslustige Gastgeberin in ihrem Münchner Salon einen klaren Polling-Bezug her, der ebenso wie bei Adrians Wohnsitz das reale Gebäude in Polling, also das Bauernhaus am Kirchplatz 15, 50 Meter westlich vom Schweighartschen Gutshaus [Erg.: dazwischen steht das dreistöckige Mühlgebäude], als Wohnstätte von Frau Julia Mann erkennen lässt: "Sie zog nach Pfeiffering, wo sie, fast ohne dass Adrian es merkte, in jenem an dem freien Platz gegenüber dem Schweigestill-Hof gelegenen niederen Gebäude, mit den Kastanien davor, Wohnung nahm, wo vormals der Kunstmaler mit den schwermütigen Landschaften aus dem Waldshuter Moor gehaust hatte. Die Anziehungskraft dieses bescheiden-stilvollen Winkels auf jederlei distinquierteste Resignation oder verwundete Menschlichkeit war merkwürdig: Man mußte sie wohl aus dem Charakter der Hofbesitzer, besonders dem der rüstigen Wirtin, Else Schweigestills, und ihrer Gabe des `Verständnisses´ erklären, die sie denn auch in gelegentlichem Gespräch mit Adrian, als sie ihm nämlich mitteilte, daß die Senatorin drüben einzuziehen gedenke, in wunderlicher Klarsicht bewährte." (DF, S. 433) Hier mündet die literarische Fiktion in die lokale Tatsächlichkeit, und die echte Örtlichkeit war wiederum Anregung für die Errichtung der literarischen Szenerie auf weiten Strecken des >Dr. Faustus<-Romans.

Eine Fahrt Thomas Manns nach Polling im Jahre 1910 war traurigen Anlasses, weil Carla Mann, von Beruf Schauspielerin in der Provinz, in der Wohnung der Mutter am 30. Juli Suizid begangen hatte. An diesem Tag legte Thomas Mann eine von Hans Bürgin und Hans Otto Mayer überlieferte Notiz zur Wesensart, zur Lebensweise und zur Belastung seiner sechs Jahre jüngeren Schwester nieder: "Ein stolzer und spöttischer Charakter, entbürgerlicht, aber vornehm, liebte sie die Literatur, den Geist, die Kunst und wurde durch eine unentwickelte, ihrer Stufe ungünstige Zeit ins unselig Bohèmehafte gedrängt."

(>Chronik<, S. 36) Auch diese private Katastrophe findet Eingang in die literarische Gestaltung, indem die beruflich wenig erfolgreiche Schauspielerin Clarissa Rodde nach einem privaten Missgeschick in der Pfeifferinger Zimmerflucht der Senatorin Selbstmord begeht. Während seiner Aufenthalte wohnte Thomas Mann bei den vermietenden Schweigharts im Gutsgebäude am Kirchplatz 1 und zwar im selben Schlafzimmer, in dem er seinen Romanhelden logieren lässt. Die immer wieder genannten Räumlichkeiten, die Abtsstube (zweite Türe Parterre links), der größere Nike-Saal mit Tafelklavier (erste Türe Parterre links) und das Verwaltungsbüro von Max Schweighart rechts hinter dem Eingang waren also dem Autor selbst bestens vertraut. Der ganzen Familie Mann war das schmucke und von Münchner Landschaftsmalern - die wiederum Zulauf sogar von Mal-Schülerinnen bis aus England hatten - zur Sommerzeit sehr frequentierte Dorf schon seit 1899 wohlbekannt, weil Thomas Manns Bruder Viktor dort als Hüterbub in der Schweighartschen Landwirtschaft eine Ferienbeschäftigung und die Motivation für seinen späteren Beruf als Landwirtschaftsingenieur gefunden und Mutter Julia und Thomas Manns Schwester Julia mit ihrem Verlobten Joseph Löhr, der mit dem Mal-Professor Friedrich Fehr befreundet war, ab demselben Jahr in Polling einige Kurzurlaube verbracht hatten. In Viktor Manns Autobiographie findet sich eine schöne Erinnerung Thomas Manns an Polling. Als sich die beiden seit 1933 getrennten Brüder 1947 in Zürich trafen, sagte er zu Viktor: "Du wirst die Schweigharts in meinem >Doktor Faustus< wiederfinden [...] Polling hatte Atmosphäre. Weißt du noch: das alte Wohnzimmer?" (>Wir waren fünf<, S. 182) Der >Doktor Faustus<-Roman enthält sogar eine Selbstreferenz Thomas Manns bezüglich der wunderlichen Gräfin Loewenjoul in seinem 1909 erschienenen Roman >Königliche Hoheit<, indem Mutter Schweigestill eine leicht geistig verwirrte Baronin erwähnt, die 1908 bis 1910 in einem ihrer Fremdenzimmer als Untermieterin gewohnt habe: "Zwei Jahre lang, noch bis vorigen Herbst, habe eine Baronin von Handschuchsheim hier gelebt und sei durch das Haus gewandelt, eine Dame, deren Gedanken, wie Frau Schweigestill sich ausdrückte, nicht recht mit denen der übrigen Welt hätten übereinstimmen wollen, und die vor dieser Unstimmigkeit hier Schutz gesucht habe." (DF, S. 280)

Mehrere Kapitel des >Dr. Faustus< weisen einen sehr umfangreichen Polling-Bezug auf: Kap. IV (Hinweis auf Doppelheit von Kindheits- und Schaffensort), Kap.XXIII (Entdecken der Schönheit Pollings und Angetansein von der Freundlichkeit Frau Else Schweigestills), Kap. XXVI (Einzug Adrians im genau beschriebenen Wohngebäude Kirchplatz 1), Kap.XLIV (Besuch von Neffe Nepomuk Schneidewein und dessen Tod), Kap. XLVII (Abschiedsrede vor den Münchner Freunden und Präsentation des Oratoriums >D. Fausti Weheklag<) und Kap. XLVIII, als "Nachschrift" bezeichnet, (Suizidversuch Adrians im Streicherweiher). Die Doppelheit Buchel-Pfeiffering wird vom Erzähler Serenus Zeitblom in wohlwollender Ironie als gewisses Verharren in der Kindheit gedeutet, als eine Art Weltangst, so als wolle ein erwachsener Mann weiterhin bei seinem vertrauten Kinderarzt in Behandlung bleiben. Dies zielt zum Teil auf die Zurückgezogenheit des scheuen Adrian, aber die Zweimaligkeit ist eher als erzählerischer Kunstgriff des Autors zu verstehen. Denn das fiktionale Buchel wird zeitlich dem real existierenden Polling vorverlagert, so als wäre Buchel das Urbild. In Wirklichkeit gibt es aber nur dieses Polling, welches damit das Modell für den Kindheitsort Buchel bildet und damit zweifach Ruhe und Geborgenheit für die eigene Entwicklung und das originäre künstlerische Schaffen bedeutet.

Die Namen Pfeiffering und Rohmbühel finden sich bereits im Volksbuch des 16. Jahrhunderts mit dem Helden Dr. Johann Faust: In Pfeiffering findet ein Jahrmarkt statt und Dr. Faust macht dort bei Betrügereien mit; auf dem Rohmbühel zaubert er mit des Teufels Hilfe einem Grafen aus Sachsen-Anhalt ein Schloss herbei und dort wird ein Gelage veranstaltet. Der Herkunftsnachweis bringt in diesem Falle für die Bedeutung wenig, auch nicht, dass Pfeiffering lautlich mit Pfeifen zu tun hat und der Geiger Rudi Schwerdtfeger auch ein begabter Melodienpfeifer ist. Aussagekräftiger für den essenziellen politischen Tenor des Romans ist der Name Rohmbühel, wenn man die wichtigsten Gespräche berücksichtigt, die auf dem Bucheler Zionsberg und auf dem identischen Pfeifferinger Rohmbühel stattfinden. Es geht beide Male um Eheschließung. In Buchel unterhalten sich Adrian und Serenus über die baldige Hochzeit von Adrians Schwester Ursel und überhaupt über die angebliche oder wirkliche Veränderung eines privaten archaischen Naturbundes durch kirchliche Sakramentalität. In Pfeiffering sprechen Adrian und Rudi über Adrians Ehewunsch bezüglich der von beiden geschätzten Marie Godeau und Rudi Schwerdtfegers vermittelnden Freundschaftsdienst. `Rohm´ konnotiert das katholische Rom in Italien, bei `Zion´ assoziiert man den heiligen Berg und Sammlungspunkt der Juden in Palästina und im späteren Staat Israel. Der Ehebund ist als Vertrag ein Rechtsakt wie die gegenseitige Respektierung und jurististische Grenzabsteckung zwischen dem päpstlichen Vatikan unter Pius XII. und dem nationalistischen deutschen Staat unter Adolf Hitler beim Reichskonkordat von 1933. Es scheint sich um eine erzählerisch geschickt getarnte Kritik an einem solch fragwürdigen Bündnis zwischen der katholischen Kirche und einem echten politischen `Satan´, wie dem Führer des Dritten Reiches zu handeln. Zionistische Angelegenheiten blieben damals ausgespart, die Juden mussten sich selber helfen, was darauf hinauslief, dass sie innerhalb Deutschlands und innerhalb des deutschen Machtbereiches völlig schutzlos wurden. Dem Autor dienen also überlieferte Namen einerseits als Anspielungen auf die Tradition des Fauststoffes (wozu auch die Hofhunde und der Name Walpurgis für die Pfeifferinger Stallmagd zu rechnen sind), andererseits als Träger für eine den Fauststoff überschreitende politische Semantik, die auf einen problematischen Absicherungspakt zwischen katholischer Kirche und der deutschen Unrechtsdiktatur hindeutet. Das Gespräch von Rudi und Adrian über Sanktionierungen elementarer psychischer und biologischer Bündnisse durch kirchliche Liturgie verfolgt offensichtlich auch den Zweck, Vertragswerke, welche die Menschenrechte verraten oder sogar weiteres Unrecht legalisieren können und eine potentiell kritische Institution zum Stillhalten veranlassen, als unmoralisch zu kennzeichnen.

1.2 Die Eltern Leverkühn - Schweigestill/Schweighart

Adrians Vater Jonathan Leverkühn wird uns als bodenständiger Ackerbürger vorgestellt, der in seiner Freizeit seinem naturwissenschaftlichen Hobby frönt. Adrians Mutter Elsbeth hat der

Erzähler als äußerst anziehend in Erinnerung, besonders wohltuend sei ihre Stimm-Modulation gewesen und die Ausstrahlung ihrer inneren Musikalität. Von beiden Seiten her wird der jüngere Sohn des Ehepaars physisch und psychisch geprägt. Vorwiegend die unterschiedlichen Augenfarben der Eltern sind es, die ihn anregen - da ist sich der beschreibende Serenus ganz sicher -, so dass auch seine späteren Freunde diesem Kriterium unterworfen werden (Rudi Schwerdtfeger hat blaue Augen, Rüdiger Schildknapp und Marie Godeau haben schwarze Augen): "Aber der Gesamthabitus des teuren Toten nebst vielen Einzelheiten: der brünette Teint, der Augenschnitt, die Mund- und Kinnbildung, alles kam von Mutters Seite, besonders deutlich, solange er glattrasiert ging, also bevor er sich den stark verfremdenden Knebelbart wachsen ließ, was ja erst in späteren Jahren geschah. Das Pechschwarze der mütterlichen und der Azur der väterlichen Iris hatte sich in seinen Augen zu einem schattigen Blau-Grau-Grün vermischt, das kleine metallische Einsprengsel, dazu einen rostfarbenen Ring um die Pupillen zeigte; und immer war es mir eine seelische Gewißheit, daß es der Gegensatz zwischen den elterlichen Augen und die Mischung war, die ihre Farbe in den seinen eingegangen, was sein Schönheitsurteil in dieser Beziehung schwankend machte und ihn sein Leben lang nicht zur Entscheidung darüber kommen ließ, welchen Augen, den schwarzen oder blauen, er bei anderen den Vorzug gäbe. Immer aber war es das Extrem, der Teerglanz zwischen den Wimpern oder das Lichtblau, was ihn bestach." (DF, S. 31 f) Abgesehen davon, dass diese Beschreibung auch ein Selbstbildnis Thomas Manns enthält, ist darin die Zugehörigkeit Adrians zu seinen rechtschaffenen Eltern sichtbar gemacht, die ihm jenes Geborgenheitsgefühl vermittelt haben, das Adrian in gleicher Weise bei seinen neuen Pfeifferinger `Eltern´ Max und Else Schweigestill erfährt. Sowohl die Bucheler Vorfahren als auch die Pfeifferinger Hauswirte verkörpern Bodenständigkeit, Fleiß, Aufgeschlossenheit für Neues, Vorbehaltlosigkeit gegenüber dem Fremden und vor allem Herzenswärme. Mutter Schweigestill kann in ihrer unmittelbaren Menschenkenntnis die physischen und psychischen Unpässlichkeiten des häufig unter Migräne und Magenproblemen leidenden neuen Dauermieters abschätzen. Sie überspielt die schüchternen Entschuldigungen Adrians wohlwollend mit der deutlichen Erklärung für den therapeutischen Wert Pfeifferings. Hier sei der Ort, wo der Künstler aus der Großstadt Schutz und Annahme erleben dürfe. Wer solch einen Umzug wage, der sei sich gewiss seelischer Bedürfnisse bewusst, und er gehe nicht fehl in der Erwartung eines bisher vermissten persönlichen Umsorgung: "Von Entschuldigungen des Gastes seiner Infirmität wegen, und daß er mit seiner Person sozusagen einen Quartalspatienten ins Haus geschmuggelt habe, wollte sie nichts hören und sagte nur: `A, geh´!´ dazu. Irgendetwas dergleichen, meinte sie, habe man sich doch gleich denken müssen; denn wenn Einer wie er sich von dort, wo die Kultur vor sich gehe, nach Pfeiffering zurückziehe, so werde er ja seine Gründe dafür haben, und offenbar handle es sich denn doch um einen Fall, der Anspruch auf Verständnis habe, `gellen´s, Herr Leverkühn?´ Dies aber sei ein Ort des Verständnisses, wenn auch nicht der Kultur." (DF, S. 344)) Else Schweigestill betreut den sensiblen Untermieter fürsorglich ab 1912 und sogar noch nach 1926 als verwitwete Austragsbäuerin den zunehmend hilflosen Komponisten trotz dessen physischer und psychischer Leiden wie ein Familienmitglied: "[Sie] hatte Muße, dem Mietbewohner vieler Jahre, der ihr längst etwas wie ein höherer Sohn geworden war, ihre Menschlichkeit zu widmen." (DF, S. 668) Die einfache, arbeitssame und grundgütige Frau Else Schweigestill ist es auch, die dem verwirrten Adrian in seinen beiden letzten Pfeifferinger Jahren neben seinen Münchner Verehrerinnen Kunigunde Rosenstiel und Meta Nackedey treusorgend zur Seite steht. Als der dem Wahnsinn verfallenen Romanheld, körperlich und mental ausgelaugt, 1930 vor dem Klavier im Nike-Saal bewusstlos zusammenbricht, nachdem er seine schwer verständlichen Erläuterungen zu >D. Fausti Weheklag< abgegeben hat, ist sie es, die gegenüber dem befremdeten und distanzierten ehemaligen Münchner Freundeskreis Adrians die Position zupackender bayerischer Herzlichkeit und unverbrüchlicher Pflegebereitschaft vertritt: "Macht´s euch davon allesamt! Ihr habts ja ka Verständnis net, ihr Stadtleut, und da k´hert a Verständnis her! Viel hat er von der ewigen Gnaden geredet, der arme Mann, und i weiß net, ob die reicht. Aber ein recht´s ein menschlich´s Verständnis, glaubts mir, des reicht für all´s!" (DF, S. 663)

1.3 Die Symbolik des Lebensraumes

Mit der Absicht von Motivverknüpfung, wie sie vielfach dem modernen Roman eigen ist, bezieht der Autor das 30 Kilometer südwestlich von Polling gelegene Passionsdorf Oberammergau, das unweit entfernte Königsschloss Linderhof und den verschrobenen König Ludwig II. in die >Doktor Faustus<-Handlung ein. Im Kap. XL wird ein Ausflug Adrian Leverkühns mit seinen Freunden Rüdiger und Rudi, dem Erzähler Serenus mit Frau Helene sowie Marie Godeau mit deren Tante geschildert. Der Romanheld steigt in Waldshut in den Zug, in dem seine Münchner Bekannten sitzen, und der Erzähler weist auf die Bedeutsamkeit dieser Konstellation hin, die sich für ihn als Beobachter und für Adrian als Hauptperson im engen Beieinander der beeindruckenden Augenfarben zeitigt: "...die schwarzen, die blauen und die gleichen Augen, Anziehung und Indifferenz, Erregung und Gleichmut." (DF, S. 565) Bei diesem Ausflug vertieft Adrian seine Sympathie gegenüber der reizenden Marie, und auch Rudi fängt Feuer für das schöne Mädchen, was der auch emotional nicht gleichgültige, verheiratete Erzähler konstatiert: "Sie nahm sich höchst vorteilhaft aus in dem olivfarbenen, mit schmalen braunen Pelzstreifen verbrämten Winterkostüm, da sie trug, und mit einer gewissen Folgsamkeit meines Gefühls - einfach weil ich wußte, was an der Reihe war - entzückte mich wieder und wieder im Anschauen ihrer schwarzen Augen, diesem pechkohlenhaften und dabei heiteren Glanz in der Dunkelheit der Wimpern." (DF, S. 565) Aus diesem Faszinosum für Adrian und Rudi entstehen zunächst Glück und Erwartung, später aber Frustration, Schuldgefühl und Leid. Das Gretchen-Motiv aus Wolfgang v. Goethes >Faust<-Drama klingt an, und es wird verstärkt durch die versteckte Benennung von Kapiteln aus dieser Vorlage, z.B. "Wald und Höhle", "Waldschlucht", "Hochgebirge", "Offene Gegend", die der Beschreibung der realen Landschaft des Graswangtales einmontiert sind: "Die bayerischen Alpen weisen keine Giganten hehrsten Ranges auf unter ihren Erhebungen, aber es war doch, im reinen Schneekleide, eine kühn und ernst sich aufbauende, zwischen Waldschlucht und Weite wechselnde Winterpracht, in die wir hineinfuhren. (DF, S. 565) Die Motivverknüpfung der Personenkonstellation, der weiblichen Hauptperson und der

Landschaft mit Goethes >Faust<-Bearbeitung wird noch erweitert durch den Disput von Rudi und Serenus über die Mentalität des Wittelsbacher Königs Ludwig II.. Dabei entsteht - indem der Erzähler den Monarchen und seine Baulust in Schutz nimmt - eine Parallele zu Adrian: "Wahnsinn, so setzte ich auseinander, sei ein recht schwankender Begriff, den der Spießbürger allzu beliebig, nach zweifelhaften Kriterien handhabe. Sehr früh, ganz dicht bei sich selbst und seiner Gemeinheit setze ein solcher die Grenze vernünftigen Benehmens an, und was darüber gehe, sei Narrheit. Die königliche Daseinsform aber, souverän, von Devotion umgeben, der Kritik und Verantwortung sehr weitgehend enthoben und bei der Entfaltung ihrer Würde zu einem Stil legitimiert, der auch dem reichsten Privatmann verwehrt sei, biete den phantastischen Neigungen, den nervösen Bedürfnissen und Verabscheuungen, den befremdenden Leidenschaften und Begierden ihres Trägers einen Spielraum, dessen stolze und völlige Ausnutzung sehr leicht den Aspekt des Wahnsinns biete. Welchem Sterblichen unterhalb dieser Höhe stünde es denn frei, sich goldene Einsamkeiten an erlesenen Punkten landschaftlicher Herrlichkeit zu schaffen, wie Ludwig es getan habe." (DF, S. 570) Wie bei Adrian so finden sich bei König Ludwig II. die Existenzform des bestaunten, bewunderten und auch befremdenden Daseins als einsamer Sonderling und des erkannten und zugleich verkannten Genies dicht beieinander. Beide Gestalten schaffen große Werke trotz geistiger Krankheit. Und schließlich endet das Künstlertum beider und auch ihre hochfahrende Versponnenheit im Wahnsinn und dann auch im frühen Tod.

Der engere Pollinger Lebensraum steht für die Geborgenheit des hilfsbedürftigen Menschen Adrian bei seinen Ersatzeltern, die Rückzugsmöglichkeit des menschenscheuen Philosophen Dr. Leverkühn von dem lauten Betrieb der Großstadt und von der Militarisierung des Kaiserreiches während der Zeit des Ersten Weltkrigs und für die unabgelenkte Schaffensmöglichkeit des Komponisten für seine ungewöhnlichen, musikalisches Neuland betretenden Werke innerhalb eines Rahmens von unaufdringlichem Akzeptiertwerden in schönster landschaftlicher Umgebung! Die Abgeschiedenheit dieses passiven Romanhelden vom Feld historischer Aktivitäten wird vom Autor nicht zuletzt durch den Namen der

Personen, bei denen er Zuflucht und Zuwendung fand, ausgedrückt: Hier herrscht Stillschweigen, auch daher der Name `Schweigestill´; man redet nicht über National- und Weltpolitik, man ist nur nachbarlich-menschlich! Die Bauern und wenigen Bürger verstehen die sonderbare und gewiss öfters skurril anmutende Künstlergestalt Adrian auf dem Lande und lassen sie gelten - unter den auf Motivsuche umherschweifenden Malern hat es sicherlich immer wieder bizarre Sonderlinge gegeben -, aber die Dorfbewohner sind in zeitgeschichtlicher Hinsicht von der Tagespolitik abstinent. Die stadtfernen Leute hatten die Finger gewiss nicht am Puls der Zeit, die Informationen aus München und den deutschen Metropolen drangen erst später ins abgelegene Umland vor. In den Dörfern fehlte die drängende Brisanz der druckfrischen Schlagzeilen, wie man sie in den Großstädten täglich frühmorgens von den Zeitungsverkäufern lautstark angepriesen bekam. Die Pollinger Landbevölkerung fühlte sich insgesamt - und dies selbst zu Zeiten nationaler Bedrängnis und Bewährung - nicht zu innerem und äußerem Engagement aufgerufen, alles Staatliche war weiter weg, glitt rascher ab und veränderte niemand. Doch die Ferne vom Trubel und das Informationsdefizit bilden innerhalb des dörflichen Rahmens und fiktionalen Bildes keine negativen Eigenschaften, diese Kennzeichen fügen sich harmonisch in die Idylle des selbstgewählten Rückzugs aus dem festfrohen und lauten München.

Polling hat zudem einen äußerst wichtigen symbolischen Bezug für den in Amerika zu Zeiten des Zweiten Weltkriegs an seinem Deutschland-Roman schreibenden Autor. Er befindet sich als zu Unrecht ausgebürgerter Deutscher mit nunmehr amerikanischer Staatsangehörigkeit im Exil. Er denkt und schreibt deutsch und fühlt sich als Deutscher, noch dazu als ein nun kulturell vereinsamter Anwalt ehedem hochstehender deutscher Tradition. Da gereicht ihm das liebliche Polling zu einem Symbol für Freundlichkeit, Friedlichkeit und Künstlerheimat, die dann erst geistiges Arbeiten in Geschichts- und Selbstverpflichtung zulässt! Insofern ist Polling sogar Sehnsuchtssymbol für ein erhofftes, besseres Deutschland! In der Kennzeichnung der Aktualitätsferne und der unverstellten Natürlichkeit und Menschlichkeit finden sowohl die hohe vergangene Kulturtradition als auch die wieder erhoffte kulturelle Größe nach dem

Abtreten der unseligen Oberschicht ihren Niederschlag. Bestimmt ist zudem eine Rückkehr-Absicht, die Thomas Mann sicher 1945 bis zu den unerfreulichen Auseinandersetzungen mit dem Schriftsteller der so genannten Inneren Emigration, Frank Thiess, hegte, in der Polling-Verarbeitung versteckt. Eine solche Heimat, die in der menschlichen Substanz schadenfrei geblieben wäre, möchte der wegen Regime-Kritik aus dem Vaterland verjagte, ausgebürgerte Nobelpreisträger nach Kriegsende und nach einer Befreiung von den blutrünstigen Machthabern gern wieder betreten - doch nach den feindseligen Tiraden gegen ihn im Jahr 1945 kommt er erst 1949 und dann nur als Festredner zu den Goethe-Gedenkfeiern nach Deutschland.

Bemerkenswert ist ferner, dass Thomas Mann seinen Helden in Buchel, einem Ort, den es in der geographischen Landschaft Deutschlands nicht gibt, zur Welt kommen, aufwachsen und sterben lässt. Dagegen gibt es Pfeiffering unverkennbar als das oberbayerische Polling, in dem Adrian Leverkühn sein Künstlerleben verbringt. Im erzählerischen Bild dominiert also das reale oberbayerische Dorf sogar in den Romanabschnitten, in denen von Pfeifferung noch gar nicht und dann nicht mehr die Rede ist. Darin darf zweifellos das Kompliment an Bewohner des Ortes und der Region gesehen werden, dass es sich hierin um eine Lokalisierung von echten humanen Beziehungen in einem intakten und schönen Lebensrahmen handelt, wie sie der an Deutschland von 1933 bis 1947 und darüber hinaus leidende Autor für wünschenswert hielt und hält. Die Abwesenheit von Parteienkampf und hochdrängendem Nazitum in Pfeiffering weist ebenso auf die Friedenssehnsucht Thomas Manns hin. Nicht der Geburts- Kindheits- und Jugendort zwischen 1875 und 1893, die geschichtsträchtige Hansestadt Lübeck, in der sein Vater Senator und Großkaufmann war, und auch nicht der Wohn- und Schaffensort zwischen 1893 und 1933, die prächtige bayerische Hauptstadt München, sind es, die für die literarische Kombination von Kommunikationsfähigkeit, das Gestatten von freier Selbstentfaltung und dem Erlangen der Identität des leidenden Musik-Genies mit wahrem, in der Tradition des deutschen Volkes wurzelndem Künstlertum vom Autor ausgewählt wurden, sondern das vom Autor seit 1899 sehr geschätzte, einfache, schöne und natürliche Klosterdorf Polling.

2 Die Magie

2.1 Das mittelalterliche Kaisersaschern

Was bedeutet `Kaisersaschern´, die Kreisstadt und der gymnasiale Schulort Adrian Leverkühns? Im Roman >Dr. Faustus< wird Kaisersaschern als ein Ort mit 27000 Einwohnern genannt, der in der Nähe von Halle, Leipzig, Weimar, Weißenfels und Magdeburg am Fluss Saale liegt, ein kulturhistorisches Museum und eine große Bibliothek besitzt, einen Bahnknotenpunkt bildet, im 10. und wieder vom 12. bis zum 14. Jahrhundert Bistum war und von Schloss und Dom - mit dem Grabmal von Kaiser Otto III.- überragt wird. Die Stadtsilhouette ist durch alte Kirchen, Bürgerhäuser und Speicher, Fachwerkbauten mit überhängenden Stockwerken, durch eine Stadtmauer mit Rundtürmen und Spitzdächern, durch baumbestandene Plätze und durch das Rathaus, welches Elemente der Gotik und der Renaissance aufweist, charakterisiert. Soweit bietet das Äußere dieses fiktiven Ortes Ansatzpunkte, um Beziehungen zu berühmten, real existierenden Städten in der Saale-und Harzgegend herzustellen, auf welche einige der genannten Charakteristika zutreffen. Dabei stößt man auf Aschersleben (Verkehrsknotenpunkt, älteste Stadt Sachsen-Anhalts, bis zum 14. Jahrhundert Teil der Grafschaft Askanien, dann Teil des Bistums Halberstadt, lange Stadtmauer mit 30 Türmen, Dom St. Martini), auf Halberstadt (Dom St. Stephanus, viertürmige Liebfrauenkirche aus dem 12. Jahrhundert, gotische Hallenkirchen St. Katharina und St. Andreas, Bibliothek mit 10000 Bänden aus dem 18. Jahrhundert, kulturhistorisches Museum) und schließlich auf die neben Rothenburg o. d. Tauber am besten erhaltene mittelalterliche Stadt Deutschlands, Quedlinburg in der Harz-Region (1500 Fachwerkbauten, Lieblingssitz und Grabstätte von Kaiser Heinrich I., Sitz des von der Kaisergattin Mathilde gegründeten Frauenstifts, städtische Blütezeit vom 10. Bis zum 15. Jahrhundert, Wohn- und Sterbeort des Dichters Gottlieb Klopstock, dem Wegbereiter einer neuen Phase der deutschen Literaturgeschichte). Gewiss ist auch Lübeck, die Geburtsstadt des Autors, mit ihrer vieltürmigen Silhouette und ihrer für Thomas Mann beengend wirkenden, spätbürgerlichen Atmosphäre heranzuziehen.

Das Werk - wesentlich als Nietzsche-Roman verstanden - führt uns schließlich zur Vaterstadt und zum gymnasialen Schulort Friedrich Nietzsches, der Domstadt Naumburg an der Saale, wo vielleicht Kaiser Otto III. in der Hemisphäre des Aspiranten für seine Nachfolge, Markgraf Ekkehard I., i.J. 1002 begraben wurde [Erg.: und nicht in Aachen oder in Rom]. Kaiser Otto III., der sich hauptsächlich in Rom aufhielt, hatte den Ruf eines europäisch denkenden Herrschers, dem bloßes Deutschtum als Hemmfaktor erschien, der aber seine Herkunft und nationale Identität nicht abstreifen konnte, worunter er litt. So betrachtet fügt sich diese Gestalt, die zumindest indirekt zu Naumburgs Aufstiegsgeschichte gehört, als unmerkliche Andeutung und Parallele der Symbolik der Adrian-Figur in das Beziehungsfeld des Romans ein. Die durch schöne Kaufmannshäuser und großzügige Marktplätze typisierte Stadt besaß damals eine mächtige Stiftskirche, bot zwei Klöstern Heimat, hatte Münz- und Marktrechte unter der Obhut des Bischofs und war seit 1432 Mitglied der Hanse. Darüber hinaus entspricht das im 16. Jhrd. neu errichtete repräsentative Rathaus den Andeutungen im >Dr. Faustus<. Das Beziehungsgefüge der Montage wird erweitert, indem das Stadthaus von Adrians Onkel, Nikolaus Leverkühn, vom Autor dem Wohnhaus Albrecht Dürers in Nürnberg nachempfunden wurde. Mit der Reformation schwand, ebenso wie im Roman beschrieben, die herausragende Bedeutung der realen Stadt Naumburg.

Es hat den Anschein, als habe Thomas Mann Hauptmerkmale mehrerer berühmter deutscher Städte kompiliert, um ein Stadtbild zu erzeugen, das einerseits zwar Phantasieprodukt ist, andererseits sich aus derart präzis genannten Elementen zusammensetzt, die im Wesentlichen auf Friedrich Nietzsches Heimatstadt abzielen, so dass Wirklichkeit, gefüllt mit Traditionslastigkeit und Empfänglichkeit für Aberglaube und Ideologie, nahegelegt wird: "...es scheint jene berühmte Formel der Zeitlosigkeit, das scholastische Nunc stans an der Stirn zu tragen. Die Identität des Ortes, welcher derselbe ist wie vor dreihundert, vor neunhundert Jahren, behauptet sich gegen den Fluß der Zeit, der darüber hingeht und vieles fortwährend verändert, während anderes - und bildmäßig Entscheidendes - aus Pietät, das heißt aus frommem Trotz gegen die Zeit und aus Stolz auf sie, zur Erinnerung und der Würde wegen stehenbleibt. Dies nur vom

Stadtbilde. Aber in der Luft war etwas hängengeblieben von der Verfassung des Menschengemütes in den letzten Jahrzehnten des 15. Jahrhunderts, Hysterie des ausgehenden Mittelalters, etwas von latenter seelischer Epidemie...aber man konnte sich denken, daß plötzlich eine Kinderzug-Bewegung, ein Sankt-Veitstanz, das visionär-kommunistische Predigen irgendeines `Hänselein´ mit Scheiterhaufen der Weltlichkeit, Kreuzwunder-Erscheinungen und mystischem Herumziehen des Volkes hier ausbräche. Natürlich geschah es nicht, - wie hätte es geschehen sollen? Die Polizei hätte es nicht zugelassen, im Einverständnis mit der Zeit und ihrer Ordnung. Und doch! Wozu nicht alles hat in unseren Tagen die Polizei stillgehalten - wiederum im Einverständnis mit der Zeit, die nachgerade dergleichen sehr wohl wieder zulässt." (DF, S 48 f) Diese Beschreibung und die mitgelieferte Deutung im sechsten Kapitel des Textes zeigen - in gemilderter Diktion aus der Warte des sich von der Gestapo 1943 im heimatlichen Freising fürchtenden Erzählers -, dass etwas Archaisches bei den Bewohnern von Deutschland-Kaisersaschern latent vorhanden ist, das unter vergleichbaren Bedingungen wie zu Zeiten von Hexenwahn, Judenpogromen und Teufelsglaube wieder durchbrechen könne. Serenus scheut sich aber, das Staatssystem im modernen Deutschland des zwanzigsten Jahrhunderts mit den doch chaotischen Verhältnissen des Fürsten- und Kaiserregimes im sechzehnten Jahrhundert gleichzusetzen. Daher hält er kurz inne, an die Ordnungskräfte des straff organisierten Polizei- und Spitzelstaates denkend. Dann erst wagt er - getarnt in allgemeine und allegorische Formulierung - die Andeutung über die Bücherverbrennung von 1933, die Nürnberger Rassengesetze von 1935, die Reichskristallnacht von 1938 und die ab 1941 einsetzenden Transporte entrechteter und entwürdigter Angehöriger einer nun offiziell verachteten Menschenrasse in die Vernichtungslager.

Es geht dem Autor mit dem Stichwort `Kaisersaschern´ im Wesentlichen um eine geistig-seelische Qualität, für die das Lokale sowohl greifbarer Anhaltspunkt als auch Verhaltenssymbol für neu aufbrechenden Primitivismus ist. Es soll mittels lokaler Montagen dargelegt werden, dass im prägenden geistigen Umfeld der Kindheit und Jugendzeit des Helden etwas Vergangenes, Nicht-Neuzeitliches, Düsteres, Bedrohliches und Ausgrenzendes zugegen ist, das der

Erzähler als Erscheinung modernen Massenwahns definiert. Auch der imaginäre Teufel des >Doktor Faustus<-Romans betont 1910 in der Paktszene des italienischen Palestrina diese Unzeitgemäßheit im Innern des bereits hochmodern atonal komponierenden Adrian, indem er ihm das Eingeständnis nahelegt, zu bekennen: „Wo ich bin, da ist Kaisersaschern." (DF, S. 304) Die Wortsemantik dominiert also den geographisch-lexikalischen Befund: Das Kaisertum und seine gewaltstaatlichen Denkkategorien gehören zur Asche der Geschichte! Im Dritten Reich haben jedoch, nach der Hauptaussage von Thomas Manns Antikriegsroman, zusätzlich zu den machtstaatlichen Strukturen die archaischen Tendenzen unter dem Vorzeichen eines `Teufelspaktes´ in blutrünstiger innen- und außenpolitischer Ausprägung wieder die Oberhand gewonnen.

2.2 Theologie im Studium und als Unterfangen

Nach dem Abitur in Kaisersaschern wendet sich Adrian - immer in Verbindung mit seinem zwei Jahre älteren Jugendfreund Serenus, der sich den alten Sprachen zugewandt hat - in der nahen Universitätsstadt Halle dem Theologiestudium zu. Der Erzähler äußert allerdings Zweifel an der Eignung Leverkühns für ein Pfarramt wegen der vorherrschenden Intellektualität Adrians und unterstellt ihm "Hochmut"; eine Eigenschaft, der zufolge in traditioneller Vorstellung Adrian im Begriff sei, aus dem zunächst achtbaren Unterfangen des Studiums der Gotteswissenschaft in die Sünde der Hybris zu geraten, wie dies im >Volksbuch< über Dr. Johann Faust ausgesprochen wird. Gerade noch könnte sich Serenus eine akademische Laufbahn für seinen Kommilitonen vorstellen. Die für einen kirchlichen Beruf benötigte Demut vermisst der Erzähler beim Theologiestudenten, er vermutet beim elitär denkenden Adrian ein Vorherrschen der aus dem Hochmittelalter bis in die frühe Neuzeit vorhandenen Vorstellung von der Theologie als der `Königin der Wissenschaften´: "Wo die Weisheitsliebe sich zur Anschauung des höchsten Wesens, des Urquells des Seins, zur Lehre von Gott und den göttlichen Dingen erhebt, da, so könnte man sagen, ist der Gipfel wissenschaftlicher Würde, die höchste und vornehmste Sphäre der Erkenntnis, die Spitze des Denkens erreicht; dem beseelten Intellekt ist da sein erhabenstes Ziel gesetzt." (DF, S 112 f) Der Theologieprofessor Ehrenfried Kumpf wird von Thomas Mann als Luther-Karikatur getaltet, der den Studenten einen vor der Vernunft haltbaren Offenbarungsglauben nahebringt, ansonsten aber in derb-komischer Weise den Teufel, für den er viele überlieferte Namen aus der Zeit des mittelalterlichen Hexenglaubens parat hat ("Teubel", "Teixel", "St. Velten", "Meister Klepperlin", "Schwarzer Kesperlin"), überall persönlich als Widersacher Gottes und als Verderber einer berechtigten, dankbaren Lebensfreude des Menschen am Werke sieht: "`Da steht er im Eck, der Speivogel, der Wendenschimpf, der traurige, saure Geist und mag nicht leiden, daß unser Herz fröhlich sei in Gottes Mahl und Sang! Soll uns aber nichts anhaben, der Kernbösewicht, mit seinen listigen, feurigen Pfeilen! Apage!´ donnerte er, griff eine Semmel und schleuderte sie in den finsteren Winkel. Nach diesem Strauß griff er wieder in die Saiten und sang `Wer recht in Freuden wandern will´". (DF, S. 134) Neben diesem kernigen Vertreter einer protestantischen theologischen Systematik im neunzehnten Jahrhundert gibt es den dubios-mysteriösen Privatdozenten Eberhard Schleppfuß an der Halleschen Universität, der im schwarzen Umhang mit Schlapphut in hinkender Gangart in Erscheinung tritt und das an sich moderne Fach Moralpsychologie unterrichtet. Diese Vorlesung entpuppt sich aber in der Berichterstattung des Serenus als eine raffinierte Geistesverwirrung und Indoktrination der jungen Studenten. Die Folgerung aus dem Theodizee-Dilemma [Erg.: Gott schuf den Menschen und die Freiheit und er lässt damit notgedrungen die Sünde und das Leid zu] lautet bei Schleppfuß: Verzicht auf den Gebrauch der Freiheit. Unter Psychologie versteht der akademische Lehrer diejenigen absurden psychischen Mechanismen, die sich unter der Voraussetzung, dass man an einen persönlich in der Welt agierenden Teufel glaubt, als Folge einer moralischen Verfehlung abspielen. Als abschreckendes Beispiel schildert der eigenartige Dozent den Bordellbesuch eines mit einem unbescholtenen Mädchen verlobten Burschen und dessen plötzliche Impotenz, die auf Behextwerden zurückgeführt werden müsse. Dieser Vorfall bringt schließlich einer angeblichen Hexe die Folter per Inquisitionsgericht ein und kostet dann der völlig unbeteiligten Verlobten das Leben. Beide Frauen werden nach dem angeblichen Erweis der Verwendung einer Liebessalbe und der Unterstellung von Teufelsbündnerei dem Tod durch Verbrennung ausgeliefert. Dies alles wird nicht aufklärend als Aberglaube und praktizierter religiöser Wahnsinn analysiert, sondern als Phänomen von Verführung und faktischer böser Satanskunst dargestellt, gegen die sich die Kirche aber durch Inquisition erfolgreich zur Wehr gesetzt und damit der befallenen, armen Seele nach Folter und Geständnis schließlich das ewige Heil gerettet habe: "Welch schöne Geschlossenheit der Kultur aber sprach aus diesem harmonischen Einvernehmen zwischen dem Richter und dem Delinquenten und welche warme Humanität aus der Genugtuung darüber, diese Seele noch im letzten Augenblick durch das Feuer dem Teufel entrissen und ihr die Verzeihung Gottes verschafft zu haben!" (DF, S. 139) Die Art der Geistesverdrehung und die geschickte Manipulation der Zuhörer, die nach diesem akademischen Kursus nicht mehr wissen, was modern und was gefährlich rückständig ist, dazu das Nachziehen eines Beines, berechtigen zur Vermutung, dass mit der Schleppfuß-Figur vom Autor nicht bloß Theologen-Karikatur und Nachweis gefährlicher religiöser Indoktrination, sondern sogar aktuelle Joseph-Goebbels-Personifizierung beabsichtigt wurde.

Der Erzähler Serenus Zeitblom sieht - wohl im Konsens mit Thomas Mann - Religion vorwiegend als eine Angelegenheit des Gefühls und nicht des definierenden Verstandes. In dieser Sicht dient ihm der Philosoph Friedrich Schleiermacher als Vorbild. Die Bildung von Kirchen, Parteiungen und festen Lehrgebäuden erscheint ihm bedenklich, weil sich aus einer prinzipiell heilsamen Fähigkeit des Menschen im Zugriff institutioneller Verwaltung zu leicht Verkrustung, Einseitigkeit, Zwietracht und Fanatismus ergäben: "Wissenschaft aber kann der Vernunft nicht entraten, und aus dem Sinn für das Unendliche und die ewigen Rätsel eine Wissenschaft machen zu wollen, heißt zwei einander grundfremde Sphären auf eine in meinen Augen unglückliche und fortwährend in Verlegenheit stürzende Weise zusammenzuzwingen. Religiosität, die ich als keineswegs meinem Herzen fremd betrachte, ist sicherlich etwas anderes, als positive, konfessionell gebundene Religion. Wäre es nicht besser gewesen, die `Tatsache´ des menschlichen Sinnes für das Unendliche dem frommen Gefühl, den schönen Künsten, der freien

Kontemplation, ja, auch der exakten Forschung zu überlassen, welche als Kosmologie, Astronomie, theoretische Physik diesem Sinn mit durchaus religiöser Hingabe an das Geheimnis der Schöpfung zu dienen vermag, - anstatt ihn als Geisteswissenschaft auszusondern und Dogmengebäude daraus zu entwickeln, deren Bekenner sich um einer Kopula willen aufs Blut befehden?" (DF, S. 122)

Serenus als Sprachrohr des Kulturphilosophen Thomas Mann sieht zwei weitere Fehlentwicklungen, die einer im Verlauf der Geschichte verschiedenen Ideologien, Akzentsetzungen und Moden unterworfenen wissenschaftlichen Theologie drohen. Die eine Verirrung bestehe in der Verflachung zu einer bloß auf das praktische Leben bezogenen Morallehre ("Nach meinem Dafürhalten ist `liberale Theologie´ ein hölzernes Eisen, eine contradictio in adjecto. Kulturbejahend und willig zur Anpassung an die Ideale der bürgerlichen Gesellschaft, wie sie ist, setzt sie das Religiöse zur Funktion der menschlichen Humanität herab und verwässert das Ekstatische und Paradoxe, das dem religiösen Genius wesentlich ist, zu einer ethischen Fortschrittlichkeit." DF, S. 124), das andere Extrem bilde das Aufgehen im Aberglauben ("Denn die Theologie, in Verbindung gebracht mit dem Geist der Lebensphilosophie, dem Irrationalismus, läuft ihrer Natur nach Gefahr, zur Dämonologie zu werden." DF, S. 125). Das Erste bedeutet für Autor und Erzähler das Auslöschen des inneren religiösen Sensus, das Zweite bringt die totale Verdrängung der Vernunft mit sich. Damit wird der Kreis zum Fauststoff geschlossen. Entweder wird Religion verraten oder sie liefert sich einer Dämonologie aus! Beides ist schuldhaft in einer aufgeklärten, toleranten Sichtweise. Letztere, offensichtlich zu Beginn des zwanzigsten Jahrhunderts aktuelle Theologie kann in den Denkkategorien des Politischen Romans als Metapher für Ideologie und Massenwahn verwendet werden, weil von den offiziellen Kirchen her der politischen Verkehrung des Denkens kein Veto entgegengehalten wurde. Irrationalität gibt der Teufelei Raum; auf dem religiösen Sektor hatte eine abergläubische Ideologie verwirrte Vorstellungen mit tausenden von Justizmorden zur Folge, auf dem Felde der Politik bedeutet eine verbrecherische Ideologie millionenfachen Tod und unvorstellbares Leid! Für Thomas Mann und seinen vorgeschobenen Erzähler bot sich die Möglichkeit im Rahmen der Entwicklung der protestantischen Theologie Fehlformen aufzuzeigen, welche die Anfälligkeit einer hierarchisch verwalteten Religion demonstrieren, die rechte Mitte nicht einzuhalten und - harmloser - in Liberalismus oder - schlimmer - in Dämonenglauben zu verfallen. Der moderne Teufelsbündner Adrian Leverkühn bestaunt als Theologiestudent die Fehlentwicklung der theologischen Disziplinen und Lehrinhalte. Die Hauptperson des >Doktor Faustus<- Romans wird mit religiösen und politischen Aberrationen, die für die deutsche Geschichte bezeichnend sind, konfrontiert. Im zwanzigsten Jahrhundert zeigte sich der Aberglaube und der Massenwahn in der nationalsozialistischen vernunft- und menschenfeindlichen Ideologie. Thomas Mann ermittelt Kirche und Staat, was das Heraufziehen der des rassistischen und imperialistischen Menschen- und Gesellschaftsbildes angeht, nicht als konträre Mächte. Die Entwicklung zum Negativen verlief nach seiner Wahrnehmung in beiden Körperschaften parallel. In Kirche und Theologie, desgleichen in Gesellschaft und Staat, wurde der Gewaltideologie durch Abkehr von Vernunft und Naturrecht der Boden bereitet.

2.3   Teufelspakt, Vertragsleistung, Vertragsdauer, Vertragsbedingung

Im Jahr 1910 weilt Adrian Leverkühn mit seinem Freund Rüdiger Schildknapp für eineinhalb Jahre in der Nähe Roms, im Sommer in der Villa Manardi in Palestrina, im Winter in der Villa Doria Panfili unmittelbar in der Stadt Rom. Dort kommt es - während Adrian einmal nicht mit der Komposition seiner Oper >Love´s Labour´s Lost< (nach Shakespeare) beschäftigt ist - zur vermeintlichen Begegnung mit dem Teufel, woher der Roman letztendlich seinen Titel hat; denn der Held führt ja nicht den Namen Dr. Faust, dieser ist ihm nur vom Autor, vom Erzähler nie in direkter Weise, zugeteilt. Da Serenus Zeitblom bloß für drei Wochen besuchsweise zugegen war, kann er zur Dokumentierung dieses ungewöhnlichen Treffens nur auf erhaltene Notizen seines Freundes zurückgreifen. Im modernen Roman muss die Möglichkeit eines Dialogs zwischen manifestem Mephisto und einem Menschen bezweifelt werden, was auch Serenus macht: "Ein Dialog? Ist es in Wahrheit ein solcher? Ich müßte wahnsinnig sein, es zu glauben. Und darum kann ich auch nicht glauben, daß er in tiefster Seele für wirklich hielt, was er sah und hörte: während er es hörte und sah und nachher, als er es zu Papier brachte,- ungeachtet der Zynismen, mit denen der Gesprächspartner ihn von seinem objektiven Vorhandensein zu überzeugen suchte. Gab es ihn aber nicht, den Besucher - und ich entsetze mich vor dem Zugeständnis, das darin liegt, auch nur konditionell und als Möglichkeit seine Realität zuzulassen! - so ist es grausig zu denken, daß auch jene Zynismen, Verhöhnungen und Spiegelfechtereien aus der eigenen Seele des Heimgesuchten kamen..." (DF, S. 298) Im Rahmen der illusionären Kommunikation zwischen dem Leibhaftigen und Adrian, der gerade Sören Kierkegaards Essay über Mozarts >Don Juan< liest, kommt es zur Benennung der Vertragsbedingung durch den Kälte ausströmenden Satan: "Liebe ist dir verboten, insofern sie wärmt. Dein Leben soll kalt sein - darum darfst du keinen Menschen lieben. Was denkst du dir denn? Die Illumination läßt deine Geisteskräfte bis zum Letzten intakt, ja steigert sie zeitweise bis zur hellichten Verzückung,- woran soll es am Ende denn ausgehen, als an der lieben Seele und am werten Gefühlsleben? Eine Gesamterkältung deines Lebens und deines Verhältnisses zu den Menschen liegt in der Natur der Dinge,- vielmehr sie liegt bereits in deiner Natur, wir auferlegen dir beileibe nichts Neues..." (DF, S. 334) Die Vertragsleistung auf Seiten Adrians besteht in der Verschreibung seiner Seele an den Teufel nach Ablauf der Paktdauer von 24 Jahren; die Leistung auf Seiten der Unterwelt bedeutet für Adrian die Befähigung zu nie dagewesenem musikalischem Künstlertum: "Denn wir liefern das Äußerste in dieser Richtung: Aufschwünge liefern wir und Erleuchtungen, Erfahrungen von Enthobenheit und Entfesselung von Freiheit, Sicherheit, Leichtigkeit, Macht- und Triumphgefühl, daß unser Mann seinen Sinnen nicht traut,- eingerechnet die ihn sogar auf jede fremde, äußere leicht könnte verzichten lassen, - die Schauer der Selbstverehrung, ja des köstlichen Grauens vor sich selbst, unter denen er sich wie ein begnadetes Mundstück, wie ein göttliches Untier erscheint. Und entsprechend tief, ehrenvoll tief, geht's zwischendurch denn auch hinab, - nicht nur in Leere und Öde und unvermögende Traurigkeit, sondern auch in Schmerzen und Übelkeiten, - vertraute übrigens, die immer schon da waren, die zur Anlage gehören..." (DF,

S. 310) Der figurierte Mephisto hält mit den Nachteilen seiner zauberischen Befähigung nicht zurück, und der Autor verbindet über den Kopf des hier scheinbar nur protokollierenden Erzählers hinweg die durch angebliche Magie bewirkten übernatürlichen Eigenschaften mit den natürlichen, wozu gerade Adrians Anfälligkeit zu Migräne, Nervenschmerzen, Appetitlosigkeit und Depression gehören. Während der Mythologisierung wird die Entmythologisierung gleich mitgeliefert! Dazu gehört auch, daß der Erzählstoff vom Teufelspakt als typisch für deutsche Art gesehen wird. Da kommt dann weniger Zauberhaftes und Enthebendes als Grobes und Wahnhaftes zur Sprache! Deutsche Realgeschichte zur Lutherzeit muss herhalten, um die irreale Partnerschaft mit der Unterwelt zu belegen. Thomas Mann rechnet auch die religiösen Exzesse zum Gegenstandsbereich des Satanischen. Für bigotte Naturen wäre eine solche Zusammenstellung Blasphemie, dies jedoch nicht für den Autor dieses >Dr. Faustus<-Romans, der es gelernt, gedacht und erfahren hat, dass Aberglaube und Fanatismus zum Bösen gerechnet werden müssen und nur die gemäßigte fromme Gesinnung zum Guten gezählt werden darf: "Erinnere dich nur, wie munter volksbewegt es war in Deutschlands Mitten, am Rheine und überall, seelenvoll aufgeräumt und krampfig genug, ahndungsreich und beunruhigt,- Wallfahrtsdrang zum Heiligen Blut nach Niklashausen im Taubertal, Kinderzüge und blutende Hostien, Hungersnot, Bundschuh, Krieg und die Pest zu Köllen, Meteore, Kometen und große Anzeichen, stigmatisierte Nonnen, Kreuze, die auf den Kleidern der Menschen erscheinen, und mit dem wundersam bekreuzten Mädchenhemd als Banner, wollen sie gegen die Türken ziehen. Gute Zeit, verteufelt deutsche Zeit!" (DF, S. 311) Ein Teufel darf in einem Teufels-Roman natürlich das Widervernünftige und Wahnhafte gut nennen, da er als glaubwürdige Figur innerhalb seiner eigenen Wertekategorien zu denken hat. Dass das Aggressive und Aus-den-Fugen-Geratene aber mit `deutsch´ konnotiert wird, darin liegt die bittere Lebenserfahrung des exilierten Autors, der zu den aktuellen Kriegs- und Vernichtungsgräueln die größeren historischen Zusammenhänge herstellt und dann den Nationalcharakter kritisch hinterfragt.
Eigenartigerweise lässt Thomas Mann den Teufelspakt nicht in den Tagen der angeblichen Teufelskontaktierung in der Villa Manardi

1910 beginnen, sondern bereits 1906 im ungarischen Preßburg, als Adrian die ihn faszinierende Dirne Esmeralda - den Namen hatte ihr Leverkühn in Anlehnung an eine Schmetterlingsart mit durchsichtigen Flügeln gegeben - von Graz aus aufgesucht und trotz ihrer Warnung, dass sie an Syphilis leide, zu einer einmaligen und für ihn erstmaligen sexuellen Beziehung aufgefordert hat. Der Erzähler deutet in behutsamen Worten, dass Emotion und negative Folgen einen unlösbaren Zusammenhang bilden und dass der Romanheld geradezu einer angeborenen Affinität zum Dämonischen Folge leiste: "Und, gütiger Himmel, war es nicht Liebe auch, oder was war es, welche Versessenheit, welcher Wille zum gottversuchenden Wagnis, welcher Trieb, die Strafe in die Sünde einzubeziehen, endlich welches tief geheimste Verlangen nach dämonischer Empfängnis, nach einer tödlich entfesselnden chymischen Veränderung seiner Natur wirkte dahin, daß der Gewarnte die Warnung verschmähte und auf den Besitz dieses Fleisches bestand?" (DF, S. 207) Da die angebliche Abmachung mit Mephisto der Konzeption des Autors noch 24 Jahre währen und 1930 enden sollte, musste zunächst schon aus diesem Grund der Vertragsbeginn im Jahr 1906 angesetzt werden, obwohl Adrian erst 1910 im ausführlichen Gespräch des 25. Romankapitels diesen Pakt abschließt, der dann die Teufelsgabe des musikalischen Genietums bei Gegenleistung der eigenen Hingabe an die Hölle beinhaltet. Dabei laufen drei Motive zusammen. Zum einen strebt Thomas Mann eine eigenwillige historische Epochenkategorisierung an, welche die Infiltration der deutschen Gesellschaft mit dem NS-Gadankengut nicht von 1918 bis 1933 ansetzt, wie dies die übliche Historiographie vollführt, sondern von 1906 bis 1930, also von der Jugendbewegung bis zu den Reichstagswahlen im September 1930, die bereits für die NSDAP die entscheidenden Stimmengewinne brachten. Zum anderen soll eine Assoziation zum mit Blut besiegelten Pakt des Goetheschen Dr. Faust mit seinem Helfer Mephisto hergestellt werden. Des Weiteren wird die Beziehung zu Friedrich Nietzsche geknüpft, der sich 1866 in einem Bonner Bordell, wie es von seinem Schulfreund und Biographen Paul Deussen überliefert ist, mit der geistigen Verfall auslösenden Geschlechtskrankheit angesteckt haben soll. Zufälligerweise trat bei Nietzsche die geistige Umnachtung nach 24 Jahren ein, so dass er ab 1890 nur noch als

Pflegefall, umsorgt von seiner Mutter und von 1897 bis 1900 von seiner Schwester Elisabeth Förster, weiterexistieren konnte. In der erzählerischen Imagination erscheint der unbewusste Vertragsschluss und Adrians Hang zur Dirne, die er in Leipzig in einer "Schlupfbude" kennenlernte, wohin ihn ein dubioser schwarzgekleideter Dienstmann gegen seinen Auftrag geführt hatte, als frühe Manipulation des Teufels, der über die Köpfe der Menschen hinweg seine zerstörerischen Absichten verwirklicht und mit Mitteln der Faszination und Verführung beim menschlichen Begehren ansetzt: "So richteten wir´s dir mit Fleiß, daß du uns in die Arme liefst, will sagen: meiner Kleinen, der Esmeralda, und daß du dir´s holtest, die Illumination, das Aphrodisiacum des Hirns, nach dem es dich mit Leib und Seel und Geist so gar verzweifelt verlangte. Kurzum, zwischen uns braucht´s keinen vierigen Wegscheid im Spesser Wald und keine Zirkel. Wir sind im Vertrage und im Geschäft, - mit deinem Blut hast du´s bezeugt und dich gegen uns versprochen und bist auf uns getauft - dieser mein Besuch gilt nur der Konfirmation. Zeit hast du von uns genommen, geniale Zeit, hochtragende Zeit, volle vierundzwanzig Jahr ab dato recessi, die setzen wir dir zum Ziel. Sind die herum und vorüber gelaufen, was nicht abzusehen, und so ist eine Zeit auch eine Ewigkeit, - so sollst du geholt sein. Herwiderumb wollen wir dir unterweilen in allem untertänig und gehorsam sein, und dir soll die Hölle frommen, wenn du nur absagst allen, die da leben, allem himmlischen Heer und allen Menschen, denn das muß sein." (DF, S. 333) Thomas Mann fügt dieser Verbindung zwischen dem suchenden Künstler und dem Herrn der Unterwelt noch ein weiteres Motiv ein, das mit dem künstlerischen Arbeitsgebiet Adrian Leverkühns und überhaupt mit der Kunstwende vom neunzehnten zum zwanzigsten Jahrhundert zu tun hat, was gemeinhin als Übergang von der traditionellen zur modernen Kunst bezeichnet wird. Der Teufel, der figuriert als Dämon, als Zuhälter und als Musikwissenschaftler auftritt und das jeweilige Geistes- und Sprachverhalten annimmt, kennt die Problematik der Künste zu Beginn des zwanzigsten Jahrhunderts und vermag sich fachlich kompetent zur Krisenbefindlichkeit der Zeit zu äußern. Eine weitere Veränderung im gegenständlichen Bereich erscheint unmöglich, alle Variationsmöglichkeiten wurden durchprobiert und ausgeschöpft und sind sogar zur Vollkommenheit fortentwickelt worden, wie es zum Beispiel in den historischen Opern Richard Wagners der Fall war, der die romantische Musik und die national geprägte Oper zum Totalkunstwerk als Musikdrama gesteigert hatte. Die Künstler stehen an der Schwelle zum Abstrakten, doch die Verwirklichung von Aussagen, Gefühlen und Ahnungen mit neuen, vielfältigen, ungegenständlichen und daher schwer deutbaren und oft nur einer Minderheit vermittelbaren Formen stellt sich als großes Wagnis dar. Daher kann dieser geistig gewandte Kunstkenner, der als Teufel auftritt, den Expressionismus und das Unterfangen von Abstraktheit, von Vereinfachung, von Segmentierung und noch nie dagewesener Systemhaftigkeit problematisieren: "Die prohibitiven Schwierigkeiten des Werks liegen tief in ihm selbst. Die historische Bewegung des musikalischen Materials hat sich gegen das geschlossene Werk gekehrt. Es schrumpft in der Zeit, es verschmäht die Ausdehnung in der Zeit, die der Raum des musikalischen Werkes ist, und lässt ihn leer stehen. Nicht aus Ohnmacht, nicht aus Unfähigkeit zur Formbildung. Sondern ein unerbittlicher Imperativ der Dichtigkeit, der das Überflüssige verpönt, die Phrase negiert, das Ornament zerschlägt, richtet sich gegen die zeitliche Ausbreitung, die Lebensform des Werkes. Werk, Zeit und Schein, sie sind eins, zusammen verfallen sie der Kritik. Sie erträgt Schein und Spiel nicht mehr, die Fiktion, die Selbstherrlichkeit der Form, die die Leidenschaften, das Menschenleid zensuriert, in Rollen aufteilt, in Bilder überträgt. Zulässig ist allein noch der nicht fiktive, der nicht verspielte, der unverstellte und unverklärte Ausdruck des Leides in seinem realen Augenblick. Seine Ohnmacht und Not sind so angewachsen, daß kein scheinhaftes Spiel damit mehr erlaubt ist." (DF, S. 323) Damit spricht sich dieser diabolische Musikkenner nicht pauschal gegen den nun auf musikalischem Sektor von Leverkühn zu schaffenden Expressionismus aus, doch die spezifischen Hürden und in der Materie und in der neuen Kunstauffassung liegenden Grenzen werden thematisiert. Insgesamt bedeutet die moderne Kunstepoche einen Verlust an Fiktionalität, aber einen Gewinn an Existenzialität. Das Defizit an traditioneller Schönheit und Anreicherung wird wettgemacht durch die konzentriertere Expressivität des künstlerisch gestalteten Leides. Dieser Mephisto entpuppt sich beim fachlichen Dialog mit Adrian als toleranter, epochenübergreifend denkender

Gelehrter. Thomas Mann steht als überlegener Arrangeur der Epochendiskussion dahinter. Adrian begehrt das Neue, er ist für die Erfindung der expressionistischen 12-Ton-Musik vom allwissenden Mephisto und vom planenden Autor vorgesehen. Thomas Mann kennt Vor- und Nachteile expressionistischer Ton- und Wortkunst. Auf dem Feld der Literatur greift er zwar in großem Umfang zu den verschiedenen Varianten der Erzählmontage, entscheidet sich aber bezüglich Romanaufbau, Figurenpräsentation und Sprachverwendung für die realistische Schreibweise in der Tradition der großen epischen Realisten deutscher Sprache des neunzehnten Jahrhunderts. Selbstverständlich ist der dem Romanhelden zugestandene revolutionäre Expressionismus in der Art mechanistisch und physikalisch gedachter Tonkombinationen und Tonfolgen nicht Teufelswerk. Bei der ungewöhnlichen Kompositionskunst Adrians handelt sich aber in der Bildwelt des Romans um eine aus der Unterwelt herrührende, übernatürliche Fähigkeit, die im Romanganzen diabolische Befallenheit bedeutet, so dass das Epochalmotiv der 12-Ton-Komposition nicht nur positiv historisch notwendig durchdringende Möglichkeiten neuer Gehalte und Äußerungen, sondern auch negativ Eingeschränktheit, Fixiertheit, Starre und Unfruchtbarkeit symbolisiert. Die politische Autorintention bringt eine gewisse negative Besetzung des Begriffes vom musikalischen Expressionismus mit sich.

3 Der Fauststoff

3.4 Gemeinsamkeiten mit Johann Spies´ Volksbuch von 1587

Die Lebensgeschichte des Dr. Johann Faust im deutschen Volksbuch aus dem sechzehnten Jahrhundert basiert auf der vita eines Arztes und Gauklers, der von 1480 bis 1540 gelebt haben soll. Dem ersten Kapitel des anonym verfassten Erzählwerkes nach ist er zu Rod bei Weimar geboren, wurde vom reichen Vetter seines Vaters in Wittenberg erzogen, wo er Theologie studiert hat, und ist nach einem Gelehrten- und Zaubererleben dort verstorben. Die lehrhafte Erzählung wurde erkennbar von einem protestantischen Pfarrer in abschreckender Absicht konzipiert. Faust habe als Theologe Gottes

Wort gekannt und trotzdem gesündigt, was doppelt zu bestrafen sei. Er wäre der Hoffart verfallen, wollte universales Wissen über alle Wissenschaftsdisziplinen und weltlichen Erfahrungsmöglichkeiten haben und sei deshalb einen mit Blut besiegelten Teufelsbund eingegangen, der ihn zu "Zauberei und Schwarzkunst" befähigte: "Erstlich, daß er, Faustus, verspreche und schwere, daß er sein, deß Geistes, eygen seyn wollte. Zum andern, daß er solches zu mehrer Bekräfftigung, mit seinem eygen Blut wolle bezeugen, und sich darmit also gegen im verschreiben. Zum dritten, daß er allen Christgläubigen Menschen wolle feind seyn. Zum vierdten, daß er den Christlichen Glauben wolle verläugnen. Zum fünfften, daß er sich nicht wolle verführen lassen, so ihne etliche wollen bekehren. Hingegen wölle der Geist ihme, Fausto, etliche Jahr zum Ziel setzen, wann solche verloffen, soll er von ihme geholt werden. Und so er solche Punckten halten würde, soll er alles das haben, was sein Herz belüste und begerte, unnd soll er alsbaldt spüren, daß er eines Geistes gestallt und weise haben würde." (>Volksbuch<, S. 23) Nach vielen Gefälligkeiten, die er anderen Leuten durch die von Mephisto verliehene Zauberkraft erweisen konnte, nach allerlei Schabernack und Fahrten zur Hölle, zum Firmament und zum Paradies macht er - wohl auf der Basis der geographischen Kenntnis der Schedelschen >Weltchronik< von 1493 - eine ausgedehnte Reise durch Europa und den Mittelmeerraum. Seine Fahrt führt ihn auch zum verbal übel geschmähten Papst in Rom und zum Kaiser nach Konstantinopel, dessen Haremsdamen er, als Mohammed in Erscheinung tretend, missbraucht. In seinem letzten der 24 Vertragsjahre mit Mephistopheles heiratet er die berühmte griechische Schönheit Helena, die er aus dem Altertum herbeirufen konnte, und bekommt mit ihr einen Sohn, der mit der Gabe der Wahrsagekunst ausgestattet ist. Mutter und Kind verschwinden geheimnisvoll beim Tod des Magiers. Bevor er vom Teufel zum Vertragsende zerrissen wird, hält er vor den Theologiestudenten der Wittenberger Universität - sein geistiges Vermächtnis und seinen Besitz hat er seinem Assistenten und Pflegesohn Wagner zuvor übergeben - eine Abschiedsrede, die vom Erzähler mit >D. Fausti Weheklag< bezeichnet wird. In dieser Ansprache an seine Hörer in der Gastwirtschaft des Dorfes Rimling bei Wittenberg bedauert er seine übergroße Sündigkeit im

Zusammenhang mit der Teufelsbündnerei und hofft vage, gegen die vereinbarte Dreingabe seines Leibes an Mephistopheles, wenigstens seine Seele retten zu können: "Dann ich sterbe als ein böser unnd guter Christ, ein guter Christ, darumb daß ich eine hertzliche Reue habe, und im Hertzen immer umb Gnade bitte, damit meine Seele errettet möchte werde. Ein böser Christ, daß ich weiß, daß der Teufel den Leib will haben, unnd ich will ihme den gerne lassen, er laß mir aber nur die Seele zu frieden." (>Volksbuch<, S. 123) Neben dem Ortsnamen Pfeiffering, einem Ort, wo Faust Rosstäuscherei betreibt, und dem Rohmbühel, wo er einem sächsischen Grafen ein Schloss herbeizaubert, findet sich im >Volksbuch< zudem in der mitleidsvollen Entgegnung Schüler des Professors Faust die versteckte Erklärung des Familiennamens Schweigestill für Adrians Gastfamilie in Pfeiffering: "Ach mein Herr Fauste, was habt ihr euch geziehen, daß ihr so lang still geschwiegen, und uns solches nicht habt offenbaret, wir wollten euch durch gelehrte Theologen auß dem netz deß Teuffels errettet, und gerissen haben, nun aber ist es zu spät, und euerm Leib und Seel schädlich." (>Volksbuch<, S. 124) Dabei stellt sich die zeitkritische Funktion des bisher verengt nur assoziativ (zu den echten Pollinger Gutsbesitzern Schweighart) gedeuteten Familiennamens heraus. Viele Menschen haben zu den Machenschaften, Rechtsbrüchen, gewalttätigen Ausschreitungen, rhetorischen Tiraden und politischen Morden der Nationalsozialistischen Partei in den zwanziger Jahren zu lange und überhaupt geschwiegen. Der `Leib´, d.h. der schuldig gewordene Staat muss mit dem allegorischen Verfall von Adrian Leverkühn in Thomas Manns >Dr. Faustus< 1930 drangegeben werden. Gemäß den Glaubensvorstellungen im 16. Jahrhundert konnte nach dem Zuschlagen des Teufels auf Grund der gnadenhaften Rechtfertigung durch Gott allein noch die Seele erhalten bleiben; aber eine solche letztmögliche Errettung der personalen Substanz lässt sich nicht im Text des Volksbuchs nachweisen. Dort wird der Teufelsbündner Dr. Johann Faust wegen seiner hartnäckigen Treue zum Satan bei Vertragsende zerfetzt. Einen guten Ausgang für verhängnisvolles Gelehrtenstreben wählt erst Wolfgang v. Goethes >Faust<-Drama, indem sein reuiger Dr. Heinrich Faust in den christlich-griechischen Himmel auffahren darf. Für eine solche positive Fortsetzung nicht jedoch für seinen Helden, wohl aber für das zukünftige gesellschaftliche Leben in Deutschland, nach der Apokalypse für den NS-Staat, entscheidet sich Thomas Mann in entmythologisierter Aussage in seinem >Faust<-Roman.

3.4   Bezüge zu Wolfgang v. Goethes >Faust<

Auch Goethes berühmtes, zweiteiliges >Faust<-Drama fußt wesentlich auf dem deutschen Volksbuch, daneben noch auf der ersten dramatischen Bearbeitung des Erzählstoffes durch Christopher Marlowe aus dem Jahr 1588. Goethe hat sich der Thematik des Teufelbündners von 1773 an bis zu seinem Tod 1832 gewidmet und Teil I des bekanntesten deutschen Bühnenstücks 1806 veröffentlicht. Sein Drama und Thomas Manns Roman haben - im Rückgriff auf das Volksbuch, aber auch allein in der Verwendung von Goethes Bearbeitung durch Thomas Mann - zahlreiche Motive gemeinsam, und darüber hinaus spielt der Romancier häufig auf das Werk des Dichterfürsten der Weimarer Klassik an. Im >Faust<-Drama werden die Themen Teufelspakt, Liebe zur Frau (zu Gretchen und zu Helena), Walpurgis-Treiben, Luftfahrt in den Mittelmeerraum, Besuch in der Unterwelt (bei den Müttern), Vollführen eines gewaltigen Werks (Dammbau), Liebe zum Kind (Homunculus und Euphorion) und Tod des Protagonisten behandelt. Der >Faust<-Roman stellt mit den Themen Teufelsvertrag, Liebe zu Marie Godeau, Münchner Fasching, Italienreise, Blick ins Weltall, Fahrt in die Tiefsee, Erfindung der 12-Ton-Musik, Liebe zu Nepomuk und Sterben des Helden deutliche Parallelen her. Offensichtlich muss sich Fauststoff mit Magie, persönlicher Liebe, Selbstverwirklichung in einer Lebensleistung, Nachwuchs-Zeugung, Beobachtung der Welt und mit dem Phänomen Tod befassen. Damit wird das Leben eines großen Geistes und, auf ein kleineres Format übertragen, unser aller Leben umrissen. Insgesamt spielt über die genannten Themen hinweg die Grundfrage von Wirklichkeitsverfälschung durch Magie oder der Bereitschaft zur Anerkennung echter Wirklichkeit und damit die Frage nach dem Selbstverständnis des Menschen und die richtige Art der Weltbewältigung die Hauptrolle. Hiermit verbunden ist das Problem von Gut und Böse, was dann auch zur Stellungnahme gegenüber dem Tod und zur Spekulation über Erlösung und Verdammnis Anlass gibt. Die mythologische und religiöse Grundstruktur aller Werke über eine Faust-Gestalt stellt das fremd- oder eigenverantwortliche Leben und das große Werk und das gigantische Wollen eines Genies in den Mittelpunkt. Dadurch wird einem Dichter, der sich an den höchst anspruchsvollen Faußtstoff heranwagt, die künstlerische Gestaltung einer Heldenfigur in ihrem emotionalen Lebensvollzug, ihrer Gedankenwelt und ihrer Lebensleistung unter einem moralischen Bewertungsmaßstab und unter einem mythologischen oder einem metaphysischen Schema möglich. Der Blickwinkel von Autor und Erzähler übersteigt innerweltliche ethische Kriterien und greift aus auf eine umfassende Sicht auf die Motivation und das Verhalten eines bedeutsamen Menschen. Direkt und stets auch indirekt befindet sich der gewaltige Geist und Könner mit seinen ungewöhnlichen Fähigkeiten vor dem noch größeren Gott, der das letzte Wort hat und über die Rechtfertigung des Helden entscheidet, was dann Fortleben und weitere Auszeichnung in der himmlischen Ewigkeit bedeutet oder immerwährende Verdammnis. In der Polarität von Magie und unverfälschter Lebenswirklichkeit stehen sich die metaphysischen Kontrahenten Gott und Teufel gegenüber, was aber keinen Dualismus im Bereich des Ewigen bedeutet. Im monistischen Weltbild des aus prinzipiell christlicher Wahrnehmungsweise entwachsenen Faustsoffs wird der mit dem Prädikat `gut´ ausgestattete Gott, der ohnehin allmächtig ist, letztlich siegen, der mit der Kennzeichnung `böse´ (und `klug´) versehene Teufel, der nur auf Erden über erhebliche Macht verfügt, am Ende verlieren. Das Schließen eines Paktes mit dem Herrscher der Hölle bringt in allen >Faust<-Werken die Schuld des Helden mit sich, die dieser begeht, um Größtmögliches zu erleben, zu erkennen und zu leisten. Die Sünde der Hauptpersonen wurzelt stets in der Hybris, die natürlichen Fähigkeiten, die durch höchste Anstrengung bereits bis zum Maximum ausgereizt wurden, mittels übernatürlicher Fähigkeiten, die aber nicht Gott übermittelt, sondern der Beelzebub, zu übersteigern! Die Eigenschaften, die der Held mit dem Versprechen erhält, nach dem irdischen Tod dem Teufel zu gehören, beinhalten die Verfügung über Zauberkräfte, welche die Naturgesetze aufheben und materielle Werte ohne eigenen

Arbeitseinsatz schaffen können und Noch-nie- Dagewesenes ermöglichen! Die Hybris der Helden geht ins Zukünftige und ins Utopische. Die Fähigkeiten des geschaffenen Körpers, des geschaffenen Geistes und der endlichen und sich nur langsam entwickelnden Welt genügen ihnen nicht. Sie wollen die vom Schöpfer gesetzten Grenzen überwinden, zumindest weiter stecken, als es ihnen zu ihrer historischen Stunde gestattet ist. Daher resultiert ihr Bund mit dem Höllenfürsten nicht einfach aus einem Hang zum Bösen oder gar zum Laster, sondern aus dem Streben nach dem Ganzen und Höchsten, so dass das Verdammungs-Urteil über sie nur dann gesprochen werden würde, wenn das Hauptmotiv des Paktes im Niedrigen, im Triebhaften und in der Gauklerei verwurzelt gewesen wäre. Das Ausstrecken nach dem, was dem Menschen verwehrt ist, oder nach dem, was sich nur mühsam und schrittweise über Generationen hinweg erschließt, vermag die Faustgestalt dann zu rechtfertigen und zu retten, wenn dieses Zuviel-Wollen aus guter Motivation erfolgt ist. Der Faust des >Volksbuches< wird grausam zerrissen und verdammt und der Faust Goethes fährt nach seinem Tod in den Himmel auf. Der Faust Thomas Manns stirbt jammervoll körperlich, und darüber hinaus erfahren wir in seinem Roman nichts über sein Schicksal in der Ewigkeit. Als Mensch und echter Künstler hat Adrian Leverkühn gemäß seiner Natur und seiner Begabung gelebt, so dass er trotz des angeblichen Teufelspaktes, also der Totalhingabe an etwas überwältigend Großes und Neues, gewiss von seinem ewigen Richter freigesprochen würde. Doch Thomas Mann bleibt in seinem modernen Roman auf der innerweltlichen Ebene, nachdem er ohnehin den Rahmen des Mysterienspiels über seinen Erzähler und die gesamte Anlage des Werkes in Frage gestellt und verlassen hat. Der Fauststoff wird vom Dichter mit der Umnachtung der Hauptfigur ad acta gelegt, und der figurierte Erzähler und Kommentator der Realität, Serenus Zeitblom, übernimmt die zentrale Rolle und fungiert stellenweise sogar als Vertreter des Autors.
In Goethes >Faust< steht hinter dem nach Universalwissen und neuen Erfahrungen strebenden Helden Dr. Heinrich Faust von Anfang das Gottvertrauen im direkten Sinne des Wortes; denn Gottvater setzt in der Wette mit Mephistopheles auf die grundsätzlich gute Art des Gelehrten: "Ein guter Mensch in seinem dunklen Drange ist sich des

rechten Weges wohl bewusst." (>Faust<, S. 16) Insofern deutet schon der >Prolog im Himmel< an, dass Erkenntnis- und Erlebnisdrang von allerhöchster Warte aus nicht als sündhaft und verdammenswürdig betrachtet werden. Selbst der Teufelsbund lässt Hintertüren offen, weil der kluge Forscher Faust eigentlich diejenigen Ziele, die ihm Mephisto anbietet, im Grunde nicht als für sich selbst begehrenswert hält: "Werd ich beruhigt je mich auf ein Faulbett legen, so sei es gleich um mich getan! Kannst du mich schmeichelnd je belügen, daß ich mir selbst gefallen mag, kannst du mich mit Genuß betriegen: Dies sei für mich der letzte Tag! [...] Wird ich zum Augenblicke sagen: Verweile doch! Du bist so schön! Dann magst du mich in Fesseln schlagen, dann will ich gern zugrunde gehen!" (>Faust<, S. 52) Stillstand, eitle Selbstbefriedigung und den Vollzug bloßer, niedriger Triebhaftigkeit strebt dieser Universitätsprofessor nicht an. Sein Vertragspartner stuft Fausts Hybris falsch ein. Mephisto kann selbst nur Niedriges verstehen, und er vermutet bei seinem neuen Gesellen, dem er seine Zauberkraft für die restliche Lebenszeit versprochen hat ("Ich will mich hier zu deinem Dienst verbinden, auf deinen Wink nicht rasten und nicht ruhn [...] du sollst in diesen Tagen mit Freuden meine Künste sehn: Ich gebe dir, was noch kein Mensch gesehn!" >Faust<, S. 51), dieselben Strebungen, wie sie seinem auf egoistische Triebhaftigkeit ausgerichteten, flachen Horizont entsprechen. Fausts Sinnen und Trachten ist aber von höherer Qualität. Grundsätzlich zwar vermessen, weil die zu seiner Zeit vorliegenden Handlungs- und Erlebensmöglichkeiten übersteigend, jedoch letztlich auf die Erfüllung ehrlicher, tiefer Liebe zu Gretchen und auf große Leistung zugunsten der mühselig lebenden Menschheit bezogen, will Faust das Gute! Wenn er also nach erfolgtem Dammbau über das Watt blickt, so ist er kurzfristig stolz auf das Erreichte und kann zufrieden über das neu gewonnene Land schauen, aber das bedeutet für diesen Aktivisten, Wohltäter und Verbesserer der üblen Bedingungen der Menschheit doch nicht saturiertes Stillstehen und Aufhören im Weiterstreben, sondern nur das momentane Verharren in der Situation des Zwischenerfolges, bevor es weiterhin gilt, das Errungene zu sichern, auszubauen und zu verbessern! Desgleichen suchte er in der Beziehung zu Gretchen kein kurzfristiges Sex-Abenteuer, so wie Mephisto diesen Kontakt verstand, sondern dauerhafte, zur weiteren

Gemeinsamkeit und zur Familiengründung tendierende, ernsthafte Liebe, was aber Mephisto, unter dessen Einfluss sich allerdings sich Faust leichtsinnig begeben hatte, unter katastrophalen Folgen für alle Beteiligten zu verhindern wusste. So kommt es einerseits zur Hinrichtung für die Kinds- und angebliche Mutter- und Brudermörderin, andererseits aber zum gewaltigen, glückhaften Zivilisationsfortschritt für die Menschheit. Faust empfindet ehrlich und tief, Mephisto kann nur das Kurzfristige, Oberflächliche und Egozentrische verstehen. Was zweifellos auch Fausts seelische Gefährdung war, sein Zuviel-Wollen, bedeutet letztlich ebenso seine Rettung und stellt ohnehin seine charakterliche Grundsubstanz dar: Er will das Gute im privaten und im gesellschaftlichen Bereich! Sein Streben bedeutet ein Aufwärts und eine Erleichterung für die Menschengemeinschaft! Unter Leitung des schließlich als Tiefbau-Ingenieur agierenden Dr. Faust wird der Natur neue Fläche zum Wohnen und Wirtschaften abgerungen. In der `Tat´ - und damit im Einklang mit Fausts endgültiger Übersetzung des biblisch-neutestamentlichen logos-Wortes - besteht sein Streben, seine Lebensleistung und damit auch seine Bewährung vor Gott, der ihm seinen guten Willen und seine große Leistung als Rechtfertigung gegenüber seiner Schuld des Teufelspaktes mit ihren negativen Beifolgen gelten ließ: "Eröffn´ ich Räume vielen Millionen, nicht sicher zwar, doch tätig-frei zu wohnen [...] Das ist der Weisheit letzter Schluß: Nur der verdient sich Freiheit wie das Leben, der täglich sie erobern muß! Und so verbringt, umrungen von Gefahr, hier Kindheit, Mann und Greis sein tüchtig Jahr. Solch ein Gewimmel möchte ich sehn, auf freiem Grund mit freiem Volke stehn! Zum Augenblicke dürft ich sagen: `Verweile doch, du bist so schön! Es kann die Spur von meinen Erdentagen nicht in Äonen untergehn.´ - Im Vorgefühl von solchem hohen Glück genieß ich jetzt den höchsten Augenblick." (>Faust<, S. 335) Rein grammatikalisch wird Fausts Genuss zwar konjunktivisch in die Zukunft verlegt, aber dies ist nicht sein `Trick´, um Mephisto zu überlisten und der Mitnahme seiner Seele in die Hölle - nach Ablauf des Paktes und Eintreten der entscheidenden Vertragsbedingung auf Seiten Fausts - zu entgehen, viel wichtiger ist doch, dass seine gefährdendste Eigenschaft, das Weiter-Wollen, Entdecken und Tätigsein, zugleich seine ihn rettende und ihn entschuldende, persönliche Leistung war, womit er in voller Absicht des modernen Dichters, Bergbau-Ministers, Juristen und Naturforschers Goethe zum Ausdruck des aufklärerischen und irdisch-selbsterlösenden Geistes seiner Epoche in den letzten Jahrzehnten des 18. und in den ersten Jahrzehnten des 19. Jahrhunderts wird! Von der im Fauststoff stets als größte Verwegenheit des hochfahrenden Geistes dargestellten Hybris der Teufelsbündnerei, die bei ihm kein Vertrag des Widersagens gegenüber dem allmächtigen Gott je war, hat er sich reuig kurz vor dem Erfolg des Dammbaus und im letzten Moment vor seinem Tod noch lossagen wollen: "Könnt ich Magie von meinem Pfad entfernen, die Zaubersprüche ganz und gar verlernen, stünd ich, Natur, vor dir ein Mann allein, da wärs der Mühe wert, ein Mensch zu sein [...] Ich bin nur durch die Welt gerannt! Ein jed Gelüst ergriff ich bei den Haaren, was nicht genügte ließ ich fahren, was mir entwischte, ließ ich ziehn. Ich habe nur begehrt und nur vollbracht und abermals gewünscht und so mit Macht mein Leben durchgestürmt: erst groß und mächtig, nun aber geht es weise, geht bedächtig. Der Erdenkreis ist mir genug bekannt. Nach drüben ist die Aussicht uns verrannt; Tor, wer dorthin die Augen blinzelnd richtet, sich über Wolken seinesgleichen dichtet!" (>Faust<, S. 331) Das Schändliche und Schuldhafte am Teufelsbund wird also vom alten Faust im bitteren Infragestellen seiner selbst erkannt und bereut. Im Sinne der Epoche der Aufklärung, in der ja der Klassiker Johann Wolfgang v. Goethe eigentlich schreibt, wird die Teufelsbündnerei des Theaterstücks als Selbstbetrug und als illusionärer Gegensatz zu den naturgegebenen Fähigkeiten des Menschen durchschaut! Überhaupt ist die Teufelsszenerie in Goethes Bühnenwerk nicht mehr glaubhafter Dialog und Handel zwischen einem kühnen Menschen und einem glaubhaft persönlich auftretenden Höllenfürsten wie noch im Volksbuch des sechzehnten Jahrhunderts. Im achtzehnten Jahrhundert handelt es sich beim Teufel um eine Theaterfigur, die zugleich Weisheit, Dämonie und Bosheit in erkannter und bühnenmäßig gewollter Personifizierung verkörpert. Für den Dichter und selbständigen Denker Goethe, der selber als Dichter und Denker ein literarisches Genie darstellt, war das angeblich einen Teufelspakt eingehende Forscher-Genie Dr. Heinrich Faust ein Medium, um letztlich den erlaubten Erkenntnis- und Tatendrang des modernen Menschen literarisch zu rechtfertigen! Der Gelehrte, der Naturwissenschaftler und der Ingenieur, sie vertreten den notwendigen und von Gott gerechtfertigten Menschen der Zukunft - daher wird dem Faust des Bühnenstücks die Aufnahme in den Himmel zugebilligt, und der Theaterteufel geht leer aus: "Gerettet ist das edle Glied der Geisterwelt vom Bösen: Wer immer strebend sich bemüht, den können wir erlösen! Und hat an ihm die Liebe gar von oben teilgenommen, begegnet ihm die selige Schar mit herzlichem Willkommen." (>Faust<, S. 346)

3.3 Vom Aberglauben über die Aufklärung zur Analyse des Deutschtums im >Dr. Faustus<

In dieser aufklärerischen Grundtendenz liegen Goethes Drama und Thomas Manns Roman näher beisammen als beide mit dem Volksbuch. Sowohl Goethe als auch Mann glauben nicht mehr an einen persönlichen Teufel, nicht an dessen manifesten Zugriff auf die Menschen und nicht an eine Vertragsmöglichkeit zur Erlangung übernatürlicher Fähigkeiten durch ein Privatgeschäft mit der Unterwelt. Doch die Bilderwelt des Fauststoffes, der Genietum und seine spezifische Gefährdung im innerweltlichen, großen Rahmen darstellt und die Chancen und Risiken ungewöhnlicher Begabung und außergewöhnlichen Wollens von metaphysischer Warte kommentiert, ermöglicht prinzipiell aufklärend schreibenden Dichtern die Möglichkeit, Begabung und Leistung eines besonderen Menschen mit der Geschichte, den sich auftuenden und auch den vertanen Chancen ihrer Zeit in Verbindung zu bringen. Goethe unterstützt am Ende des zweiten Teils seines >Faust< das neue Unterfangen des methodischen und experimentierenden Forschens und Bearbeitens der Welt; Thomas Mann im zwanzigsten Jahrhundert betont, indem sein Held die dem Menschen eignende Mitte verlässt, das Faktum, dass die Deutschen sich leichtsinnig auf die von Ideologen ausgelösten `Teufeleien´ eingelassen haben. Manns Faust stellt das Negativbeispiel für gefährliche Illusionarität und zugleich das positive Symbol für bewundernswertes künstlerisches Genietum dar!

Zwischen den hier relevanten >Faust<-Bearbeitungen liegen jeweils zwei Jahrhunderte, in denen sich das dichterische Denken und Schreiben stark verändert hat. Für den Pastor-Autor des Volksbuches war der persönliche Teufel noch Selbstverständlichkeit und Glaubenssache. Man sollte sehen, in welche höllischen Abgründe das autarke Wissen-Wollen führe. Im geschlossenen und aus unserer Sicht abergläubischen Weltbild des sechzehnten Jahrhunderts erschien selbständiges Forschen als Gefahr. Wer den Dingen ohne geistliche Führung auf den Grund gehen wollte, beging schon Teufelsbündnerei wegen dieser offensichtlichen Skepsis an der kirchlichen, hierarchischen Institution. Außergewöhnliche neue Erkenntnisse zu erlangen, riesige Entfernungen rasch zu überschreiten, Zeitgrenzen zu überspringen und anschauend in die metaphysischen Bereiche vorzudringen, war schlechthin nur mit Hilfe des Satans, der dafür das individuelle ewige Leben einfordere, möglich. Erkenntnisstreben im wissenschaftlichen Neuland erschien für das konventionelle Glaubensleben gefährdend, bei Widersprüchen zu lehramtlichen Aussagen sogar lebensbedrohlich, da offenkundig an Kirche und Bibel hartnäckig mit innerweltlichen Beweisen gezweifelt worden war; was schließlich von den Klerikern auf Partnerschaft mit dem Teufel zurückgeführt wurde. In der verhängnisvollen Logik dieses Jahrhunderts stand auf einem solchen Unterfangen und für das Beharren auf kirchen- und offenbarungskritischen Meinungen die Folter und die Todesstrafe. In vielen Fällen wurde angebliche Teufelsbündnerei durch die staatlichen und kirchlichen Zwangsmittel im Geständnis erpresst und somit als bewiesen angesehen.

Das Vordringen aufklärerischen Denkens in den nächsten beiden Jahrhunderten brachte gewaltige Fortschritte für autarkes Forschen und Argumentieren. Das Motto Immanuel Kants, dass man sich durch Verstandesgebrauch der geistigen Unmündigkeit entledigen könne und solle, wurde von vielen Dichtern und Denkern beherzigt, so dass Goethe mit dem Motiv des Teufelspaktes nicht einfach nur die Abtrünnigkeit des nach dem Gesamtwissen strebenden Forschers von der alleingültigen religiösen Wahrheit vorführen wollte, sondern schließlich 1832 bei der Fertigstellung des >Faust<-Dramas das freie Forschen und Tun und die darin liegenden irdischen Erlösungsmöglichkeiten für die Menschen aus der eigenen Kraft heraus bestätigten wollte! Das mythische Schema des Mysterienspiels innerhalb seines Theaterstücks konnte in Goethes Zeit von den gebildeten Zuschauern und Lesern bereits als Verwendung eines konventionellen Musters erkannt, relativiert und somit als Bejahung der Wege wissenschaftlichen und technischen Fortschritts interpretiert werden! Freilich vermied Goethe eine offene Konfrontation mit den orthodoxen Mächten in beiderlei christlichen Konfessionen. Die vielen, die noch an das Auftreten und die Vernebelungs- und Verführungskünste eines leibhaftigen Satans glaubten, konnten ihre Anschauung auf der bildlichen Ebene des Menschheitsdramas bestätigt sehen und das Zuviel-Wollen der sinnierenden und experimentierenden Hochschulgelehrten der Zeit als vergebliches und auch lästerliches Unternehmen betrachten.

Die >Faust<-Bearbeitung Thomas Manns übergeht den potentiell nächsten Schritt, der den Fauststoff ganz ins Positive wandeln und den wagemutigen Forschern ganz ein Loblied singen könnte - womit der Teufel allerdings ausgedient hätte -, und sie knüpft beim Motiv seelischer Gefährdung des freien und hochbegabten Denkers an. Dieses Genie vollführt den Bruch mit der Tradition seines Fachgebietes und beschreitet künstlerisches Neuland. Doch nun geht es eigentlich nicht mehr um Universal- und Spezialwissen ungewöhnlicher Art, der große Faust selbst rückt im Laufe der Romanhandlung ins zweite Glied; das Faustische als Gefährdung und Entartung des Humanen wird auf eine ganze Gesellschaft bezogen! Dieser Faust personifiziert ein ganzes Volk - das deutsche `Volk der Dichter und Denker´! Es geht auch nicht mehr positiv um das erkenntnis- und leistungsmäßige Produkt eines wissenschaftlichen oder künstlerischen Genies - Person und Werk sind nur noch Vordergrund -, es handelt sich vielmehr um eine Metonymie, also um eine innerweltliche Symbolisierung für politische Geschichte, die bei einem `Teufelswerk´, also bei Tod und Verkrüppelung für Millionen Menschen, bei planvoller Menschenrassen-Selektion und bei einer `satanischen´ Tyrannei endete! Beim modernsten Werk der >Faust<-Literatur dominiert die politische Allegorisierung. Sie hat das erreichte Negativum menschlicher Autarkie und der zeitweisen `Allmacht´ eines politischen Verführers im erfahrungsmäßigen Hintergrund. Nicht mehr Neugier und Tatendrang und die wagemutige

Erweiterung des status quo werden thematisiert und unter dem Vorzeichen der Schuld und in mythologischer Warte begutachtet, sondern die während des Zweiten Weltkriegs und als Weltkrieg selbst und als Menschen-Selektion erfolgte `Teufelei´ der Wirklichkeit wird in das Material des Fauststoffs eingebunden. Manns Faust-Bearbeitung dient dem Hinterfragen von erlebtem und zur Schreibzeit noch andauerndem Massenwahn mit den offensichtlich schlimmsten, in der bisherigen Menschheitsgeschichte noch nie dagewesenen Folgen! Das Hohe, das Berühren der göttlichen Sphäre, das Ehrfurchterregende, das Schaudern vor der Macht und Raffinesse des mythologischen Satans, all dies ist aus dem Fauststoff der Jetztzeit herausgehalten. Bitterste politische Realität beherrscht 1943 bis 1947 die bekannten Motive der literarischen Tradition. Die Autorintention des >Dr. Faustus< setzt beim Abscheu vor den Schandtaten der entfesselten Moderne an.

4   Die Musik
4.1   Traditionelle Tonkunst bis Beethoven und Richard Wagner

Schon in Buchel kommt Adrian über die singende Stallmagd Hanne mit Kinder- und Volksliedern in Berührung. Adrian, dessen älterer Bruder Georg und Serenus singen mit der Hofbediensteten Kanons. Der Erzähler stellt fünfzig Jahre später fest, dass damals bereits eine Stufe der allgemeinen musikalischen Kunstentwicklung unbewusst mitvollzogen wurde: "Keiner von uns war sich klar darüber, daß wir uns da, angeleitet von einer Stallmagd, auf einer vergleichsweise schon sehr hohen musikalischen Kulturstufe bewegten, in einem Bereich der imitatorischen Polyphonie, den das 15. Jahrhundert hatte entdecken müssen, um uns unser Vergnügen zu verschaffen." (DF, S. 41) Im fünfzehnten Lebensjahr experimentiert der hochintelligente Gymnasiast Adrian praktisch und denkerisch im Hause seines Onkels Nikolaus in Kaisersaschern am Harmonium mit Akkorden, was der Biograph Zeitblom als "Entlarvung" bezeichnet: "Es war die seiner autodidaktischen und heimlichen Auskundschaftung der Klaviatur, der Akkordik, der Windrose der Tonarten, des Quintenzirkels, und daß er, ohne Notenkenntnis, ohne Fingersatz, diese harmonischen Funde zu allerlei Modulationsübungen und zum Aufbau rhythmisch recht unbestimmter melodischer Gebilde benutzte." (DF, S. 62) Das musikalische Genie des Romanhelden kommt auch durch die Ansätze zu einer Musik-Philosophie zum Vorschein, in der Adrian auf die Viel-Interpretierbarkeit des Einzeltons innerhalb der chromatischen Tonleiter Bezug nimmt: "`Weißt du, was ich finde?´ fragte er. `Daß Musik die Zweideutigkeit ist als System. - Nimm den Ton oder den. Du kannst ihn so verstehen oder beziehungsweise auch so, kannst ihn als erhöht auffassen von unten oder als vermindert von oben und kannst dir, wenn du schlau bist, den Doppelsinn beliebig zunutze machen." (DF, S. 63) Nach diesen beeindruckenden Äußerungen eines offensichtlichen musikalischen Talents und eines analytischen musikalischen Interesses schenkt ihm Onkel Nikolaus das Harmonium und bezahlt seinem Neffen fortan Klavierstunden beim Musiklehrer Wendell Kretschmar. Eine epochenübergreifende Betrachtung erscheint diesem Musik-Enthusiasten für den rasch auffassenden Adrian nicht zu schwer, so dass er seinen talentiertesten Schüler praktisch und theoretisch über den Bau von Orchester-Sonaten und Symphonien informiert und ihm die Eigenarten aller berühmten deutschen und europäischen Komponisten erklärt und auf seinem Klavier die Klangschöpfungen aller musikalischen Größen präsentiert unter Hinweis auf die epochal und individuell bedingten Abwandlungen. Besonderen Nachdruck legt er auf Adrians Eindringen in grundsätzliche Probleme des Komponierens und der Herausbildung persönlicher Stile, z. B. beim Verhältnis von Harmonie zur Polyphonie. Nicht nur in der Orchestralmusik wird Adrian eingeführt, sondern auch in die Tradition und Variation des deutschen Kunstlieds. Zur Erweiterung von Adrians musikalischem Spektrum tragen dann auch die sich anschließenden Opern- und Konzertbesuche in den umgebenden Städten bei, so dass sein Adept nicht bloß informativ durch Worte und Klavierbeispiele beeindruckt, sondern durch tiefgreifende Erlebnisabende in den Opernhäusern von Merseburg, Erfurt und Weimar dauerhaft emotional geprägt wird: "So mochte er die kindlich feierliche Esoterik der >Zauberflöte< in seine Seele schließen; die bedrohliche Anmut des >Figaro<; die Dämonie der tiefen Klarinetten in Webers ruhmreich gehobenem Singspiel vom Freischützen; verwandte Gestalten schmerzlich düsterer

Ausgeschlossenheit wie die Hans Heilings und des Fliegenden Holländers, endlich die erhabene Humanität und Brüderlichkeit des >Fidelio< mit der großen Ouvertüre in C, die vor dem Schlussbilde gespielt wurde. Diese nun war denn doch, wie man erkennen konnte, das Imponierendste und Beschäftigendste von allen, was seine junge Empfänglichkeit berührt hatte." (DF, S. 109) Im Rasch-Verfahren wird der jugendliche Adrian in den Reichtum der vergangenen Musikgeschichte und in das Angebot gegenwärtiger musikalischer Komposition und öffentlicher Interpretation eingeführt. Kretschmars Sinn für das Grundlegende und für die großen Linien der Erweiterung und der Entwicklung der Streich-, Blas- und Singkunst stößt beim alles begierig aufsaugenden Genie auf offene Ohren und auf ein bereitwilliges Herz. Als 21-Jähriger Leipziger Student lobt Adrian in der Art eines Musikwissenschaftlers mit der ihm so früh eigenen Abstraktionsfähigkeit die hochentwickelte Musik der Romantik: "Sie hat die Musik aus der Sphäre eines krähwinkligen Spezialistentums und der Stadtpfeiferei emanzipiert und sie mit der großen Welt des Geistes, der allgemeinen künstlerisch-individuellen Bewegung der Zeit in Kontakt gebracht, - man sollte es ihr nicht vergessen. Von dem letzten Beethoven und seiner Polyphonie geht das alles aus, und ich finde es außerordentlich vielsagend, daß die Gegner der Romantik, das heißt: einer aus dem bloß Musikalischen ins allgemein Geistige hinaustretenden Kunst, immer auch Gegner und Bedauerer der Beethoven´schen Spätentwicklung waren." (DF, S. 192) Unter neuer Anleitung durch Wendell Kretschmar vervollkommnet Leverkühn ab 1906 seine Kompositionstechnik, schult kreative Fähigkeiten und erarbeitet sich Stilsicherheit in Praxis und Theorie: "Kretschmar legte fast noch größeren Wert auf die Instrumentationstechnik und ließ ihn, wie schon in Kaisersaschern, viel Klaviermusik, Sonatensätze, selbst Streichquartette orchestrieren, um dann das Geleistete in langen Besprechungen mit ihm zu erörtern, zu bemängeln, zu korrigieren." (DF, S. 201) Der Erzähler Serenus sieht in Adrians Genietum und der Führung durch den erfahrenen Musikpädagogen keinen Widerspruch, gerade weil Kretschmar erfahren genug ist, um die Individualität seines außergewöhnlich begabten Schülers nicht abzuwürgen und einer vorhanden Stilrichtung anzupassen, sondern das aufkeimende Eigene zu behüten und vorsichtig lebensfähig zu machen.

Diese kluge auf das Originäre und Evolutive orientierte pädagogische Konzeption spielt im Verhältnis dieses Lehrers zu seinem jungen Schüler der Kompositionslehre insofern eine große Rolle, da Adrian bezüglich der Einordnung der Orchestermusik im Vergleich zur Vokalmusik eine diametral andere Auffassung vertritt als sein Ausbilder. Leverkühn will den Chor wieder den Instrumenten voranstellen und damit von der erreichten Entwicklung abweichen: "-es war bei ihm etwas wie eine Gesinnung daraus geworden, in der Vergangenheit und Zukunft verschmolzen; und sein kühler Blick auf den hypertrophischen Klangapparat des nach-romantischen Riesenorchesters; das Bedürfnis nach seiner Kondensierung und seiner Zurückführung auf die dienende Rolle, die er zur Zeit der vorharmonischen, der polyphonen Vokalmusik gespielt; die Neigung zu dieser und also zum Oratorium, einer Gattung, in der der Schöpfer der >Offenbarung S. Johannis< und der >Weheklag Dr. Fausti< später sein Höchstes und Kühnstes leisten sollte, - dies alles tat sich sehr früh bei ihm in Wort und Haltung hervor." (DF, S. 202) Damit deutet der Studienfreund und Biograph Serenus bereits die kompositorische Eigentümlichkeit an, die den Musiker Adrian und seinen unkonventionellen und provokativen Stil charakterisiert: die Tendenz zum Archaischen und zur Disharmonie! Deswegen können an dieser Stelle bereits die Werktitel der über zwanzig Jahre später vollführten Kompositionen genannt werden, weil Adrian sein künstlerisches Selbst schon zur Zeit des Leipziger Philosophie-Studiums gefunden und in den weiteren Jahrzehnten zur Reife gebracht hat. Freilich beherrscht Leverkühn ebenso gekonnt die Stilmittel seiner musikalischen Gegenwart und verfasst zur Freude Kretschmars die symphonische Phantasie >Meerleuchten<, allerdings - wie der feinfühlige Musik-Kenner Serenus anmerkt - mit merkbaren parodistischen Zügen; womit sichtbar wird, dass Adrian die Fortführung der Romantik-Tradition für unmöglich hält, so dass derartige Werke im zwanzigsten Jahrhundert sich ironische Einschlüsse gefallen lassen müssten! Der Freund sieht bei dem ohnehin zu hochmütiger Distanzierung neigenden Adrian dann gleich die gegenpolige Gefahr; nämlich, dass das neue `Originalgenie´ der Musik das ganz Persönliche und die innere Verpflichtung zur Ausfaltung des subjektiven musikalischen Selbst wegen dieser spöttelnden Orientierung am Althergebrachten aus den Augen verlieren könnte: "Der fast unschlichtbare Konflikt zwischen der Hemmung und dem produktiven Antriebe mitgeborenen Genies, zwischen Keuschheit und Leidenschaft, - das eben ist die Naivität, aus der ein solches Künstlertum lebt, der Boden für das schwierig-charakteristische Wachstum seines Werkes; und das unbewußte Trachten, der `Begabung´, dem hervorbringenden Impuls das notwendige knappe Übergewicht zu verschaffen über die Hemmungen des Spottes, des Hochmutes, der intellektuellen Scham [...]" (DF, S. 204) Auf musikalischem Gebiet bewegt sich der >Dr. Faustus<- Roman im Metier eines Entwicklungsromans. Der sein eigenes Ich unter Anleitung eines klugen Meisters suchende Held muss mühsam seine Berufung entdecken und die Ablenkung durch Überliefertes überwinden. Zugleich ist die Dominanz von Gefährdungen zu verhindern, die aus dem eigenen Inneren der Hauptfigur kommen.

Mit Hilfe seines Freundes Rüdiger Schildknapp, der den englischen Shakespeare-Text ins Deutsche übertragen soll, arbeitet Adrian in den nächsten Jahren bereits selbständig an der Komposition der Oper >Love´s Labour´s Lost< und vertont allerlei Lyrik aus dem provencalischen Raum, immer noch wegen seines Faibles für die vokalische Artikulation. Darunter findet sich auch die liedgerechte Gestaltung von Teilen aus Dantes >Commedia Divina<. Wie immer ist Leverkühns werkhaftes Tun mit einer Theoriebildung verbunden: "Aber die Musik und Sprache, insistierte er, gehörten zusammen, sie seien im Grunde eins, die Sprache Musik, die Musik eine Sprache, und getrennt berufe sich immer das eine sich auf das andere, ahme das andere nach, bediene sich der Mittel des anderen, gebe immer das eine sich als Substitut des anderen zu verstehen. Wie Musik zunächst Wort sein, wortmäßig vorgedacht und geplant werden könne, wollte er mir durch die Tatsache demonstrieren, daß man Beethoven beim Komponieren in Worten beobachtet habe [...] Es sei sehr natürlich, daß die Musik am Wort entbrenne, das Wort aus der Musik hervorbräche, wie es sich gegen Ende der Neunten Symphonie ereigne. Schließlich sei es doch wahr, daß die ganze deutsche Musikentwicklung zu dem Wort-Ton-Drama Wagners hinstrebe und ihr Ziel darin finde." (DF, S. 219) In Adrians Wertschätzung des Genius des deutschen Musik-Dramas ist die allergrößte Hochachtung des Wagner-Verehrers Thomas Mann herauszuhören, wie er sie auf der Münchner Festveranstaltung im Auditorium maximum der Universität zum fünfzigsten Todestag des berühmten Komponisten am 10.2.1933, unmittelbar vor seiner Flucht aus dem NS-Deutschland, öffentlich kundgemacht hat: "Und wenn Nietzsche es so darstellt, als sei Wagner gegen sein Ende plötzlich, ein Überwundener, vor dem christlichen Kreuz niedergebrochen, so übersieht er oder will übersehen lassen, daß schon die Gefühlswelt des >Tannhäuser< diejenige des >Parsifal< vorwegnimmt und daß dieser aus einem im tiefsten romantisch-christlichen Lebenswerk die Summe zieht und es mit großartiger Konsequenz zu Ende führt. Das letzte Werk Wagners ist auch sein theatralischstes, und nicht leicht war eine Künstlerlaufbahn logischer als seine. Eine Kunst der Sinnlichkeit und des symbolischen Formelwesens (denn das Leitmotiv ist eine Formel - mehr noch, es ist eine Monstranz, es nimmt eine fast schon religiöse Autorität in Anspruch) führt mit Notwendigkeit ins zelebrierend Kirchliche zurück, ja, ich glaube, daß die heimliche Sehnsucht, der letzte Ehrgeiz alles Theaters der Ritus ist, aus dem es bei Heiden und Christen hervorgegangen. " (>Wagner-Vortrag<, S. 123 f) In dieser Denkweise, die Kunst der Gegenwart bis in ihre allerersten Ursprünge zurückzuverfolgen und die Querverbindung zur Liturgie nicht zu scheuen, besteht die Gemeinsamkeit zwischen Friedrich Nietzsche, dem Verfasser der revolutionären Schrift >Die Geburt der Tragödie aus dem Geist der Musik<, Richard Wagner, Thomas Mann und seinem literarischen Geschöpf, dem >Dr. Faustus<-Helden Adrian Leverkühn. Weitgehend traditionell geprägt sind neben der Shakespeare-Oper >Love´s Labour´s Lost< die Vertonungen der Brentano-Lieder und das für Rudi Schwerdtfeger komponierte und erfolgreich in Frankfurt aufgeführte Streichkonzert. Doch bereits in dieser anscheinend konservativen Schaffensphase, die allen bedeutenden deutschen und europäischen Komponisten Entwicklungsleistung und subjektive Geltung zuspricht, bricht Adrians Hang zur Travestie des harmonischen Wohlklangs durch und plädiert der mit dem status quo unzufriedene Musik-Theoretiker in seinem Innersten für eine neuartige Tonskala, eine ungewöhnliche Auffassung des Mehrklangs und eine distanzschaffende und schematisierte Tonfolge. Früh deutet sich die 12-Ton-Musik an.

4.2 Der Musikgelehrte Wendell Kretschmar/Theodor W. Adorno

Wendell Kretschmar, gebürtiger Amerikaner - einer, "den es in die alte Welt, die Heimat seiner Vorfahren, zurückgezogen hatte" (DF, S. 65), womit auch Thomas Manns Heimat- Sehnsucht berührt wird - ist zur Gymnasialzeit Adrians in Kaisersaschern zwischen 1900 und 1904 der wichtigste Lehrer des Heranwachsenden, der das Talent Leverkühns fördert, zu Reflexionen über Musik an sich anregt und auch als musikalischer Wegbegleiter des Philosophiestudenten und Hobby-Komponisten zur Studienzeit in Leipzig bis 1908 zur Verfügung steht. Im >Dr. Faustus<-Text wird er als Adorno-Karikatur gestaltet: "Von unscheinbarem Äußeren, ein untersetzter Mann mit Rundschädel, einem gestutzten Schnurrbärtchen und gern lachenden braunen Augen von bald sinnendem, bald springendem Blick [...] Ein völliger Fehlschlag dagegen, wenigstens äußerlich gesehen, waren die Vorträge, die er im Saal der >Gesellschaft für gemeinnützige Thätigkeit< eine Saison hindurch unverdrossen abhielt, und die er mit Erläuterungen am Klavier, dazu mit Kreide-Demonstrationen auf der Staffelei-Tafel begleitete. Ein Mißerfolg waren sie erstens, weil unsere Bevölkerung für Vorträge grundsätzlich nichts übrig hatte, zweitens weil seine Themen auch noch wenig populär, vielmehr kapriziös und ausgefallen waren, und drittens, weil sein Stotterleiden das Zuhören zu einer aufregenden und klippenvollen Fahrt machte, beängstigend teils, teils zum Lachen reizend und geeignet, die Aufmerksamkeit von dem geistig Gebotenen völlig abzulenken und sie in ein ängstlich gespanntes Warten auf das nächste konvulsivische Festsitzen zu verwandeln [...] aber unfehlbar von Zeit zu Zeit, mit Recht von jedermann fortwährend gegenwärtig, kam der Augenblick des Auffahrens, und auf die Folter gespannt, mit rot anschwellendem Gesicht, stand er da: sei es, daß ein Zischlaut ihn hemmte, den er mit in die Breite gezerrtem Munde, das Geräusch einer dampflassenden Lokomotive nachahmend, aushielt, oder daß im Ringen mit einem Labiallaut seine Wangen sich aufblähten, seine Lippen sich im platzenden Schnellfeuer kurzer, lautloser Explosionen ergingen; oder endlich auch einfach, daß plötzlich seine Atmung in heillos hapernde Unordnung geriet und er trichterförmigen Mundes nach Luft schnappte wie ein Fisch auf dem Trockenen [...]" (DF, S. 65 f). Man merkt, daß Thomas Manns ironisches Talent an dieser Figur großes Gefallen gefunden hat. Kretschmar verbildlicht den absolut leidenschaftlichen Musik-Enthusiasten, dem die Sprechwerkzeuge und die Ausdrucksmittel versagen, wenn er in Rage gekommen ist und sein angestauter Gedankenreichtum sich gedrängt, die Worte gleichsam aufeinander legend, entladen will. Diese Lehrer-Persönlichkeit stellt jedoch nicht nur ein vielbelächeltes Kuriosum dar; denn hinter der äußeren Unansehnlichkeit und der inneren Konfusität verbirgt sich ein Multitalent an Können und Wissen! Er war, obwohl erst Ende der zwanzig, bereits in mehreren deutschen und Schweizer Städten als Kapellmeister tätig gewesen, hatte einige Orchesterstücke komponiert, brachte die Oper >Das Marmorbild< zur Aufführung, glänzte als Organist und verfügte über exzellente Kenntnisse zur gesamten europäischen Musik- und Literaturgeschichte. Seine Assoziativität und seine Stoff-Faszination vermögen bei Adrian die in dessen noch unausgeschöpftem Ich liegenden Interessen und intellektuellen Fähigkeiten gegenüber dem Sachgebiet des Musikalischen freizusetzen, so dass er sich nach dem Besuch von Kretschmars Vorträgen gegenüber dem Begleiter Serenus selbst substanziell zu kulturellen Themen äußern kann, so anlässlich des motivisch bedeutsamen Gesprächs über Kultur und Barbarei: "Für ein Kulturzeitalter scheint mir eine Spur zuviel die Rede zu sein von Kultur in dem unsrigen, meinst du nicht? Ich möchte wissen, ob Epochen, die Kultur besaßen, das Wort überhaupt gekannt, gebraucht, im Munde geführt haben. Naivität, Unbewusstheit, Selbstverständlichkeit scheint mir das erste Kriterium der Verfassung, der wir diesen Namen geben. Was uns abgeht, ist eben dies, Naivität, und dieser Mangel, wenn man von einem solchen sprechen darf, schützt uns vor mancher farbigen Barbarei, die sich mit Kultur, mit sehr hoher Kultur sogar, durchaus vertrug. Will sagen: unsere Stufe ist die der Gesittung, - ein sehr lobenswerter Zustand ohne Zweifel, aber keinem Zweifel unterliegt es auch wohl, daß wir sehr viel barbarischer werden müßten, um der Kultur wieder fähig zu sein. Technik und Komfort - damit redet man von Kultur, aber man hat sie nicht." (DF, S. 82 f) In solchen Bemerkungen ist die Diskussion gegenwärtig, die schon Heinrich von Kleist in seinem >Aufsatz über das Marionettentheater< und Friedrich Schiller im Essay über >Naive und sentimentalische Dichtung< bewegt hat. Für Adrian, der das Wort `Barbarei´ ins Positive umwertet, gehört zur Kunst das Ursprüngliche und Spontane, mag es auch noch wenig verfeinert und gar schrill und disharmonisch sein. Damit bereitet sich in ihm das Eigentümliche seines späteren Kompositionskonzeptes vor. Der Wohlklang ist seine Sache nicht, dem Originären und Ungeglätteten gehört sein Interesse. Zu den positiven Einflüssen Kretschmars auf Adrian ist auch die Übermittlung der Erzählung über den musikalisch hoch begabten Sektierer Beißel in Wendells Heimat Pennsylvania zu zählen, welche Adrian dann in seinem Sinn auswertet. Dieser Exzentriker habe die Gliederung einer Komposition durch Takte abgelehnt und die feste Beziehung zwischen den Tönen negiert, als er die gesamte Bibel musikalisch zum Ausdruck bringen wollte. Im musikalischen und religiösen Sonderling Beißel stellt der Autor ein verwegenes, unpraktikables Liedkonzept in `beißender´ Ironie vor - präsentiert durch das Kuriosum Kretschmar - und weist dadurch indirekt auf Adrians späteres, höchst planvolles, aber verwegenes Konzept der 12-Ton-Musik hin. 1949 im so genannten "Roman eines Romans", im Buch >Die Entstehung des Doktor Faustus<, schreibt Thomas Mann sehr ausführlich und anerkennend über seinen Freund, Besucher, Schicksals-Kollegen in der Exilsituation und Fachmann in musikalischen Fragen, den Soziologen und Musik-Wissenschaftler Theodor Wiesengrund Adorno - auch hier hinsichtlich des zweiten Vornamens seines Ratgebers nicht auf Ironie verzichtend - und setzt diesen zweiten, sonst stets abgekürzt verwendeten Vornamen als Eselsbrücke für Kretschmar ein, als dieser die Rhythmik des dreisilbigen >Arietta<-Themas skandierend vorführt ("Wie-sengrund", DF, S. 72). Damit wird im >Doktor Faustus<-Roman Kretschmar als Adorno enttarnt. Der Autor weist zwei Jahre später noch einmal auf diesen inspirierenden Geist hin: "Dieser merkwürdige Kopf hat die berufliche Entscheidung zwischen Philosophie und Musik sein Leben lang abgelehnt. Zu gewiß war es ihm, daß er in beiden divergenten Bereichen eigentlich das Gleiche verfolge. Seine dialektische Gedankenrichtung und gesellschaftlich-geschichtsphilosophische Tendenz beschränkt sich auf eine heute wohl nicht ganz einmalige, in der Problematik der Zeit begründete Weise mit der musikalischen Passion." (>Die Entstehung des Doktor Faustus<, S. 43)

4.3 Expressioniatische 12-Ton-Musik Arnold Schönbergs

Zur selben Zeit, in der Arnold Schönberg in Wien die ersten Überlegungen für ein neues Musik-Konzept anstellt, hat sich in Adrian Leverkühn eine vage Vorstellung für ein rational durchdachtes Kompositionsprinzip gefestigt. Im Gespräch mit Serenus Zeitblom, 1910 auf dem heimatlichen Zionsberg, bringt er die Kritik am Althergebrachten und die Idee für das Revolutionäre zum Ausdruck: "'Die Musik ist ein Wildwuchs´, sagte er. `Ihre verschiedenen Elemente, Melodik, Harmonik, Kontrapunkt, Form und Instrumentation haben sich historisch planlos und unabhängig von einander entwickelt. Immer wenn ein isolierter Materialbereich geschichtlich vorwärtsgebracht und höher gestuft wurde, blieben andere zurück und sprachen in der Einheit des Werkes dem Entwicklungsstand Hohn, der durch die fortgeschrittenen behauptet wurde [...] Aber ein wahrer Kontrapunkt verlangt nach der Simultaneität selbständiger Stimmen. Ein melodisch-harmonisch angelegter Kontrapunkt, wie der spätromantische, ist keiner...Was ich meine, ist: Je weiter die einzelnen Materialbereiche entwickelt und manche sogar verschmolzen werden, wie in der Romantik Instrumentalklang und Harmonie, desto anziehender und gebietender wird die Idee einer rationalen Durchorganisation des gesamten musikalischen Materials, die aufräumte mit anachronistischen Mißverhältnissen und verhinderte, daß ein Element zur bloßen Funktion des anderen wird, wie zur romantischen Zeit die Melodik zur Funktion der Harmonik wurde." (DF, S. 257) Vier Jahre nach der verhängnisvollen Begegnung mit der Adrian faszinierenden Hetäre Esmeralda argumentiert der Romanheld mit den Buchstaben dieses Phantasienamens "h-e-a-e-es" und hält eine systematisch konzipierte Musik auf der Basis gleicher Tonintervalle im Rahmen der konventionellen chromatischen Tonleiter für kompositorisch erforderlich und machbar: "Man müßte von hier aus weitergehen und aus den zwölf Stufen des temperierten Halbton-Alphabets größere Wörter bilden, Wörter von zwölf Buchstaben, bestimmte Kombinationen und Interrelationen der zwölf Halbtöne, Reihenbildungen, aus denen das Stück, der einzelne Satz oder ein ganzes mehrsätziges Werk strikt abgeleitet werden müßte. Jeder Ton der gesamten Komposition, melodisch und harmonisch, müßte sich über seine Beziehung zu dieser vorbestimmten Grundreihe auszuweisen haben. Keiner dürfte wiederkehren, ehe alle anderen erschienen sind. Keiner dürfte auftreten, der nicht in der Gesamtkonstruktion seine motivische Funktion erfüllte. Es gäbe keine freie Note mehr. Das würde ich strengen Satz nennen.'" (DF, S. 258) Bei der Komposition seiner Oper >Verlorene Liebesmüh< (nach Shakespeare) geht Adrian den künstlerischen Weg des l´art pour l´art. Dies bildet keinen Widerspruch bezüglich seiner Neigung zur 12-Ton-Musik; denn gemeinsam ist beiden Stilrichtungen die Abkehr von den Gipfelpunkten romantischer Auffassung, wie sie durch Ludwig van Beethoven und Richard Wagner repräsentiert werden. Daher kann der Erzähler Adrians lange ausgegorene, originäre Kompositionsleistung in überschwenglichen Worten preisen, lässt aber doch in gelinden, kaum merklichen Andeutungen durchblicken, dass das Arrangement der Instrumente und die tonale Verwirklichung dem traditionell geprägten Hörer einiges an Geduld und Mitgehbereitschaft abverlangen: "Aber alles war streng kammermusikalischen Stils, von filigranhafter Arbeit, eine kluge Groteske in Tönen, kombinatorisch-humoristisch, an Einfällen eines feinen Übermuts reich, und ein Musikliebhaber, der, müde der romantischen Demokratie und der musikalischen Volksharanquierung, nach einer Kunst um der Kunst willen, einer ehrgeizlosen oder doch nur im exklusivsten Sinn ehrgeizigen Kunst für Künstler und Kenner verlangt hätte, würde sein Entzücken haben finden müssen in dieser selbstzentrierten und vollkommen kühlen Esoterik, - die nun aber als Esoterik, im Geist des Stückes auf alle Weise sich selbst verspottete und parodistisch übertrieb, was einen Tropfen Traurigkeit, ein Gran Hoffnungslosigkeit in das Entzücken mischte." (DF, S. 293) Die verwegenen Schritte des jungen Leverkühn ins musikalische Neuland werden vom angeblichen Teufel, der 1910 in der Villa Manardi auch als Musikwissenschaftler in Erscheinung tritt, gutgeheißen. Der Verführer und unterweltliche Partner Adrians scheint die Problemlage der modernen Kunst in der Phase der Geburt des musikalischen Expressionismus konform mit Leverkühn so zu verstehen, dass ein absoluter Neubeginn, der an keine Tradition mehr anknüpfen kann und soll, entscheidender Wesenszug dieser aufbrechenden Epoche ist: "Das Komponieren ist zu schwer geworden, verzweifelt schwer. Wo Werk sich nicht mehr mit Echtheit verträgt, wie will einer arbeiten? Aber so steht es, mein Freund, das Meisterwerk, das in sich ruhende Gebilde, gehört der traditionellen Kunst an, die emanzipierte verneint es [...] Das Prinzip der Tonalität und seine Dynamik verleiht dem Akkord sein spezifisches Gewicht. Er hat es verloren - durch einen historische Prozeß, den niemand umkehrt [...] In jedem Takt, den einer zu denken wagt, präsentiert der Stand der Technik sich ihm als Problem [...] Die prohibitiven Schwierigkeiten des Werks liegen tief in ihm selbst. Die historische Bewegung des musikalischen Materials hat sich gegen das geschlossene Werk gekehrt. Es schrumpft in der Zeit, die der Raum des musikalischen Werkes ist, und läßt ihn leer stehen. Nicht aus Ohnmacht, nicht aus Unfähigkeit zur Formbildung. Sondern ein unerbittlicher Imperativ der Dichtigkeit, der das Überflüssige verpönt, die Phrase negiert, das Ornament zerschlägt, richtet sich gegen die zeitliche Ausbreitung, die Lebensform des Werkes. Werk, Zeit und Schein, sie sind eins, zusammen verfallen sie der Kritik. Sie erträgt Schein und Spiel nicht mehr, die Fiktion, die Selbstherrlichkeit der Form, die die Leidenschaften, das Menschenleid zensuriert, in Rollen aufteilt, in Bilder überträgt. Zulässig ist allein noch der nicht fiktive, der nicht verspielte, der unverstellte und unverklärte Ausdruck des Leides in seinem realen Augenblick. Seine Ohnmacht und Not sind so angewachsen, daß kein scheinhaftes Spiel damit mehr erlaubt ist." (S. 321 ff) In diesem Kommentar des angeblichen Teufels zu Adrians Schaffenstendenz drücken sich zwei Momente aus; das eine ist historischer Art, das andere bezieht sich auf die Autorintention. Vom sechzehnten bis zum zwanzigsten Jahrhundert dominierten Harmonie und Verzierung in der Musikgeschichte - dies scheint nun abgelebt und verbraucht, die evolutionären Entwicklungsmöglichkeiten wurden voll ausgeschöpft. Die Moderne im technischen Zeitalter stellt völlig neue Anforderungen an die Kompositionstechnik. Nur im Bruch kann und konnte wohl die Kunst auf der Basis von Rationalität und Abstraktion die geignete Position zu einer neuen Zeit beziehen und dieser Zeit selbst Ausdruck geben. Von Vergangenheit und Gegenwart zugleich her erfolgt im >Doktor Faustus<-Roman die Absage an die ausgeschöpften Ausdrucksmittel der vierhundert Jahre währenden Musik-Tradition! Thomas Mann nützt das kunstgeschichtliche

Epochenphänomen für den politischen Motivstrang des Faust-Romans: Die Mentalität der Zeit sei zunehmend durch Kühle und Sachlichkeit charakterisiert. Der Unwille zu Zierrat und Schnörkel gehe konform mit einer Art von Rationalität, die Gefühlsdefizite aufweise. Die Uniformierung, die unitaristische Konzentrierung, die Parolenhaftigkeit und die Grobheit des aufkommenden Nationalismus ließen im künstlerischen Transfer Thomas Manns sich durch eine Kunstart und Kunstepoche symbolisieren, die im eigenen Metier - aus musikinternen Gründen, aber auch im Konnex mit der allgemeinen Entwicklung - den Wohlklang durch Disharmonie, die Weichheit durch Härte, das Gefühl durch das Kalkül ersetzt habe.

Nie verliert der Autor sein Hauptziel aus dem Auge, mittels der Werkmotive des während des Ersten Weltkrieges stark unter Migräne leidenden Komponisten Adrian den deutschen Nationalcharakter ironisch zu definieren, z.b. durch die >Gesta Romanorum<, die Leverkühn im Rahmen eines Puppenspiels vertont. Die Tollpatschigkeit, das Herausfallen aus moralischen Konventionen und die Gewaltanwendung dominieren in diesen Legenden, welche wiederum manche Grundlage für mittelalterliche Mythen bereitgestellt haben. Die Inkonsistenz des Verhaltens, das Schwanken zwischen Glaube und Wahn, die leichte Verführbarkeit und Getriebenheit der Menschen in allen Gesellschaftsschichten reizten Thomas Mann, die Erzählergestalt seines Romans Andeutungen machen zu lassen, welche die Jetztzeit freundlich-analytisch vom Zwölften Jahrhundert her beleuchten: "Ich will es wohl meinen, daß die >Gesta< in ihrer historischen Unbelehrtheit, christfrommen Didaktik und moralischen Naivität, mit ihrer ausgefallenen Kasuistik von Elternmord, Ehebruch und kompliziertem Inzest, ihren unnachweisbaren römischen Kaisern und deren ungeheuer bewachten, zu erklügelten Bedingungen ausgebotenen Töchtern, es ist nicht zu leugnen, sage ich, daß all diese in einem gravitätisch latinisierenden und unbeschreiblich einfältigen Übersetzungsstil vorgetragenen Fabeln von ins Gelobte Land wallenden Rittern, buhlerischen Eheweibern, verschmitzten Kupplerinnen und der Schwarzen Magie ergebenen Klerikern außerordentlich erheiternd wirken können." (DF, S. 421)

Adrians beide Hauptwerke gegen Ende der zwanziger Jahre, die >Apocalipsis cum figuris< und die Symphonische Kantate >D. Fausti

Weheklag< sind nach den Prinzipien der 12-Ton-Musik entworfen, galten als sensationell und blieben durchwegs unverstanden: "[...] von viel bösem Geschrei und insipidem Gelächter begleitet" (DF, S. 598) das eine, "die Rekonstruktion des Ausdrucks, der höchsten und tiefsten Ansprechung des Gefühls auf einer Stufe der Geistigkeit und Formenstrenge, die erreicht werden mußte, damit dieses Umschlagen kalkulatorischer Kälte in den expressiven Seelenlaut und kreatürlich sich anvertrauende Herzlichkeit Ereignis werden könne?" (DF, S.640) das andere. Allerdings werden beide Gipfelpunkte der kühnen bis verwegenen und schon durch geistige Krankheit gekennzeichneten Musikschöpfung Adrians nur vom Freund Serenus so einfühlend-positiv rezensiert, ansonsten werden sie nie öffentlich aufgeführt und nur durch die Vorrede des wahnsinnigen Komponisten 1929 als rhythmisch durchdachtes und durch schrille Schuld- und Leidens-Symbolik gekennzeichnete 12-Ton-Werke vorgestellt. Im uneigentlichen Sprechen des Biographen Zeitblom wird allerdings auch die für das normale Ohr akustische Unvereinbarkeit von Wohlklang und Dissonanz erwähnt. Das Schöne soll unangenehm, das Hässliche soll angenehm klingen oder sogar in gleichzeitiger Überlagerung - was gewiss die meisten Ohren überstrapaziert hätte - präsentiert werden! Diesen kompositorischen Chiasmus konnten wohl die wenigsten Hörer akzeptieren, so dass Serenus die Zumutung an unvorbereitete Konzertbesucher nicht ganz verhehlen will: "Nun, hab ich nicht, als ich von Leverkühns apokalyptischem Oratorium ein Bild zu geben suchte, auf die substanzielle Identität des Seligsten mit dem Gräßlichsten, die innere Einerleiheit des Engelskinder-Chors mit dem Höllengelächter hingewiesen? Da ist, zum mystischen Schrecken des Bemerkenden, eine formale Utopie von schauerlicher Sinnigkeit verwirklicht, die in der Faust-Kantate universell wird, das Gesamtwerk ergreift und es, wenn ich so sagen darf, vom Thematischen her restlos verzehrt sein läßt." (DF, S. 624) Im letzten musikalischen Werk Leverkühns kommt - vorgelegt in der Schilderung Zeitbloms - das bedauernde und kaum noch auf Gnade durch den Allerhöchsten hoffende Abschiedswort des Dr. Johann Faust an seine Wittenberger Studenten zur Geltung, dass er reuig ist, aber bei der Schwere seiner Schuld nicht mit Vergebung rechnen könne: "Diese Worte : `Denn ich sterbe als ein böser und guter

Christ´, bilden das Generalthema des Variationenwerks. Zählt man seine Silben nach, so sind es zwölf, und alle zwölf Töne der chromatischen Skala sind ihm gegeben, sämtliche denkbaren Intervalle darin verwandt [...] vermöge der Restlosigkeit der Form eben wird die Musik als Sprache befreit [...] es ist wie ein bewußtes Verfügen über sämtliche Ausdruckscharaktere, die sich in der Geschichte der Musik je und je niedergeschlagen, und die hier in einer Art von alchimistischem Destillationsprozeß zu Grundtypen der Gefühlsbedeutung geläutert und auskristallisiert werden." (DF, S. 643 f) Die Gleitklänge und Schrillheiten dieser letzten Kompositionen Adrians verweisen auf das Archaische, das verschüttet - doch stets abrufbar - auch in der Moderne gegenwärtig ist. Die Epoche des Expressionismus drückt sowohl das Verbrauchtsein der musikalischen Romantik aus (nach ihrer Gipfelführung in den Werken Ludwig van Beethovens und Richard Wagners) als auch den kunstgeschichtlich notwendigen Schritt an einer Zeitenwende ins Abstrakte und rational Durchkalkulierte! Das literarische Musik-Motiv eignet sich in der Sicht Thomas Manns zur allegorischen Darstellung der extremen Schwankungsbreite im deutschen Gemüt: Er zielt auf das Pendeln der deutschen Seele und des hochfahrenden deutschen Geistes zwischen Gemütstiefe oder der stimmungsvollen Entrücktheit und dem gegenpoligen rationalistischen Kalkül, das dann der mitleidigen Gefühlsregungen entbehrt! Der Deutsche schwelgt entweder angeregt und begeistert oder er ist kalt und handelt nach rein logischen Prinzipien. Der Übergang vom musikalischen Romantizismus zum musikalischen Expressionismus symbolisiert auf der Schiene der politischen Kritik des >Doktor Faustus<-Romans einerseits den verstandeslosen Fanatismus, andererseits den gefühllosen Aktionismus des `Deutschen Michels´! In einer seiner Rundfunkreden unter dem Titel >Deutschland und die Deutschen< im Jahr 1945 spricht Thomas Mann klar und komprimiert von der Eignung der Musik, um die problematische Doppelnatur des Deutschen zum Ausdruck zu bringen: "Es ist ein großer Fehler der Sage und des Gedichts [Erg.: >Volksbuch< und Goethes >Faust<] daß sie Faust nicht mit der Musik in Verbindung bringen. Er müßte musikalisch, müßte Musiker sein. Die Musik ist dämonisches Gebiet -, Sören Kierkegaard, ein großer Christ, hat das am überzeugendsten aufgeführt in seinem schmerzlich-enthusiastischen Aufsatz über Mozarts >Don Juan<. Sie ist christliche Kunst mit negativem Vorzeichen. Sie ist berechnetste Ordnung und chaosträchtige Wider-Vernunft zugleich, an beschwörenden, inkantativen Gesten reich, Zahlenzauber, die der Wirklichkeit fernste und zugleich die passionierteste der Künste, abstrakt und mystisch. Soll Faust der Repräsentant der deutschen Seele sein, so müßte er musikalisch sein; denn abstrakt und mystisch, das heißt musikalisch, ist das Verhältnis des Deutschen zur Welt -, das Verhältnis eines dämonisch angehauchten Professors, ungeschickt und dabei von dem hochmütigen Bewußtsein bestimmt, der Welt an "Tiefe" überlegen zu sein. Worin besteht diese Tiefe? Eben in der Musikalität der deutschen Seele, dem, was man ihre Innerlichkeit nennt, das heißt: dem Auseinanderfallen des spekulativen und des gesellschaftlich-politischen Elements menschlicher Energie und der völligen Prävalenz der ersten vor dem zweiten. Europa hat das immer gefühlt und auch das Monströse und Unglückliche davon empfunden." (>Deutschland<, S. 165 f)

Es gibt überhaupt keinen Zweifel daran, dass der Erfinder der 12-Ton-Musik, Arnold Schönberg, Thomas Manns Urbild für die Konzeption seiner Hauptfigur Adrian Leverkühn gewesen ist. Freilich nicht in jeder Beziehung, sicher aber hinsichtlich der Begründung einer unerhört neuen Auffassung von den Tönen und ihrer Harmonie. Dazu kommt die gleichermaßen bei Schönberg und bei Leverkühn vorhandene Neigung zum Bombastischen und der Bereitschaft, das Interesse des Publikums durchaus zu verfehlen oder gar nicht berücksichtigen zu wollen. Bereits 1912 hat Schönberg seine >Gurre-Lieder< mit einem Chor von 600 und einem Orchester von 150 Personen uraufgeführt. Es hielt sich das Gerücht, dass der Wagner-Verehrer Schönberg - damit geht er parallel mit dem jungen Adrian Leverkühn und mit dem jungen und alten Thomas Mann - jede der Wagnerschen Opern fünfundzwanzig Mal gehört habe. Arnold Schönberg bekannte sich ausdrücklich mit dem Aufsatz >Emanzipation der Dissonanz< zum revolutionären Harmonie-Konzept, in welchem die Grundtöne der Tonleiter die gleichen Schwingungsabstände voneinander aufweisen und insgesamt 48 Tonvarianten nach vorwärts, rückwärts und in Überlagerung zulassen, bevor derselbe Ton wieder neue Verwendung finden darf. Dieses physikalisch-akustische Betrachtungsschema hat der Wegbereiter des musikalischen Expressionismus 1911 im Essay >Musik und Text< mit der Formel ausgedrückt, dass moderne Musik nicht die Oberfläche, sondern die Substanz vertonen müsse. Erst ab dem Jahr 1921 hat sich Schönberg ausnahmslos dem Schaffen von 12-Ton-Werken verschrieben und mit einem seiner typischen biblischen Motive, der >Jakobsleiter<, Zeichen gesetzt. Die Ehepaare Mann und Schönberg haben sich öfters in Los Angeles und in ihren Privathäusern getroffen, wobei Thomas Mann die Eigenart und die Hintergründe für die revolutionäre Theorie und Praxis der chromatischen Musik des Juden Arnold Schönberg ausführlich kennengelernt hat. Darüber hinaus haben dem Dichter die vielen Gespräche mit dem ebenso nach Kalifornien exilierten Theodor W. Adorno weitere verwertbare Informationen über die 12-Ton-Technik vermittelt. Allerdings konnte Schönberg nicht verstehen, dass dem 12-Ton-Komponisten Leverkühn das unheimlich Faustische und darüber hinaus noch die nationalsozialistische Motivik angelagert wurden. So war er nach dem Erscheinen der amerikanischen >Doktor Faustus<-Ausgabe schwer über Thomas Manns Figuration erzürnt und seinem vormaligen Künstler-Freund und Schicksals-Kollegen im Exil beleidigt. In Reaktion darauf konnte der Dichter nicht umhin, in den folgenden Auflagen eine Ehren- und Urhebererklärung zugunsten Arnold Schönbergs abzugeben und auf dessen historische Leistung innerhalb der realen Musikgeschichte und auf seine eigenen fiktionalen Absichten innerhalb der Romanhandlung zu verweisen.

5 Die Figuren
5.1 Der Gymnasiallehrer und Erzähler Serenus Zeitblom

Bevor Thomas Mann am 23. Mai 1943 - gleichzeitig mit dem ja von ihm entworfenen Romanerzähler Zeitblom - zu schreiben beginnt, ist er sich voll über Groß-Konzeption und die psychoanalytische Funktion - das deutsche Volk ab 1933 und auch schon von Jahrhundertbeginn an betreffend - seines gewaltigen Vorhabens im Klaren. Seinem deutschen Freund Neumann teilt er im kalifornischen

Los Palisades anlässlich eines Abendessens in seinem Haus einiges davon mit und freut sich über den merklichen Eindruck, den seine Ankündigung hervorruft: "Vermutlich war es die Flucht aus den Schwierigkeiten der Kulturkrise in den Teufelspakt, der Durst eines stolzen und von Sterilität bedrohten Geistes nach Enthemmung um jeden Preis und die Parallelisierung verderblicher, in den Collaps mündender Euphorie mit dem fascistischen Völkerrausch, was ihn am meisten beeindruckte." (>Die Entstehung des Doktor Faustus<, S. 31) Er wählt für sein umfangreiches Werk, das bis zur Fertigstellung am 29. Januar 1947 in der späteren deutschen Taschenbuch-Ausgabe des Fischer-Verlages 666 Seiten umfassen wird, die Erzählform einer Biographie, die also der erzählende Kindheits- und Jugendfreund und der treue Wegbegleiter während der Studien- und Erwachsenenzeit über den zwei Jahre jüngeren, am 25. August 1940 verstorbenen Komponisten Adrian Leverkühn verfasst. Die gewählte Perspektive ermöglicht dem Autor des >Doktor Faustus<-Romans einerseits verstärkte Glaubhaftigkeit über die Kenntnisse des äußeren und inneren Lebens seines Romanhelden, da der Weggefährte Serenus über alle Ansichten, Sorgen und Pläne des Altersgenossen informiert ist, andererseits die Seitenblicke auf die beiden Weltkriege des Zwanzigsten Jahrhunderts, von denen Zeitblom - was den Ersten Weltkrieg anlangt - als Offizier und - was den Zweiten Weltkrieg betrifft - als tief betroffener beobachtender und reflektierender Zeitzeuge involviert ist. Beruf und Charakter der Erzähler-Figur leisten ein Übriges; denn der Gymnasiallehrer Zeitblom, der sich der Altphilologie gewidmet und bis zum Ausbruch des Zweiten Weltkriegs am Freisinger Dom-Gymnasium unterrichtet hat, ist eine ängstliche Seele, die sich vortrefflich in Adrian einfühlt, viel Politisches erkennt, aber wenig deutlich ausspricht, weil die Gestapo zur Schreibzeit der Biographie im überwachten Deutschland überall ihre Ohren hat. Dazu kommt die für den Schriftsteller Thomas Mann typische Ironie, die den fingierten Erzähler selbst der nachsichtigen und überlegenen Betrachtung des doch indirekt stets anwesenden Autors aussetzt, so dass zwischen dem Produzenten der Romanhandlung und dem angeblichen Berichterstatter über die Phase deutscher Geschichte zwischen 1885 und 1945 narrative Distanz liegt, die aber über die ganze lange Erzählphase hinweg über Milde und

Wohlwollen, gelegentlich aber auch über unkorrumpierbare analytische Schärfe und über ein bitterernstes moralisches Urteil verfügt! Der Dichter Thomas Mann freut sich am intelligenten Umgang mit dem Kunstmittel der verstehenden und zugleich ironischen Erzählperspektive und über die Variationsmöglichkeiten der Sicht von der nüchternen Beobachtung bis zur Wiedergabe verhaltenen Entsetzens durch seinen Erzähler! Seine auktorialen Einflüsse in Form von Wertungen und geäußerten Sorgen sind immer wieder gegenwärtig: "Das Dämonische durch ein exemplarisches Mittel gehen zu lassen, eine humanistisch fromme und schlichte, liebend verschreckte Seele mit seiner Darstellung zu beauftragen, war an sich eine komische Idee, entlastend gewissermaßen, denn es erlaubte mir, die Erregung durch alles Direkte, Persönliche, Bekenntnishafte, das der unheimlichen Konzeption zu Grund lag, ins Indirekte zu schieben und sie der Verwirrung, dem Händezittern jener bangen Seele travestierend sich malen zu lassen. (>Die Entstehung des Doktor Faustus<, S. 32)

Serenus ist der Sohn eines katholischen Pharmazeuten, der in Kaisersaschern die Apotheke >Zu den seligen Boten< betreibt und mit den Pfarrern der christlichen Konfessionen und dem jüdischen Rabbiner freundschaftlich verkehrt. Der 1883 geborene Serenus besucht das Gymnasium - in enger freundschaftlicher Verbindung der Zeitblomschen und der Leverkühnschen Familien - zwei Jahre vor dem jüngeren Adrian und studiert parallel zu Adrian in denselben Universitätsstädten, als dieser sich in Halle und Leipzig der Theologie und Philosophie widmete, Griechisch, Latein und Geschichte. Als 24-Jähriger besteht er das Staatsexamen, macht eine lange Reise durch Italien und Griechenland, sammelt seine ersten pädagogischen Erfahrungen am heimatlichen Gymnasium und bekommt im Jahre 1912 eine Planstelle am Freisinger Dom-Gymnasium (mit einem Lehrauftrag für alte Sprachen am dortigen Priesterseminar). Dort gründet er mit Helene Ölhafen eine Familie, aus der drei Kinder hervorgehen. Folgsam rückt er während des Ersten Weltkriegs bis zu seiner Erkrankung als Rittmeister zum Kriegsdienst in Frankreich ein und schildert sein Mittun als Zerstörer fremder Städte und Dörfer in selbstironisierenden Worten. Er diskutiert, konferiert und unterhält Briefverkehr mit Adrian und besucht den von ihm bewunderten

Mitschüler, Kommilitonen und Freund in Pfeiffering und Buchel bis zu dessen Tod 1940. Als Rentier macht er sich schließlich in memoriam für den geschätzten Menschen und das zuletzt verkannte Genie an die Aufgabe des Biographen, nachdem er seine aktive Dienstzeit freiwillig früher beendet, wozu ihn sein stiller Protest gegen die nationalsozialistische Regierung bewogen hat.

Im vorsichtigen Gespräch mit dem Direktor der Freisinger Theologischen Hochschule, einem Monsignore Hinterpförtner - beide kalkulieren stets die allgegenwärtige Überwachung von Regimetreue durch die Gestapo ein - deutet er in gewundener Sprache an, dass sich die Deutschen Ende 1943 bei sich abzeichnender Kriegsniederlage von Adolf Hitler freimachen könnten, so wie die verbündeten Italiener zu guter Letzt mit dem faschistischen Diktator Mussolini verfahren sind: "Mit tiefer Verblüffung nahmen wir die Landung amerikanischer und kanadischer Truppen an der Südost-Küste Siziliens, den Fall von Syrakus, Catania, Messina, Taormina zur Kenntnis und erfuhren mit einer Mischung aus Schrecken und Neid, mit dem durchdringenden Gefühl, daß wir weder im guten noch im schlechten Sinn dazu fähig wären, wie ein Land, dessen Geistesverfassung ihm noch erlaubt, aus einer Folge skandalöser Niederlagen und Verluste die nüchtern übliche Konsequenz zu ziehen, sich seines großen Mannes entledigte, um etwas später der Welt das zu gewähren, was man auch von uns verlangt, aber worein zu willigen die tiefste Not uns viel zu heilig und teuer sein wird: die unbedingte Übergabe. Ja, wir sind ein gänzlich verschiedenes, dem Nüchtern-Üblichen widersprechendes Volk von mächtig tragischer Seele, und unsere Liebe gehört dem Schicksal, jedem Schicksal, wenn es nur eines ist, sei es auch der den Himmel mit Götterdämmerungsröte entzündende Untergang!" (DF, S. 232 f) Doch nicht nur durch die ängstlich-zurückhaltende sprachliche Äußerung ist der Erzähler Zeitblom charakterisiert, sondern auch durch das klare Humanistenwort, durch welches sich der Autor Thomas Mann selbst - vor allem gegen Schluss des Romans, als die Zeitereignisse nach dem Tod des Romanhelden geschildert und gewertet werden müssen - Stimme verschafft! Dazu gehört die unmissverständliche Verurteilung der Haupttäter und Anführer des Dritten Reiches: "Fluch, Fluch den Verderbern, die eine ursprünglich biedere, rechtlich gesinnte, nur allzu gern aus der Theorie lebende

Menschenart in die Schule des Bösen nahmen!" (DF, S. 635) Hier ist außerdem die Sorge eines erschütterten und gereiften alten Gymnasiallehrers, eines deutschen Volkszugehörigen aus der Zeit des Bildungsbürgertums und des Historiographen einer schrecklichen Gegenwart von 1945 zu zählen, der die Bruchstelle zwischen Krieg und Frieden, zwischen Zerstörung und Wiederaufbau in das Bild des Rembrandtschen Höllensturzes kleidet und dann in der reinen Ergriffenheit des andächtigen Gebetes um Vergebung und um endlich gelingende, friedvolle, echte Identität seine Aufzeichnungen schließt: "Heute stürzt es, von Dämonen umschlungen, über einem Auge die Hand und mit dem andern ins Grauen starrend, hinab von Verzweiflung zu Verzweiflung. Wann wird es des Schlundes Grund erreichen? Wann wird aus letzter Hoffnungslosigkeit, ein Wunder, das über den Glauben geht, das Licht der Hoffnung tragen? Ein einsamer Mann faltet seine Hände und spricht: Gott sei eurer armen Seele gnädig, mein Freund, mein Vaterland." (DF, S. 672)

5.2 Adrians Freunde Rüdiger Schildknapp und Rudi Schwerdtfeger

Rüdiger Schildknapp, den Adrian während seiner Hallensischen Studienzeit 1904 kennenlernt, ist Übersetzer - aber auch Dichter - und soll Adrians Operntext für >Love´s Labour´s Lost< aus dem Englischen ins Deutsche übertragen. Neben dem Erzähler Serenus stellt er den nächsten persönlichen Freund Adrians dar und dieser unternimmt mit dem verlässlichen Rüdiger 1910 bis 1912 seine Italienreise mit den längeren Aufenthalten in Rom und Palestrina, womit sich die beiden Freunde auf den Spuren von Heinrich und Thomas Mann bewegen, die sich von 1896 bis 1998 dort aufgehalten haben. Die Nähe zum Romanhelden wird vom Autor auch insofern betont, als Rüdiger die gleichen Augen hat: blau-grau-grün mit einem rostfarbenen Ring um die Pupille herum. Aussehen, Können und Wesensart personifizieren wohl auch Teile von Adrians Persönlichkeit. Nicht nur an dieser Figur wird sichtbar, dass der Autor Personen der Romanhandlung in einer durchdachten Bezüglichkeit erfindet, sondern dass diese eine allegorische Funktion für die Adrian-Gestalt und für die politische Semantik des >Doktor Faustus<-Romans erfüllen! Rüdiger hat etwas Weltmännisches und Geschliffenes an sich, wodurch er die Typologie des unter Fremden unbeholfenen und gar zu direkten Adrian erweitert. Er verkörpert zugleich die deutsche Gründlichkeit als penibler Übersetzer, lehnt das Betont-Deutschnationale ab, schätzt die englische Literatur Shakespearscher Provenienz wie der Denker und Künstler Adrian und stellt den gewandten englischen Gentleman dar, der die Weiblichkeit kraft Natur und Kultur beeindruckt, weswegen großzügig über seinen chronischen Geldmangel hinweggesehen wird: "Er war von markanten Gesichtszügen, deren geradezu edler Charakter nur durch eine etwas zerrissene und zugleich weichliche Mundbildung, wie ich sie bei Schlesiern öfters beobachtet habe, leicht beinträchtigt wurde. Hochgewachsen, breitschultrig, schmalhüftig, langbeinig, trug er tagein, tagaus dieselben schon recht mitgenommenen gewürfelten Breeches, wollene Langstrümpfe, derbe gelbe Schuhe, ein Hemd aus grobem Leinen, dessen Kragen offen stand, und darüber irgendeine Jacke von schon unbestimmt gewordener Farbe und mit zu kurzen Ärmeln. Die Hände aber waren vornehm langfingrig, mit schön geformten, ovalen, gewölbten Nägeln, und so unverleugbar gentlemanlike war das Gesamtbild, das er bot, daß er es wagen konnte, in seinem salonwidrigen Alltagsaufzuge Gesellschaften zu besuchen, bei denen Abenddreß herrschend war, - den Frauen gefiel er immer noch besser, wie er da war, als seine Nebenbuhler in korrektem Schwarz und Weiß, und man sah ihn bei solchen Empfängen umringt von unverhohlen bewundernder Weiblichkeit [...] Daß er so viel Liebesabenteuer hätte haben können, wie er wollte, schien ihm zu genügen, und es war, als scheute er vor jeder Bindung ans Wirkliche zurück, weil er einen Raub am Potentiellen darin sah. Das Potentielle war seine Domäne, der unendliche Raum des Möglichen sein Königreich, - darin und soweit war er wirklich ein Dichter." (DF, S. 226 f) Nicht umsonst trägt er als treuer Begleiter Adrians den Namen Rüdiger - wie der Ritter von Bechlarn aus der Nibelungen-Sage - und symbolisiert mit seinem Nachnamen die vasallenartige Bindung an den verehrten Freund, inklusive der Bereitschaft, diesen zeitlebens zu beschützen. Eine solch ausgeprägte Gefolgschaftstreue, wie sie in der alt- und mittelhochdeutschen Heldenepik vorzufinden ist, unterstreicht die zeitkritische Autorintention, auf die Massenwirksamkeit der nationalistischen Ideologie und den ausgeprägten Gehorsamsgeist der Deutschen anzuspielen!

Als sich Adrian Leverkühn nach seinem mit der Promotion in Philosophie abgeschlossenen Leipziger Studium in München niederlässt und als Untermieter bei der Senatorswitwe Rodde in der Rambergstraße einzieht, lernt er bei den Künstlerabenden, zu denen die aus Bremen zugezogene Senatorin regelmäßig einzuladen pflegt, den gewandten Geiger Rudi Schwerdtfeger aus Sachsen kennen. Dieser wird dem Leser als liebenswürdiger, unbekümmerter, treuherziger Galan vorgestellt, der nicht zuletzt auf Grund seiner stahlblauen Augen Frau und Mann - daher auch den spröden Einzelgänger Adrian für sich einzunehmen versteht: "Es war Rudolf Schwerdtfeger, ein begabter junger Geiger, Mitglied des Zapfenstößer-Orchesters, das neben der Hofkapelle eine bedeutende Rolle im musikalischen Leben der Stadt spielte, und in welchem er unter den ersten Violinen arbeitete. In Dresden geboren, aber seiner Herkunft nach eher niederdeutsch, ein Blondschopf, von mittlerer, netter Statur, besaß er den Schliff, die einnehmende Gewandtheit sächsischer Civilisation und war, ebenso gutmütig wie gefallsüchtig, ein eifriger Salonbesucher, der jeden freien Abend in mindestens einer, meistens aber zwei bis drei Gesellschaften verbrachte, dem Flirt mit dem schönen Geschlecht, jungen Mädchen sowohl wie reiferen Frauen, selig hingegeben." (DF, S. 268) Die Leichtlebigkeit und Aufgeschlossenheit für alles Reizvolle und Verführerische von Adrians zweitem Gefährten sind es auch, die es dem Autor ermöglichen, ein für sein Gesamtwerk und sogar für sein Privatleben typisches Grundmotiv über seinen hierfür hellhörigen Erzähler in den >Doktor Faustus<-Roman einfließen zu lassen - das der Homerotik: "Wahrscheinlich ist es mein Schicksal, nur steif und trockengrüblerisch über das Phänomen im Allgemeinen sprechen zu können, das Adrian mir eines Tages als eine erstaunliche und immer etwas unnatürliche Alterierung des Verhältnisses von Ich und Nicht-Ich kennzeichnete - das Phänomen der Liebe. Hemmungen der Ehrfurcht vor dem Geheimnis überhaupt, und der persönlichen Ehrfurcht noch obendrein, kommen hinzu, mir den Mund zu verschließen oder doch mich wortkarg zu machen über die dämonisch umwitterte Abwandlung, die jene an und für sich halb wunderbare, der

Abgeschlossenheit des Einzelwesens widersprechende Erscheinung hier erfuhr. Immerhin will ich durchblicken lassen, daß eine spezifische Gewitztheit durch mein Altphilologentum es war - durch eine Eigenschaft also, die sonst eher danach angetan ist, gegen das Leben zu verdummen -, welche mich in den Stand setzte, hier überhaupt etwas zu sehen und zu begreifen." (DF, S. 549 f) Der aufmerksame Serenus beobachtet, dass sich zwischen Adrian und Rudi ein intensives Näherkommen nicht nur im kameradschaftlichen Sinn - nach ihrer gemeinsamen Ungarnreise zu den Gütern der Freifrau von Tolna sind die beiden per Du, was ansonsten ja nur zwischen den Jugendfreunden Adrian und Serenus der Fall ist -, sondern auch in homoerotischer Weise, was sich der diskrete Serenus nur mit Behextheit Adrians durch das ungehemmte Charmeur-Talent Rudis erklären kann: "Das Merkwürdigste und Ergreifendste für mich bei alldem war es, mit Augen zu sehen, wie der Eroberte nicht gewahr wurde, daß er behext worden war, sondern sich eine Initiative zuschrieb, die doch ganz und gar dem anderen Teil gehörte; wie er voll phantastischen Staunens schien über ein freimütig nichtachtendes Eingehen und Entgegenkommen, dem doch eher der Name der Verführung gebührte. Ja er sprach vom Wunder der Unbeirrbarkeit, Unverwirrbarkeit durch Melancholie und Gefühl, und ich habe wenig Zweifel, daß diese `Verwunderung´ zurückging bis auf jenen schon fernen Abend, wo Schwerdtfeger in seinem Zimmer erschienen war, um ihn in die Gesellschaft zurückzubitten, die ohne ihn so langweilig sei." (DF, S. 550)
Anlässlich eines Konzertes in Zürich, zu dem der Komponist Adrian und sein Violin-Interpret Rudolf gemeinsam angereist sind und ebenso zusammen in der Mythenstraße bei Künstlersponsoren, dem Industriellen-Ehepaar Reiff, Wohnung bezogen haben, lernt der Romanheld die bezaubernde Schweizerin Marie Godeau kennen und verliebt sich in sie. Bei deren Besuch in München - sie reist stets in Begleitung einer Anstandsdame, die "tante Isabeau" genannt wird - entschließt sich der ungelenke und in persönlichen Dingen vornehm-scheue Leverkühn beim Gespräch auf dem Pfeifferinger Rohmbühel ausgerechnet den Charmeur Schwerdtfeger als Brautwerber vorzuschicken, was dieser wegen seiner engen freundschaftlichen und beruflichen Verbindung mit Adrian nicht verweigert, obwohl er seine

eigenen Ambitionen für die attraktive Marie nicht verhehlen kann:
[Adrian] "Ich habe dich zu diesem Liebesdienst ersehen, weil du dabei
weit mehr in deinem Element bist, als, sagen wir, Serenus Zeitblom"
[...] - [Rudi] "Ja, ich will gehen und nach bestem Vermögen deine
Sache führen." (S. 581 f) Dem Erzähler Serenus geht nach dem
Scheitern dieses altertümlichen, indirekten Unterfangens der Gedanke
durch den Kopf, als habe Adrian den negativen Ausgang seiner
Werbung unbewusst geahnt und daher Rudi als den "Fanatiker des
Flirts" vorgeschickt, um damit die eigentlich gut zusammenpassenden
Vertreter der "Liebenswürdigkeit" zu verbinden. So kommt es, dass
Rudi nach dem peinlichen Auftritt seiner Antragstellung für einen
anderen noch einmal in eigener Sache vorstellig wird und die begehrte
Marie zu einem Ja verleiten kann, was wiederum der rational
gesteuerte Serenus kopfschüttelnd kommentiert, da seiner Ansicht
zwar die momentane Zuneigung vorhanden gewesen, nicht aber eine
dauerhafte charakterliche Stabilität auf Seiten Rudis zu erwarten wäre:
"Rudolf brachte Adrians Werbung vor - für sich selbst diesmal,
obgleich der Flatterer zum Ehestande taugte, wie ich zum Don Juan
[...] Marie wagte den Herzensbrecher mit dem `kleinen Ton´ zu lieben,
über dessen Künstlerwert und sichere Laufbahn ihr von ernster Seite
so warme Bürgschaften waren gegeben worden. Sie traute sich zu, ihn
zu halten, ihn binden, den Wildfang domestizieren zu können, sie ließ
ihm ihre Hände, sie nahm seinen Kuß, und es dauerte keine
vierundzwanzig Stunden, bis unseren ganzen Bekanntenkreis die
heitere Nachricht durchlaufen hatte, daß Rudi gefangen war, daß
Konzertmeister Schwerdtfeger und Marie Godeau Brautleute seien."
(DF, S. 589) Doch dann kommt es noch im selben 42. Kapitel zu dem
vom Erzähler schon vor der zweifachen Brautwerbungs-Episode, die
wiederum Thomas Manns erzählerische Ironie in Form der
Verarbeitung hochmittelalterlicher Spielmanns- und höfischer Epen
mit ihren Doppelungsstrukturen erkennen lässt, angedeuteten Ende
dieser Liebesbeziehung.
Das Zapfenstößer-Orchester - hier dürfte eine frivole Namensironie
auf den Frauenliebling Rudi vorliegen - gibt für den verdienten und
beliebten Geiger und Konzertmeister Schwerdtfeger eine
Abschiedsvorstellung in der Münchner Konzerthalle unter Leitung des
Dirigenten Dr. Edschmidt, womit Thomas Mann auf den bekannten

Programmatiker der expressionistischen Dramatik, Kasimir Edschmid, anspielt, was noch einmal unterstreicht, dass mit dieser universellen Kunstepoche die Phase romantisierenden Kunstschaffens zu Ende gegangen ist und eine neue, experimentierende Phase beginnt. Alle Bekannten Adrians und überhaupt "ganz München" sind zugegen, darunter Rüdiger Schildknapp und Ines Institoris, die zweite Tochter der Senatorin Rodde, die mit dem affärenwilligen Rudi - emotional unbefriedigt in ihrer Ehe mit dem Kunsthistoriker Dr. Helmut Institoris - ein außereheliches Verhältnis begonnen hatte. Ines interpretiert allerdings die Heiratsabsicht des allseits auch in erotischer Hinsicht begehrten Rudi als Treuebruch innerhalb ihrer eigenen Untreue-Beziehung, greift in der Straßenbahn unter dem Siegestor zur bereitgehaltenen Waffe und streckt Rudi Schwerdtfeger mit fünf Schüssen nieder, was dieser innerhalb der nächsten halben Stunde nicht überlebt. Er stirbt beim Transport ins Krankenhaus und hat seine letzten bewussten Momente beim Todeskampf in den stützenden Armen des Erzählers Zeitblom, der während dieser klamottenhaften Szene, wie schon beim Abschiedskonzert, aber diesmal in einer tragisch-grotesken Doppelung, nicht nur als Berichterstatter, sondern wie häufig in diesem Roman, als handelnde Person persönlich zugegen ist. Der Autor versieht die spannend geschilderte Kriminalklamotte mit der Wiedergabe eines Gespräches zwischen Serenus und dem ebenfalls beim Konzert anwesenden Prof. Gilgen Holzschuher, einem Dürer-Spezialisten, der zum Münchner Kridwiß-Gesprächskreis gehört. Diese Unterhaltung, die nach der Veranstaltung auf dem Weg zur Straßenbahnhaltestelle vor der Feldherrnhalle stattfindet, hat metatextuelle Aussagekraft, weil das Reden über Kunst, in diesem Fall über die Berechtigung, ein Konzertprogramm zusammenzustellen, das den Franzosen Berlioz mit dem Deutschen Wagner in einen Topf geworfen habe, auffallend stark mit zeitgeschichtlicher Politik konnotiert ist. So formuliert der Kunstgeschichts-Professor Holzschuher das für 1926 schon übliche nationalistische Gedankengut, das auch in akademischen Kreisen gut Fuß fassen konnte, und er spricht sich gegen die in der offiziellen Staatspolitik diskutierte Annäherung Deutschlands an Frankreich, besonders nach den Verträgen von Locarno bei der Versammlung des Völkerbundes vom 16. Oktober 1925 aus: "Diese Zusammenstellung von Berlioz und Wagner, von welschem Virtuosen- und deutschem Meistertum sei eine Geschmacklosigkeit, die überdies nur schlecht eine politische Tendenz verberge. Allzusehr sehe sie nach deutsch-französischer Verständigung und Pazifismus aus, wie denn dieser Edschmidt als Republikaner und als national unzuverlässig bekannt sei." (DF, S. 591) Demgegenüber entgegnet der jeden Radikalismus, aber auch jede persönliche, Mut erfordernde Konfrontation ablehnende Zeitblom mit bloß innerlichem Widerstand: "Ich sagte ihm nicht, daß ja er es sei, der die Dinge politisiere, und daß das Wort `deutsch´ heute keineswegs gleichsinnig mit geistiger Reinheit, sondern eine Partei-Parole sei." (DF, S. 591) Man kann am Gespräch der beiden Romanfiguren und am lokalen Ambiente zwischen den Fixpunkten Feldherrnhalle und Siegestor, Konzerthalle und Universität - das ist zugleich die Trambahnstrecke, auf welcher der leichtlebige Rudi Schwerdtfeger durch die unflexible und rachsüchtige Ines Institoris ermordet wird - ersehen, wie geschickt der Autor mit dem äußeren Handlungsbild, den Motiven der praktizierten und diskutierten Kunst und der zeitgeschichtlichen Metaphorik spielt! Unter dem Siegestor geschieht der Mord, und Adolf Hitler wird sich Jahre später zum "größten Feldherrn aller Zeiten" ausrufen lassen und das deutsche Volk in eine entsetzliche Niederlage führen. Es gibt in Thomas Manns Roman ein direktes Schildern der privaten Handlung und zugleich ein Spürbachmachen des Darüber-Hinaus, ein genaues Bearbeiten des Szenischen und gleichzeitig ein verstecktes Andeuten der politischen Gegenwartsgeschichte ab der Mitte der zwanziger Jahre: Die NS-Ideologie drang scheinbar unaufhaltsam vor, die politischen Parolen wurden radikaler und der Umgang der Parteien glitt ins Brutale ab. Der spätere Wahlsieg der NSDAP deutete sich an, und die Lebenslustigkeit der `roaring twenties´ wurde allmählich abgetötet! Der Parteienkampf zwischen Rechts- und Linksextremen endete häufig mit Mord und Totschlag. In der rückschauenden Wahrnehmung des Dichters steuerte die deutsche Gesellschaft auf die Katastrophe hin. Der Handlungsort der scheinbar zufällig von Thomas Mann aus den vielfältigen Kriminalberichten der Zeit aufgegriffenen Äffäre über die Niederstreckung eines ehemaligen Liebhabers durch die geschasste Geliebte gewinnt zudem durch den Umstand den Rang politischer Semantik, dass Adolf Hitler beim Landfriedensbruch und

Putsch vom 9. November 1923 vor der Münchner Feldherrnhalle sich als die führende Figur der NSDAP stabilisieren und als entscheidender Motor der "Bewegung" das ganze folgende Unheil in Bewegung setzen konnte! Der Ort der tödlichen Schüsse auf Rudi vor der Universität ist ganz sicher nicht zufällig und nicht bloß aus dem Grund makabren Humors gewählt. Der >Doktor Faustus<-Roman greift ja auf lange Strecken im Rahmen der Wiedergabe von Gesprächen der Münchner Schickeria das Phänomen einer recht bereitwilligen Anpassung vieler Universitätsprofessoren an die NS-Ideologie auf, so dass gerade vor dem Ort geistiger Arbeit die personifizierte deutsche Fröhlichkeit und leichte Lebenslust ihr schnelles Ende findet! In die Kriminalklamotte hat der Autor Andeutungen zur deutschen Tragödie eingebettet, im Rahmen der literarischen Travestie enthüllt sich bei genauem Lesen und hellhörigem Achten auf die Namen und die Geschichtshaltigkeit der Fixpunkte die politische Semantik dieser gewiss nicht nur privaten Episode in der schönen Münchner Ludwigstraße. Mit dem Tod Rudi Schwerdtfegers scheitert die private Liäson zur französischen Schweizerin Marie Godeau, damit erlischt in allegorischer Form die diplomatische Annäherung zwischen Frankreich und Deutschland im schweizerischen Locarno. Das Münchner Lokalkolorit gewinnt bei aller glaubhaften Einbindung in die kuriosen Orts- und Privatgeschehnisse der figuralen Handlung Symbolkraft für die Weltpolitik! Der von der Furiosität der privaten Dramatik hingerissene Leser darf diese gesamtpolitische Hintergründigkeit im Subtext dieses extrem durchdachten Buches nicht außer Acht lassen, auch wenn sich hinsichtlich solcher erzählerischer Raffinessen kein Nachweis in Thomas Manns >Tagebüchern< und in den biographischen genealogischen Reminiszenzen der >Entstehung des Doktor Faustus< findet. Der Dichter liefert schließlich nicht bei jedem Motiv und bei jeder Motivvernetzung eine Gebrauchsanweisung zur Deutung mit.

Die zwei Begleitpersonen und engen Freunde Adrians, beide Künstler im beruflichen Bereich und Lebenskünstler in privaten Belangen, geben Anlass, sie über ihre fiktionale Wirklichkeit als Romanfiguren hinaus als Verkörperungen deutscher Art in einem Randbereich der vorherrschenden Charakteristika zu betrachten: Der deutsche Tiefsinn und das schwerblütige, einsame deutsche Dichter- und Denkertum sind nicht selten auch mit Humor und risikofreudiger Leichtlebigkeit ausgestattet! Rüdiger und Rudi stellen des Weiteren - auf Adrian bezogen - wohl auch die helleren und unbedachteren Seiten der Persönlichkeit des belasteten Musikwissenschaftlers und Komponisten Leverkühn dar! Nach dem Tod Friedrich Eberts und dem fortschreitenden Zerbrechen und Unverbindlichwerden der Beschlüsse von Locarno wurden diese heiteren und dem Lebensgenuss zugewandten Eigenschaften des deutschen Nationalcharakters in der Sichtweise Thomas Manns leider verschüttet. Ernst und Tragik kennzeichnen den Ausgang der zwanziger Jahre und die kaum mehr aufzuhaltende Demontage der Weimarer Republik.

5.3   Liebe und Schuld: Marie Godeau und Nepomuk Schneidewein

Als Adrian Leverkühn im Monat Mai des Jahres 1930 alle seine Freunde zur Vorstellung seines letzten und bedeutendsten Werkes >D. Fausti Weheklag< nach Pfeiffering gerufen hat, bekennt er im Nike-Saal des Schweigestillschen Gutshauses in einer Vorrede seine Schuld, die in der Teufelsverschreibung liege und aus dem Ehrgeiz heraus erfolgt sei, noch nie dagewesene Kunstwerke zu schaffen: "[...] aus wohlbedachtem Mut, Stolz und Verwegenheit, weil ich in dieser Welt einen Ruhm erlangen wollen, eine Versprechung und Bündnis mit ihm aufgerichtet, also daß alles, was ich während der Frist von vierundzwanzig Jahren vor mich gebracht, und was die Menschen mit Recht mißtrauisch betrachtet, nur mit seiner Hilf zustandgekommen, und ist Teufelswerk, eingegossen vom Engel des Giftes." (DF, S. 655) In der aus realistischer Sicht unglaubhaften Vordergrund-Handlung dieses Politischen Romans musste der Teufelsbündner Adrian seinem übermächtigen Vertragspartner versprechen, während der Vertragslaufzeit die dem Teufel eignende Gefühlskälte - zu der Adrian allerdings vom Typ her immer schon neigte - zu pflegen. Die Haltung des Nicht-Liebens war Vertragsbedingung und diese wurde von Adrian zweimal (wenn man von der homoerotischen Beziehung zu Rudi absieht) gebrochen, weswegen er bereits im Diesseits durch kaum zu ertragenden Trennungsschmerz büßen muss. Im Falle der einseitigen, nicht erwiderten Gefühlsaufwallung zu Marie ist er derart getroffen, sich in der Bezugsperson und der Wahl des Mittels - in Gestalt des letztlich selbst erfolgreichen Freundes und Brautwerbers Rudi - schwer getäuscht zu haben, dass er seit diesem Versuch, aus der eigenen Isoliertheit herauszutreten und den Teufelspakt zu vergessen, ein seelisch und körperlich gebrochener Mann ist: "Er sah blaß aus und machte den Eindruck eines Menschen, der einen schweren Schlag empfangen, - wirkte so besonders dadurch, daß eine Neigung, die ich freilich schon seit einiger Zeit bei ihm beobachtet, nämlich, beim Gehen Kopf und Oberkörper etwas zur Seite hängen zu lassen, auffallender hervortrat [...] Er hatte Freund und Geliebte auf einmal verloren, durch eigene Schuld, so mußte man sagen, - wenn man, wenn ich nur ganz gewiß gewesen wäre, daß es sich hier um eine Schuld, einen unbewußten Mißgriff, eine fatale Unbesonnenheit handelte!" (DF, S. 583 f) Der Erzähler, der neben dem Leser einer modernen Zeit selbst - und dies natürlich unter der Kuratel seines aufgeklärten Autors Thomas Mann - zur Entmythologisierung der mythologischen Schicht des Faust-Romans beiträgt, führt Adrians Unglück nicht auf sofort erfolgende Sanktion des Teufels, sondern auf Adrians Naturell zurück! Tief im Unbewussten habe Adrian nicht an das glückliche Ende seiner amourösen Anwandlung geglaubt und die eigene Aktivität durch die Regelung ungünstiger Bedingungen und durch ängstliches Verharren in der Ferne selbst blockiert. Andererseits gibt der vorsichtige Serenus - und auch dies wieder unter dem planenden Auge des Autors - der gelinden Andeutung Raum, dass ein tiefgreifendes Verhängnis, in das der sich selbst in einen Teufelsbund hineininterpretierende Adrian geraten sei, die Geschicke so gefügt habe, dass Leverkühn zur typentsprechenden und zur selbstgewählten Einsamkeit auch fürderhin verpflichtet sei, weil die Kälte der Hölle ihn nicht mehr loslassen wolle: "Es hätte mir und meiner Verehrung für ihn so passen können, daß dem Schein-Fehler, der sogenannten Dummheit, die er begangen haben wollte, ein Motiv so weicher, so schmerzlich-gütiger Art zum Grunde gelegen hätte! Die Ereignisse sollten mich Aug´ in Auge mit einer Wahrheit stellen, härter, kälter, grausamer, als daß sie nicht in eisigem Schauern davor erstarren sollte, - einer unerwiesenen, stummen, nur eben durch ihren starren Blick sich zu erkennen gebenden Wahrheit, die in Stummheit verharren möge, da ich nicht der Mann bin, ihr Worte zu geben." (DF, S. 584)

Im Jahr 1928 verstößt Adrian Leverkühn noch einmal gegen seine angebliche Verpflichtung, nicht lieben zu dürfen. Sein goldiger und kluger Neffe Nepomuk Schneidewein, seinem eigenen 1940 in Amerika geborenen Enkel Frido, dem Sohn Michael Manns, ähnlich, wird wegen eines halbjährigen Kuraufenthaltes seiner Mutter nach Pfeiffering zur Betreuung durch seinen Onkel gebracht. Dem Autor ist daran gelegen, mittels des Kind-Motives, das vor allem in der Literatur der Romantik eine große Rolle gespielt hat und das wir auch in Goethes >Faust< mehrfach finden (Gretchens und Fausts Kind, Homunculus, Euphorion, Knabe Lenker) zunächst einmal die spontane Verehrungsbereitschaft durch die naive, katholische Landbevölkerung zum Ausdruck zu bringen. Hier wird Massen-Suggestivität an Hand der frommen Huldigung gegenüber dem hübschen, alte Gebete in einer Mischung zwischen spätmittelhochdeutsch und Schwyzerdütsch deklamierenden holden Knaben aufgewiesen. Beim Anblick Nepomuks (oder auch Echos) reagieren die Leute mit Lobpreisung wie gegenüber dem Jesus-Knaben: "Besonders die Frauen, natürlich, und wieder die dienend-volkstümlichen am rückhaltlosesten, waren schier aus dem Häuschen, beugten sich mit gerungenen Händen zu dem Männlein herab, hockten nieder bei ihm und riefen Jesus, Maria und Joseph ob des schönen Buben [...] Der Pfarrer von Pfeiffering, vor dem er mit zusammengetanen Händen - er hielt sie in Höhe seines Gesichtchens, in einiger Entfernung davon - ein Gebet sprach - und zwar ein sonderbares altes Gebet, das mit den Worten begann: `Kein Ding hilft für den zeitling Tod´ -, konnte in seiner Ergriffenheit nur sagen: `Ach, du Gotteskindlein, du benedeites!´, streichelte ihm das Haar mit seiner weißen Priesterhand und schenkte ihm gleich ein buntes Bild des Lammes. Dem Lehrer wurde auch, wie er nachher sagte, `ganz anders´ im Gespräch mit ihm. Auf Markt und Gassen wollte jeder Dritte von `Fräul'n Clementine´ oder Mutter Schweigestill wissen, was ihnen denn da vom Himmel gefallen sei. Die Leute sagten benommen: `Ja, da schau her! Da schau her!´ oder auch nicht viel anders als der Herr Pfarrer: `Ach du lieb´s Kindl, du ganz selig´s´ und Frauen ließen meist eine Neigung merken, bei Nepomuk niederzuknieen." (DF, S. 608 u.

612 f) Die politische und zeitkritische Konnotation, die bei dem Vorherrschen des Idyllischen und anscheinend harmloser Verzücktheit vor dem engelsgleichen Bübchen nicht überlesen werden darf, wird vom sachte andeutenden Erzähler Serenus beigesteuert! Darin liegt ein auffälliger Anteil an Metatextualität, mit der Thomas Mann einerseits die Differenz zwischen braver Berührtheit und gefährlicher Massenhysterie und die Kluft zwischen der Gotteskind-Anbetung und der Vernachlässigung der Botschaft des erwachsenen, widerstandsfähigen Mannes und Religionsreformers aus Nazareth nicht nur allegorisch, sondern konkret-zeitkritisch formuliert: "Und doch war hier etwas - und jener Elfenspott schien der Ausdruck des Wissens davon -, was einen außerstand setzte, an die Zeit und ihr gemeines Werk, an ihre Macht über diese holde Erscheinung zu glauben, und das war ihre seltsame In-sich-Geschlossenheit, ihre Gültigkeit als Erscheinung des Kindes auf Erden, das Gefühl von Herabgestiegensein und, ich wiederhole es, lieblichem Botentum, das sie einflößte, und das die Vernunft in außerlogische, von unserem Christentum tingierte Träume wiegte. Sie konnte die Unvermeidlichkeit des Wachstums nicht leugnen, aber sie rettete sich in eine Vorstellungssphäre des Mythisch-Zeitlosen, Gleichzeitigen und neben einander Bestehenden, worin die Mannesgestalt des Herrn keinen Widerspruch bildet zu dem Kinde im Arm der Mutter, das er auch ist, das immer ist und immer vor anbetenden Heiligen sein Händchen zum Kreuzeszeichen erhebt." (DF, S. 616) In der Nepomuk-Episode macht der Autor gewiss vom Stilmittel romantischer Ironie Gebrauch und belegt das Phänomen religiöser Inbrunst durch die Schilderung der Verehrung des goldlockigen Jesus-Kindleins. Wichtig ist ihm aber hierbei nicht allein die Beschreibung des Landvolk-Verhaltens und der christlichen Gläubigen in pseudo-weihnachtlicher Stimmung, im Tieferen geht es ihm um Bewusstmachung der Gefühlshaftigkeit der Deutschen und der stets präsenten Mythisierungsbereitschaft, wo eigentlich Rationalität und Wachsamkeit gefragt wären! Auch die Verkörperung des deutschen Wesens findet in der Nepomuk-Episode ihren Platz. Das deutsche Musik-Genie Adrian Leverkühn ist nicht gegen diese blauäugige Hingerissenheit, die Hingabebereitschaft und die religiös konnotierte Beweihräucherung von etwas Irdischem und Natürlichem gefeit. Auf

der politischen Bedeutungsebene heißt das, dass der emotionsgesteuerte Deutsche sich mit wenig Bedenken auf die entstehende nationalsozialistische Erneuerungsbewegung eingelassen hat. Adrian und die Deutschen büßen bald darauf für ihre unbedachte Emotionalität. Adrians Fehler war in der fiktionalen Schiene des Romans sein Wortbruch gegenüber dem Teufel, indem er geliebt hat. Die Schuld der Zeit in politischer Hinsicht liegt in der irrationalen Gefolgschaft für Adolf Hitler. Blinde Hingabe und der Jubel über die verkündeten Utopien sind die Fehler der Deutschen am Ausgang der zwanziger Jahre! Rationales Analysieren und Durchschauen der Gewalttätigkeit, der Kriegstreiberei und der Demontierung der Errungenschaften der Weimarer Republik fanden nicht statt. Dies bewirkte für den Geschichtsdeuter Thomas Mann die Katastrophe für das Land und für viele Mitglieder der deutschen Gesellschaft. Im Roman gibt der Autor im 45. Kapitel die allegorische Antwort für schuldhafte Naivität und Idyllisierung - der liebliche und innig geliebte Nepomuk stirbt an Gehirnhautentzündung -, im 46. Kapitel kommt der Klartext über die Gräuel und das allgemeine Desaster als Folge des Mitläufertums und mangelnder Aufklärungsbereitschaft zum Vorschein. Im erzählerischen Bild des Fauststoffes tobt der Teufelsbündner Leverkühn über den Teufel, der ihn wegen Vertragsbruches rücksichtslos mit dem Tod des unschuldigen Kindes bestraft. Dabei ist sich der Komponist, dem seine Zuhörer bei der Vorrede zur Aufführung von >D. Fausti Weheklag< im Jahre 1930 nur noch ausgebrochenen Wahnsinn bescheinigen können, im Klaren darüber, dass sein Mephistopheles im Jahr 1928 nach fast abgelaufener Vertragszeit sowohl Strafe und Vertragsinhalt an ihm rasch nacheinander einlösen werde. Die Reue kommt zu spät, Gnade ist bei der Schwere der Schuld unmöglich, doch Klage soll zuletzt noch herausgeschrien werden: "`Nimm ihn Scheusal!´ rief er mit einer Stimme, die mir ins Mark schnitt. `Nimm ihn, Hundsfott, aber beeil´ dich nach Kräften, wenn du denn, Schubjack, auch dies nicht dulden wolltest! [...] `Nimm ihn, Auswurf!´ schrie er auf und trat wieder zurück von mir, wie ans Kreuz. `Nimm seinen Leib, über den du Gewalt hast! Wirst mir seine süße Seele doch hübsch zufrieden lassen müssen, und das ist deine Ohnmacht und dein Ridikül, mit dem ich dich ausspotten will Äonen lang.´" (DF, S. 629)

Es gibt zusätzlich zur Deutung Nepomuks als die personifizierte deutsche Blauäugigkeit, die schon bei der Erklärung der Symbolik der Rudi-Gestalt eine Rolle gespielt hat, noch eine weitere Möglichkeit, das Kind-Motiv zu verstehen, wenn man sich eher an das Ernste und Große hält, das beim Buben Nepomuk ja auch im Rahmen seiner erstaunlichen Weisheit und Würde zum Vorschein kommt. Der Erzähler übermittelt hierzu eine Aussage Adrians am Tage von Nepomuks qualvollem Hinscheiden. Aus Verzweiflung über das Schicksal seines kleinen Verwandten stellt er das Positive, das in den revolutionären Geschichtsprozessen der Menschheit zum Vorschein gekommen ist, und das Freiheitspathos, das großartigen künstlerischen Bearbeitungen zu Grunde liegt, in Frage. Er zweifelt an der konstruktiven Geschichtsmächtigkeit des Guten und Edlen, am dahinterstehenden höheren Willen, der letztlich durch Eigentätigkeit des Politikers und des Künstlers den Sieg des Glückes über den Schmerz, die Gefangenschaft und den Untergang bewirken konnte und kann: "` Ich habe gefunden´, sagte er, `es soll nicht sein.´ `Was, Adrian, soll nicht sein?´ `Das Gute und das Edle´, antwortete er mir, `was man das Menschliche nennt, obwohl es gut ist und edel. Um was die Menschen gekämpft, wofür die Zwingburgen gestürmt, und was die Erfüllten jubelnd verkündigt haben, das soll nicht sein. Es wird zurückgenommen. Ich will es zurücknehmen.´ `Ich verstehe dich, Lieber, nicht ganz. Was willst du zurücknehmen?´ `Die Neunte Symphonie´, erwiderte er. Und dann kam nichts mehr, wie ich auch wartete." (DF, S. 631) Hier wird sichtbar, dass für Thomas Mann der Verfall der Weimarer Demokratie mit dem Verschwinden des Humanums, einer in Deutschland zwischen der Rennaissance und dem Ende der Kaiserzeit gut entwickelten geistigen Kultur, verbunden ist. Diese Ansicht belegt der Autor als Essayist und Redner im Rahmen seiner genuinen politischen Äußerungen, sehr deutlich und völlig unmissverständlich in den Vorträgen >Von deutscher Republik< sowie >Deutschland und die Deutschen<.

1930 schließlich, am Tage seiner völligen geistigen Umnachtung fasst Adrian seinen angeblichen doppelten Vertragsbruch wegen des süßen Nepomuk/Echo und wegen der verehrten Marie gegenüber seinem unterweltlichen Kumpanen Mephistopheles zusammen und steigert sich in sprachlicher Annäherung an das >Volksbuch< sogar in eine abwegige Selbstbezichtigung wegen des Todes von Rudi hinein, den er schuldhaft in die Arme von Marie und deshalb zur Abwendung von Ines getrieben habe, weshalb dieser dann angeblich unter Mitwirkung des Teufels von seiner eifersüchtigen Geliebten ermordet worden sei: "Darauf ist Hyphialta schwageren Leibs geworden und hat mir ein Söhnchen gezelt, an dem meine ganze Seele hing, ein heilig Knäbchen, holdselig außer aller Gewohnheit und wie von weiter und alter Landart hero. Da aber das Kind von Fleisch und Blut und es bedungen war, daß ich kein menschlich Wesen lieben durfte, so bracht Er es um ohn Erbarmen und bedient sich dazu meiner eigenen Augen [...] Hatte wohl auch gedacht, schon zuvor, daß ich, als des Teufels Mönch, lieben dürfte in Fleisch und Blut, was nicht weiblich war, der aber um mein Du in grenzenloser Zutraulichkeit warb, bis ichs ihm gewährte. Darum mußt ich ihn töten und schickte ihn in den Tod nach Zwang und Weisung. Denn der magisterulus hatte gemerkt, daß ich mich ehelich zu verheiraten gedachte, und war voller Wut, weil er im Ehestande den Abfall ersah von ihm und einen Schlich zur Versöhnung." (DF, S. 660)

5.4 Clarissa und Ines Rodde, verh. Institoris

Vorbild für die Gestaltung der Senatorentochter Clarissa im >Dr. Faustus<-Roman ist Thomas Manns sechs Jahre jüngere Schwester Carla, die ihrem erfolglosen Leben als Schauspielerin nach einer privaten Liebesenttäuschung am 30. Juli 1910 in der Wohnung ihrer Mutter Julia Mann in deren Wohnung am Pollinger Kirchplatz 15 durch Gift das Ende bereitet hat. Auffällig parallel lässt der Autor seinen Erzähler das Ende der Schauspielerin Clarissa Rodde im 35. Werkkapitel vorwegnehmen, bevor dieser anschließend auf die Hintergründe zu sprechen kommt: "Es sind nun zweiundzwanzig Jahre, daß, beinahe vor meinen Augen, Clarissa Rodde, die Schauspielerin, Schwester der ebenfalls sichtlich gefährdeten Ines zugrunde ging: Nach Ablauf der Winter-Saison 1921/22 im Mai, nahm sie sich zu Pfeiffering, im Hause ihrer Mutter und ohne viel Rücksicht auf diese, hastig und entschlossen mit dem Gifte das Leben, das sie eben für den Augenblick, wo ihr Stolz das Leben nicht mehr

ertragen würde, von langer Hand her in Bereitschaft gehalten hatte."
DF, S. 503) Clarissa fand ein bescheidenes und in ihren
ursprünglichen Erwartungen stark reduziertes Auskommen als
Schauspielerin auf Provinzbühnen und hatte zeitweilig nach manchen
beruflichen Demütigungen Aussicht auf eine befreiende, gut
bürgerliche Ehe mit einem jungen, aber unter strenger mütterlicher
Kuratel stehenden, französischen Industriellen aus dem Elsass. Sie
lässt sich jedoch aus Leichtsinn auf einen Schurken ein, einen
Rechtsanwalt aus Pforzheim, der sie zuerst zu einem einmaligen
Liebesabenteuer verlockt, dann jedoch unter Androhung, Clarissas
Unmoral ihrem "Verlobten" zu entdecken, zu weiteren sexuellen
Abenteuern erpressen will. Als Clarissa sich dafür nicht gefügig
erweist, macht der dubiose Jurist seine Ankündigung wahr. Daher
nimmt der zunächst noch gutmütige elsässische Henri von Clarissa
Abstand, und sie begeht nach dieser privaten Katastrophe in
Pfeiffering in der Wohnung ihrer Mutter, der Senatorin Rodde,
Selbstmord. Auch in dieser Nebenhandlung des Werkes stößt man auf
ein Faust-Motiv, und dies kann im mephistophelischen Verführer der
Clarissa erblickt werden. Das Motiv des böswilligen, düsteren und
nach der Gewinnung der Oberhand abgrundtief gemeinen Verführers,
der nicht mehr durch Bitten und Einsicht von seiner eigenen
Triebhaftigkeit und integrierten Mitleidlosigkeit abgebracht werden
kann. In der Gestalt des mysteriösen Rechtsanwalts triumphieren das
Böse und der unaufhaltsame Wille zur Zerstörung: "Ein pseudo-
dämonischer Spitzbart, Schürzenjäger, Coulissen-Habitué und
Provinz-Viveur, der zu Pforzheim als Rechtsanwalt, Kriminal-
Verteidiger wirkte, für seine Eroberung ausgestattet mit nichts als
einer billig menschenverächterischen Suada, feiner Wäsche und viel
schwarzen Haaren auf den Händen." (DF, S. 505) Zum zweiten Mal
scheitert in Thomas Manns >Dr. Faustus< eine deutsch-französische
Annäherung, womit der Autor eben auch der politischen Symbolik
Raum gibt. Die außenpolitischen Intrigen zur Zeit des "Ruhrkampfes"
von 1922 werden assoziativ angedeutet: Als Deutschland mit den
Reparationszahlungen in Rückstand geraten war, wurde am 10. Januar
1923 das deutsche Ruhrgebiet von französischen Truppen besetzt.
Zuvor hatte allerdings der neue deutsche Reichskanzler Cuno wieder
einen nationalistischen Kurs eingeschlagen und diejenigen Politiker,

die den Versailler Vertrag um des europäischen Friedens willen und aus gewisser Einsicht in weitgehende deutsche Kriegsschuld einhalten wollten, als "Erfüllungspolitiker" diffamiert. Diese innenpolitischen Intrigen provozierten dann die französischen Zwangsmaßnahmen, die wiederum mit deutschem Generalstreik und folgenden französischen Sanktionen beantwortet wurden. So ist auch diese kleine, nur privat anmutende Nebenepisode mit zeitgeschichtlichen Vorgängen konnotiert. Grenzüberschreitende Liebe, die eh immer schon mit starken Vorurteilen belastet war ("boche" bzw. "Jeder Stoß ein Franzos"), kommt im Kleinen wie im Großen nicht zustande.

Die andere Tochter der Senatorin Rodde, Ines, die mit Dr. Helmut Institoris verheiratet ist (mit dieser Namensironie stellt Thomas Mann einen Bezug zu Heinrich Institoris, dem Verfasser des >Hexenhammer< aus dem Jahr 1487 her), befindet sich zu der Zeit, in welcher sich der Romanerzähler dieser Nebenfigur konzentriert zuwendet - dies im 29. Romankapitel -, in erträglicher Vernunftehe mit einem körperlich schwächlichen, aber das Starke und Rücksichtslose verherrlichenden Kunsthistoriker. Das ehebrecherische Verhältnis von Ines zu Rudi Schwerdtfeger, das Ines dem zwecks Rat-Erteilung aufgesuchten Serenus Zeitblom freimütig gesteht, glaubt Ines zur Erhaltung ihres Glücks-Gleichgewichtes auch unter dem Risiko der Entdeckung fortführen zu müssen. Über seinen Erzähler hinweg, der aus sich heraus zu dieser streng analytischen Betrachtung der beiden Charaktere nicht in der Lage gewesen wäre, lagert der Autor der ehelichen Verbindung dieser ungleichen Partner den in den zwanziger Jahren in akademischen Kreisen diskutierten und in Sören Kierkegaards Buch >Entweder-Oder< besprochenen Gegensatz zwischen lebensgenießender und ethisch tätiger Lebenseinstellung an: "Es war, auf die kürzeste Formel gebracht, der Gegensatz zwischen Ästhetik und Moral, der ja zu einem guten Teil die kulturelle Dialektik jener Epoche beherrschte und sich in diesen beiden jungen Leuten gewissermaßen personifizierte: der Widerstreit zwischen einer schulmäßigen Glorifizierung des `Lebens´ in seiner prangenden Unbedenklichkeit - und der pessimistischen Verehrung des Leidens mit seiner Tiefe und seinem Wissen [...] Die Philosophie war mehr ein Gegenstand höherer gesellschaftlicher Unterhaltung, und ich erinnere mich allerdings an mehrere Gelegenheiten, bei denen, in größerem

Kreise, am Rast- und Weintisch in einer Ballsaal-Laube, ihre Gesinnungen konversationell auf einanderstießen: wenn etwa Institoris behauptete, nur Menschen mit starken, brutalen Trieben könnten große Werke schaffen, und Ines dagegen protestierte, indem sie geltend machte, es seien oft höchst christliche, vom Gewissen gebeugte, vom Leiden verfeinerte und gegen das Leben düster gestimmte Verfassungen gewesen, aus denen in der Kunst das Große hervorgegangen sei." (DF, S. 386) Der Autor typisiert Dr. Helmut Institoris als einen der zum Rechtsextremismus tendierenden Vertreter der Hochschulwissenschaft, die nach Thomas Manns Beobachtung nicht selten in der Münchner Universitätswelt der zwanziger Jahre zugegen waren, und macht Ines zur Anwältin eines Kunstbegriffs, der sich an Michelangelo und Dostojewski orientiert. Es stoßen damit - wie vom Erzähler behauptet, die philosophischen Begriffe von künstlerischer und moralischer Einstellung aufeinander, und in der Selbstdeutung und im Verhalten der Figuren treten die polaren Gesinnungen von Frohsinn und Grobheit, von Leichtfertigkeit in privater Unmoral und verhängnisvoller, neuartiger NS-Moral hervor. Die Amoral der Ines ist harmlos, jedoch die Gesittung der nach Macht und schlagkräftiger Durchsetzung ihres martialischen Tugendbegriffs lechzenden NS-Horden ist gefährlich - und damit gemäß der Umwertung der Werte, die auf den zeitkritischen Philosophen des 19. Jahrhunderts, Friedrich Nietzsche, zurückgeht (eine Position, die Thomas Mann ab den zwanziger Jahren vertritt), eigentlich unmoralisch! Freilich kommt im Verlauf der Handlung zunächst einmal die rohe, archaische Moral zum Sieg, indem der Universitätshistoriker Dr. Institoris sein Ansehen mehren und seine wissenschaftliche Position ausbauen kann, und wird die vergleichsweise banale, kleine Unmoral der zwischen dem ernsten Ehemann und dem amourösen Sexpartner Rudi hin- und hergerissenen Ines ausgelöscht. Nach ihrem für Rudi tödlichen Attentat muss die geistig verwirrte Ines in die Psychiatrie, womit in allegorischer Hinsicht auch die Lebenslustigkeit der "roaring twenties" an ihr Ende kommt und der Gleichschaltung einer kriegstreiberischen und brutal-ernsten Staatsauffassung zum Opfer fällt.

5.5 Der Impressario Saul Fitelberg

Im Jahr 1923 spricht ein feister Mann mit Hornbrille, der in einem noblen Automobil mit Chauffeur angereist ist, bei Adrian in Pfeiffering vor. Es handelt sich um den internationalen "Musik-Gewerbemann und Konzert-Unternehmer" Saul Fitelberg, der nach den Weimarer und Donaueschinger Musiktagen und nach der Drucklegung der >Apokalipsis cum figuris< von den Fähigkeiten des Komponisten und seiner musik-ökonomischen Verwertbarkeit so überzeugt war, dass er von Paris aus die Enklave Leverkühns in der oberbayerischen Idylle aufsucht. Der Erzähler zieht den Schluss, dass der alerte Impressario die Zukunftsträchtigkeit der neuartigen Kompositionen erkannt habe und nun beabsichtige, deren Schöpfer und seine Kreationen in der für künstlerische Experimente aufgeschlossenen Weltstadt Paris finanziell zu vermarkten: "Der Mann hatte Lunte gerochen, er wünschte sich einzuschalten, einen Ruhm aufzubauen, ein Genie ans Licht zu ziehen, es als sein Manager der Neugier der mondänen Gesellschaft, in der er sich bewegte, vorzuführen." (DF, S. 526) Die brave Frau Schweigestill schließt - besorgt um die Unbescholtenheit ihrer Tochter Clementine - ihr Kind im Gutshof ein, als sie die plump-vertrauliche Annäherung des gemischt deutsch-französisch parlierenden "Weltmannes" an die "petite Maman" bemerkt. Der zu diesem Zeitpunkt als direkter Zeuge der Begebenheit auf dem Gutsgelände anwesende Serenus kann sich 1944 noch sehr gut an den aalglatten Geschäftsmann erinnern: "Er war ein wohl vierzigjähriger fetter Mann, nicht bauchig, aber fett und weich von Gliedern, mit weißen, gepolsterten Händen, glattrasiert, vollgesichtig, mit Doppelkinn, stark gezeichneten, bogenförmigen Brauen und lustigen Mandelaugen voll mittelmeerischen Schmelzes hinter der Hornbrille. Bei gelichtetem Haar hatte er gute, weiße Zähne, die man, da er immer lächelte, immer sah. Gekleidet war er sommerlich elegant, in einen auf Taille gearbeiteten, bläulich gestreiften Flanellanzug, zu dem er Schuhe aus Leinen und gelbem Leder trug. Die Kennzeichnung, die Mutter Schweigestill ihm verliehen, war heiter gerechtfertigt durch die bequeme Sorglosigkeit seiner Manieren, diese erquickende Leichtigkeit, die, wie seinem raschen, leicht verwischten, immer ziemlich hoch, zuweilen im

Diskant einsetzenden Sprechen, so seinem ganzen Gehaben
eigentümlich war und zu der Feistheit seiner Person einen gewissen
Widerspruch bildete, während sie sich doch auch wieder harmonisch
mit ihr verband. Ich nenne sie erquicklich, diese ihm in Fleisch und
Blut übergegangene Leichtigkeit, weil sie einem tatsächlich das
komisch-tröstliche Gefühl einflößte, daß man das Leben ganz unnötig
schwer nähme." (DF, S. 529) Dieser gewandte, mit allen Wassern des
Geschäftlichen und psychologisch geschickten Suggerierens
gewaschene Musik-Agent versucht den schrullig-scheuen Leverkühn
aus dem abgelegenen Pfeiffering herauszulocken und zum Mitglied
einer noblen Kunst-Soziety in der französischen Metropole
umzufunktionieren: "`Maitre´, sagte er, `ich verstehe vollkommen, wie
Sie an der stilvollen Abhängigkeit hängen müssen, die Sie sich zum
Aufenthalt erwählt haben, - o, ich habe alles gesehen, den Hügel, den
Teich, das Kirchdorf, et puis, cette maison pleine de dignité avec son
hôtesse maternelle et vigoureuse, Madame Schweigestill! [...] Und
dennoch, figurez-vous, bin ich gekommen, Sie zu entführen, Sie zu
vorübergehender Untreue zu verführen, Sie auf meinem Mantel durch
die Lüfte zu führen und Ihnen die Reiche dieser Welt und ihre
Herrlichkeit zu zeigen, mehr noch, sie Ihnen zu Füßen zu legen
...Verzeihen Sie meine pompöse Ausdrucksweise!" (DF, S. 529)
Neben der Anspielung auf die Teufelsgestalten im >Volksbuch< und
in Goethes >Faust< beim Thema Luftfahrt ist dieser Episode vom
Autor noch eine politische Satire beigegeben worden. Die
Konzertbesucher in Paris seien ohne Weiteres manipulierbar,
behauptet der Impressario, ein Deutscher werde in Frankreich ein paar
Jahre nach dem Krieg mit Interesse und Toleranz aufgenommen, wenn
man dessen Auftritt raffiniert in die Wege leiten würde: "Bei
genügender publizistischer Vorbereitung, hinreichender
Einschüchterung der Dummheit im Voraus, kann man einen durchaus
würdigen Verlauf garantieren, und gerade wenn man einen
Angehörigen der ehemals feindlichen Nationen, einen Deutschen
präsentiert, ist auf ein vollkommen höfliches Verhalten des Publikums
zu rechnen..." (DF, S. 532) Am wichtigsten aber ist es dem Autor zur
Schreibzeit 1945 im Wissen um alle Gräueltaten der deutschen
Vernichter am hingemordeten Judenvolk - wieder einmal über die
angebliche Zeugenschaft des scheinbar allgegenwärtigen Serenus

hinweg - im 37. Kapitel seines Romans in der Aussage des Juden Saul Fitelberg den ungewöhnlichen Gedanken zu präsentieren, dass das jüdische Volk dem deutschen Volk im Grunde deshalb nahe verwandt sei, weil es beiden Gesellschaften um das ängstliche Buhlen um die Gunst und Achtung aller übrigen Nationen gehe: "Wir sind international - aber wir sind pro-deutsch, sind es wie niemand sonst in der Welt, schon weil wir garnicht umhinkönnen, die Verwandtschaft der Rolle von Deutschtum und Judentum auf Erden wahrzunehmen. Une analogie frappante! Gleichermaßen sind sie verhaßt, verachtet, gefürchtet, beneidet, gleichermaßen befremden sie und sind befremdet [...] Die Deutschen sollten es den Juden überlassen, pro-deutsch zu sein. Sie werden sich mit ihrem Nationalismus, ihrem Hochmut, ihrer Unvergleichlichkeitspuschel, ihrem Haß auf Einreihung und Gleichstellung, ihrer Weigerung, sich bei der Welt einführen zu lassen und sich gesellschaftlich anzuschließen, - sie werden sich damit ins Unglück bringen, in ein wahrhaft jüdisches Unglück, je vous le jure. Die Deutschen sollten dem Juden erlauben, den mediateur zu machen zwischen ihnen und der Gesellschaft, den Manager, den Impressario, den Unternehmer des Deutschtums - er ist durchaus der rechte Mann dafür, man sollte ihn nicht an die Luft setzen, er ist international, und er ist pro-deutsch." (DF, S. 540 f) In der Metatextualität dieses Fitelbergschen Statements stecken zwei politische Gedanken Thomas Manns. Der eine bezieht sich auf 1923, wo sich die Deutschen im Verhaftetsein auf Dolchstoßlegende und auf Minderung der Reparationsforderungen wiederum zu sehr ausgrenzten, statt Anschluß zu suchen und sich durch Wandlung und Bewährung als friedfertige Nation zu präsentieren! Der andere Aspekt zielt - in überpersönlicher und utopischer Metaphorik der Fitelberg-Figur - auf die nationalsozialistische Zeit, in der man Juden religiös und rassisch definierte, kennzeichnete, unterdrückte, schädigte, demütigte, verjagte und schließlich deportierte und vergaste. Da wäre in der Sicht des Autors eine gänzlich konträre und konstruktive Alternative nötig gewesen: Die deutschen Juden hätten als geschickte, weltgewandte Vermittler den plumperen und schrofferen Deutschen als Bindeglied dienen können, ehedem verlorenes Renommee wiederherzustellen und das deutsche Volk dauerhaft in die Familie der Vereinten Nationen als einen stabilisierenden Faktor einzugliedern.

5.6 Die Mäzenatin Frau von Tolna

Einflussreiche Anhänger moderner Experimentalmusik rufen 1924 eine >Internationale Gesellschaft für neue Musik< ins Leben, wovon der Erzähler Zeitblom im 36. Kapitel des >Doktor Faustus<-Romans berichtet. Bei einer Aufführung zeitgenössischer Produktionen werden u.a. Auszüge aus Leverkühns 12-Ton-Werk >Apocalipsis cum figuris< gesungen und gespielt, worüber in der Fachzeitschrift >Der Anbruch< geschrieben wird, und der Manager eines Musikverlages, Dr. Edelmann, studiert eine Rezension über Adrians Komposition aus der Hand des Kulturphilosophen Desiderius Fehér, welche voll Lobes ist über "die intellektuelle Höhe und religiösen Gehalte, den Stolz und die Verzweiflung, die sündige, ins Inspirative getriebene Klugheit der Musik" (DF, S. 516). Nach dem Lesen dieser begeisterten Worte begibt sich der Wiener Dr. Edelmann sofort nach Pfeiffering, um sich von Adrian persönlich einige Passagen aus der Oper vorspielen zu lassen und sich beim Komponisten die Editionsrechte zu sichern. Der Erzähler übermittelt dem Leser ferner das in diesem Artikel ausgedrückte Bedauern des Rezensenten Fehér, dass er nicht durch eigene Aufmerksamkeit, sondern durch eine gewisse Frau von Tolna auf die Fähigkeiten Leverkühns hingelenkt worden sei: "[...] von oben, aus einer Sphäre, die höher sei als alle Gelehrsamkeit, der Sphäre der Liebe und des Glaubens, des Ewig-Weiblichen." (DF, S. 516 f) Allerdings existiert diese Förderin Adrians nirgends in greifbarer Gestalt, sondern ist, wie schon der Bezug auf Goethes >Faust, Teil II< zeigt, der mythologischen Ebene zuzurechnen, in welcher die bergenden `Mütter´ zu Hause sind, die parallel zu allen irdischen Zeiten an einem geheimnisvollen Ort, mit astraler Körperlichkeit versehen, leben. Der Autor unterstützt das Geheimnishafte und Überirdische einer dieser Urkräfte, die dem menschlichen Genie zur Seite stehen können, durch die indirekte Hinführung über Edelmann und Fehér, so dass die Sagenumwobenheit mittels erzählerischer Nebulosität unterstrichen wird. Schließlich wird sogar Dr. Edelmanns Impuls für seine Geschäfts- und Referenzreise von Wien nach Pfeiffering und dann gleich zur Vertragsunterzeichnung nach München im Nobelhotel >Bayerischer Hof< auf den überwirklichen, dennoch aber nachhaltigen Einfluss dieser finanzkräftigen und

einflussreichen Mäzenatin zurückgeführt, die viele Leute aus der
Kunstszene zu kennen vorgeben, die jedoch nie persönlich anzutreffen
ist: "[...] daß mittelbar auch dieser Besuch eine Bewerkstelligung jener
zarten, sich im Verborgenen haltenden Energie und Liebe war." (DF,
S. 517) Die Omnilokalität der Förderin und Beschützerin Adrians wird
des Weiteren betont, indem der Erzähler kolportiert, sie besäße einen
Gutshof in Ungarn, ein Schloss am Plattensee, lebe meist in Paris oder
in Neapel oder in Ägypten oder im Engadin. Überhaupt sei sie bei der
Präsentation von Adrians avantgardistischen Kompositionen stets
zugegen gewesen: "Es stellte sich heraus, daß diese Frau überall zur
Stelle gewesen war und sich unauffällig ins Publikum gemischt hatte,
wo immer man gewagt hatte, von Adrians Musik etwas erklingen zu
lassen: in Lübeck (bei der verhöhnten Premiere der Oper), in Zürich,
in Weimar, in Prag. Wie oft sie in München und also seinem Wohnsitz
ganz nahe war, ohne sich bemerkbar zu machen, weiß ich nicht zu
sagen. Aber sie kannte auch Pfeiffering, gelegentlich und
unterderhand kam es zutage: in der Stille hatte sie von Adrians
Landschaft, seiner nächsten Umgebung Kenntnis genommen, hatte,
wenn ich mich nicht irre, geradezu unter dem Fenster der Abtsstube
gestanden - und sich ungesehen wieder entfernt." (DF, S. 519 f) Der
Autor festigt die Anspielung auf Goethes Faust-Drama ferner durch
die Erfindung eines Geschenks, das an die beiden Schmuckstücke im
>Faust, Teil I< erinnert, womit Mephisto das zögernde Gretchen dem
liebstollen Faust für eine baldige Liebesnacht in Frau Marthes
Gartenhäuschen gewogen machen wollte. Frau von Tolna legt einem
verehrenden Brief an Adrian, der in Brüssel aufgegeben worden war,
einen wertvollen Ring bei, den Adrian nunmehr immer bei seiner
Kompositionsarbeit trägt und den er auch bei der Uraufführung seiner
>Apocalipsis<-Oper anlegt. Das Juwel wird als ungemein wertvoll
geschildert und weist eine Gravur in griechischen Lettern auf: "Der
ziselierte Reif selbst war alt, Renaissance-Arbeit; der Stein ein
großflächig geschnittenes Prachtexemplar des hellgrünen Ural-
Smaragds [...] - [Gravurtext] `Welch ein Beben durchfuhr den
Lorbeerbusch des Apollon! Beben das ganze Gebälk! Unheilige,
fliehet! Entweichet!" (DF, S. 520 f) Der Autor erlaubt sich mit der
Erfindung solcher Verse gewiss auch eine Ironie auf die entfesselte
Umsetzung des Apokalysen-Stoffes aus dem Neuen Teatament durch

Adrians schrilles Monumentalwerk. Andererseits wird vom Erzähler angedeutet, dass mit diesem Ring vielleicht eine bedenkliche Bindung Adrians an seine Mäzenatin vollzogen worden sei. Im reflektierenden Nachhinein wird selbst das "Rein-Geistige" dieser Verbindung und der damit zusammenhängende Briefwechsel einerseits als "sachliches Rückgrat" bei der kompositorischen Arbeit apostrophiert, andererseits die Beziehung zu einer körperlich nirgends greifbaren Dame - auch wenn diese dem Komponisten angeblich mehrmals finanziell unter die Arme gegriffen habe - in Zweifel gezogen. Über den für das Dämonische hochempfindlichen Seismographen Serenus wird angedeutet, dass bei der Erzeugung von Adrians Bibel-Opus Dämonisches im Spiel gewesen sein müsse. Der erzählerische Teufelspakt hat damit sowohl die im Vertrag beabsichtigten und aus dem Talent Adrians resultierenden Auswirkungen und zusätzlich weitere, diesmal die vom angeblichen Dämon selbst bewirkten Niederschläge zur Folge. Thomas Mann ist als hellhöriger und höchst kritischer Zeitzeuge der politischen Geschehnisse im München der zwanziger Jahre informiert genug, auch Vorgänge anzudeuten, die gemeinhin nicht öffentlich bekannt wurden und über die er im >Tagebuch< nichts schreibt; nämlich dass der Bogenhausener Bürger und NSDAP-Führer Adolf Hitler etliche monetäre und einflussreiche Sponsorinnen - in München und in Bayreuth - hatte, die ihn persönlich und seine politischen Ziele nachhaltig förderten! Insofern ist die literarische Mäzenatin von Tolna zusätzlich Bild für die Beziehung des NSDAP-Vorsitzenden und privaten Charmeurs zu vermögenden Frauen, die ihn sympathisch und seine Ziele für staatstragend befanden. Darüber hinaus werden die Einflussnahme des Großkapitals auf den Nationalismus und die Verwiesenheit der neuen "Bewegung" auf unterstützende Geldquellen sichtbar gemacht.

6   Die moderne Naturwissenschaft
6.1   Berührungen von Chemie und Biologie

Adrians Vater ist - obwohl er dem Bauernstande angehört - bereits gegen Ende des 19. Jahrhunderts ein versierter Hobby-Wissenschaftler. Er verfügt über ein beachtliches Arsenal von farbig illustrierten Fachbüchern, worin sich der tropische Glasflügel-Falter `Esmeralda´ findet, und über experimentelle Einrichtungen, mit denen er in den faszinierenden Grenzbereich zwischen toter Materie und lebendigem Organismus vordringen und die staunenden Buben Adrian und Serenus mit den Wundern der Schöpfung konfrontieren kann. Hierin gleicht Leverkühn-Senior dem forschenden Dr. Heinrich Faust aus Goethes Drama, der in Bereiche vorstoßen will, die bisher der menschlichen Neugier und dem im 18. Jahrhundert aufkommenden wissenschaftlichen Erkenntnisdrang verschlossen waren. Da zeigt sich bereits beim Vater des genialen Komponisten die Eigenschaft, total Neues zu beobachten und mit den Mitteln seiner Zeit, die noch nicht genügen können, zu erklären. Der Erzähler versäumt es nicht, am Landwirt Jonathan die ins Neuland und ins Geheimnisvolle vordringende faustische Natur eines aufgeschlossenen, modern denkenden und wagemutigen Geistes zu betonen: "Ja, Vater Leverkühn war ein Spekulierer und Sinnierer, und ich sagte schon, daß sein Forscherhang - wenn man von Forschung sprechen kann, wo es sich eigentlich nur um träumerische Kontemplation handelte - sich immer in eine bestimmte Richtung neigte, nämlich die mystische oder eine ahnungsvoll halb-mystische, in die, wie mir scheint, der dem Natürlichen nachgehende menschliche Gedanke fast mit Notwendigkeit gelenkt wird." (DF, S. 25) Besonders sind die Buben vom Experiment "Fressende Tropfen" in Bann gezogen, bei welchem ein Chloroform-Klümpchen in der Art einer fühlenden Pflanze und sogar wie eine empfängnisbereite Eizelle auf ein Schelllack-Stückchen regiert und es sich nahezu selbsttätig gierig einverleibt. Der begeisterte `Biochemiker´ Jonathan versteht es ferner mittels geeigneter Kristalle aus chromsaurem Kali und Kupfersulfat osmotische Vorgänge im Glasgefäß nachzustellen, die demonstrierten, dass die Grenzen zwischen `tot´ und `lebendig´ aufgehoben und eine Art Sexualität sogar im anorganischen Sektor angedeutet schien. Dies aber gehört gewiss nicht nur dem weitschauend und kühn beschrittenen naturwissenschaftlichen Feld an, auf dem sich Adrians Vater bewegt. Der Sensus für diese Zusammenhänge wurzelt über das Medium des schlicht-berichtenden Erzählers hindurch letztlich in der erzählerischen Ironie Thomas Manns selbst, der die Suggestivkräfte des Erotischen feinfühligst ohnehin als prägend in der menschlichen

Natur und schließlich in grotesker Übertreibung in der blinden anorganischen Materie als Vordeuterin menschlicher Triebstruktur entdecken will: "Er setzte für uns das Aquarium dem Sonnenlicht aus, indem er drei seiner Seiten gegen dasselbe zu verschatten wußte, und siehe, nach derjenigen Scheibe des Glasgefäßes, durch die das Licht fiel, neigte sich binnem kurzem die ganze fragwürdige Sippschaft, Pilze, phallische Polypenstengel, Bäumchen und Algengräser nebst halbgeformten Gliedmaßen, und zwar mit so sehnsüchtigem Drängen nach Wärme und Freude, daß sie sich förmlich an die Scheibe klammerten und daran festklebten." (DF, S. 29) Serenus zieht sich nach solchen Erinnerungen mit gewisser Abscheu auf sein geisteswissenschaftliches und philologisches Arbeitsgebiet zurück und weist derartige Experimente dem `Gespenstischen´ zu. Der Autor aber hat sich offensichtlich mit diesem angesichts der Entstehungszeit des >Dr. Faustus<-Romans hochmodernen biochemischen Forschungsfeld der zwanziger und dreißiger Jahre befasst und sein Wissen in die Gestaltung der äußerlich Albrecht Dürer nachempfundenen Jonathan-Figur eingebracht.

6.2   Astronomie und Ozeanologie statt Himmel und Hölle

Im 27. Romankapitel vollendet Adrian Leverkühn die Vertonung der Klopstockschen Ode >Die Frühlingsfeier< und der Melodie vom >Tropfen im Eimer<. Dies nimmt er zum Anlass, um den konservativen Serenus Zeitblom mit Erzählungen über die zur Schreibzeit neuesten Erkenntnisse von der Weltall- und Tiefsee-Forschung zu schockieren. Das Gigantische, das Ungeheuerliche und das Nicht-mehr-Fassliche im Kosmos über dem Erdplaneten und in dessen Inneren soll das gar zu einfache humanistische Weltbild des Jugendfreundes ins Wanken bringen. Auch bei diesen Motiven besteht eine Verbindung zur Faust-Tradition. Schon im >Volksbuch< gab es eine Himmelfahrt auf einem von Drachen gezogenen Wagen bis in die Höhe von 70 Kilometern, so dass die damalige bekannte Welt im Kenntnisstand der Schedelschen >Weltchronik< von 1493 von oben sichtbar und leicht bereisbar wurde, und eine Höllenfahrt, die hinunter zum kalt-heißen Ort der Verdammten und nie mehr zu Erlösenden führte. Wolfgang v. Goethe lässt seinen Dr. Faust vom deutschen Norden in Begleitung von Mephistopheles und Homunkulus zeitversetzt nach Süden ins klassische Griechenland fliegen, und er scheut sich auch nicht, Faust ins tiefe "Reich der Mütter" zu versetzen und am Ende in einen heidnisch-christlichen Himmel auffahren zu lassen. Den faustischen Drang ins Noch-nicht- oder Nie-zu-Beschreitende vollzieht der moderne Teufelsbündner Thomas Manns gedanklich mit der Beschreibung modernster Forschungsergebnisse aus der Astronomie und der Ozeanologie. Die Naturwissenschaft bildet das Vehikel für Adrians abenteuerliche Erzählungen, dass sich der Mensch weit in den gar nicht leeren Weltraum nach oben und nach unten vorwagen und eine beachtliche Menge von höchst erstaunlichen, aber jeder skeptischen Überprüfung standhaltenden Forschungsergebnissen präsentieren kann. Zur Entstehungszeit des Romans gab es schon Düsenflugzeuge, wurde auf deutscher Seite mit Fernraketen experimentiert und der Bathyscaph des Professors Auguste Piccard war schon vor dem Zweiten Weltkrieg tausende Meter in die ozeanischen Tiefen vorgedrungen. Dieses Wissen war um 1945 in gebildeten Kreisen bereits Allgemeingut, insofern hat nüchterne Realwissenschaft die mythische Spekulation der alten Faust-Literatur schon überholt. Das Großartige, Gewaltige, Maß und Zahl Sprengende des Gesehenen und Dokumentierten und weiterer zukünftigen Forschung Harrende gibt aber wiederum zu neuer faustischer Mythisierung Anlass! So überlebt sich das literarische Motiv nicht durch das Erkannte und ins Bild, Berechnungen und Formeln Gepresste nicht, sondern es bleibt als Reiz und Herausforderung für menschliches Durchschauen- und Zupacken-Wollen bestehen und bildet auch nach vorne in die immer bedeutsamer werdende naturwissenschaftliche Zukunft hinein einen unendlichen Raum, den kühn zu beschreiten stets menschliches Interesse bildet und in religiöser Sicht sogar einen Schöpfungsauftrag darstellt. Doch immer ist auch der angeborene Drang des Menschen, zuviel zu begehren und sich damit zu verlieren, vorhanden. Für den Dichter des zwanzigsten Jahrhunderts bildet die Naturwissenschaft ein typisches Jetztzeit-Motiv, das sich im Vergleich zu früher, mit vielerlei Inhalten füllt, aber wiederum an neuen Stoffen die alte Fragestellung des philosophischen Menschheitsstoffes erlaubt, ob man zuviel zu erkennen und zu bearbeiten wünscht und ob man das Erfahrene und Gewusste im Sinne der menschlichen Art und des menschlichen Auftrags noch richtig einordnen und anwenden kann! Daher bleiben auch die Gottes-Frage, obwohl der wissenschaftliche Mensch mächtiger geworden ist, und die Frage nach Gut und Böse bestehen, die mit dem Problem der richtigen und sinnvollen Verwendung des Wissens zusammenhängt. Sogar die Hybris der griechischen Tragödie ist nicht ad acta zu legen, weil der selbstbewusste Mensch sein eigenes Machen vielleicht zu wichtig einschätzt und die Demut gegenüber dem Schöpfer dieser als noch viel gigantischer erkannten Natur, als es je geahnt wurde, zu vergessen droht. Damit ist in mythologischer Sprache dem Zugriff des Diabolischen auch in der Moderne Raum gegeben. Der bescheidene und gegenüber dem Jenseitigen in frommer Ehrfurcht verharrende Erzähler Serenus entdeckt an Adrian jene befremdende Kälte und arrogante Überlegenheit, während er von Adrians detaillierten Informationen eingedeckt wird, welche die Entfremdung vom althergebrachten Gottes- und Weltbild und - schlimmer noch - die Anwesenheit des dämonischen Vertragspartners spürbar werden lassen: "Seine Art, von den der unsern nächstbenachbarten Milchstraßen zu sprechen, die, wenn ich nicht irre, rund 800000 Lichtjahre von uns entfernt seien, während ein Lichtstrahl, der, ausgegangen von einem der äußersten dieser mit unseren optischen Instrumenten noch erreichbaren Sternansammlungen, seine Reise durch den Raum schon vor beiläufig 100 Millionen Jahren angetreten habe, wenn er jetzt seinen Reiz ausübe auf das Auge eines die kosmischen Weiten durchspähenden Astronomen, - seine Art und Weise also, diese Tollheiten zu behandeln, war kalt, lässig, von Belustigung gefärbt über meine unverhohlene Abneigung, dabei aber auch von einer initiierten Vertrautheit mit diesen Verhältnissen, will sagen: von der fortdauernden Fiktion, als habe er seine Kenntnisse nicht unterderhand, durch Lektion, sondern durch persönliche Überlieferung, Belehrung, Demonstration, Erfahrung gewonnen, etwa mit Hilfe seines obgenannten Mentors, des Professors Capercailzie, der, so kam es heraus, nicht nur mit ihm in die Nacht der Tiefsee, sondern auch ins Gehirn gefahren schien..." (DF, S. 363)

Adrian erweckt vor dem staunenden Freund den Eindruck, als wäre er persönlich mit dem genannten Gelehrten in einer Tauchergondel in die schwarze Tiefsee hinabgeglitten, um Dinge zu sehen, die kein Mensch vor ihm erblickt hatte, weil bisher die technischen Voraussetzungen fehlten, um dem immensen Wasserdruck auf die Beobachtungskapsel standzuhalten und sicher mit Sauerstoff versorgt zu werden, und weil viele der tierischen Bewohner der Meeresregionen unter 1000 Meter nie nach oben kommen, sondern ständig sehend oder gar blind in der schwarzen Nacht der tiefen Wasserwelt leben. Dem scheuen Serenus erscheint es indiskret, sozusagen die Intimsphäre dieser düsteren Unterwasserregionen zu betreten, nie würde er sich wie der kühne und kühle Wissenschaftsmensch Adrian im Zuge von Forschereuphorie dazu hinreißen lassen, sowohl solche Gefahren auf sich zu nehmen als auch mit Recht bisher unzugängliche - also wohl von der Schöpfungsordnung her verbotene - Sphären des Orkus zu durchfahren. Er informiert dennoch tapfer die Leser seiner Aufzeichnungen über die Beobachtungen Adrians von allen diesen bizarren, zufälligen oder gezielt-evolutiv angepassten Formen, die sich realiter in den dreißiger Jahren den Augen der wagemutigen Ozeanologen dargeboten haben: "Allzu deutlich war, daß die unglaublichen, teils grausigen, teils lächerlichen Exzentrizitäten, die Natur und Leben sich hier geleistet, Formen und Physiognomien, die mit den oberirdischen kaum noch Verwandtschaft zu haben und einem anderen Planeten anzugehören schienen, das Produkt der Verstecktheit, des Pochens auf das Gehülltsein in ewiges Dunkel waren [...] Die volkstümliche Neugier, mit der die abstrusen Kreaturen des Abgrundes das Haus der Gäste umdrängt hatten, war unbeschreiblich gewesen - und unbeschreiblich, was da in verwirrtem Flitzen an tollen Geheimfratzen des Organischen, an räuberischen Mäulern, schamlosen Gebissen, Teleskopaugen, an Papierbootfischen, Silberbeilen mit aufwärts gerichteten Glotzern, Kiel- und Flossenfüßern, bis zwei Meter lang, vor den Fenstern der Gondel vorüberhuschte. Selbst die willenlos in der Flut schwebenden, fangarmigen Ungeheuer aus Schleim, die Staatsquallen, Polypen und Skyphomedusen schienen von krampfig zappelnder Erregung ergriffen gewesen zu sein." (DF, S. 358 f)

6.3 Bedrohung der Metaphysik durch den Nihilismus

Die überhaupt nicht mehr in menschlich fassliche Größenordnung passende Gigantik des sich immer noch rasend und wirbelnd ausbreitenden Alls mit seinen Billionen von Sonnen und Milliarden von Spiralwolken und die Formenvielfalt der Unterwasserwelt legen für den Altphilologen Zeitblom den Gedanken nahe, dass das traditionelle Denken angesichts eines derartigen Konglomerates von zufälligen oder notwendigen Vorgängen und Entwicklungen aufs Äußerste gefährdet sei. Er spürt beim Berichterstatter Adrian einen mephistophelischen Zug, dass mittels Argumenten der großen Zahl und der Bizarrerie der Abläufe und der organischen Gebilde der Glaubensgedanke einer überschaubaren, sinnvollen und auf den edlen Menschen zulaufenden Schöpfung in Frage gestellt werden soll! Adrian gerät zum advocatus diaboli, der den Zufall gegen den göttlichen Bauplan eines Weltarchitekten ausspielt. Nicht die Entelechie des Geistes und wohl auch des Guten sei konstitutiv für die Weltwirklichkeit, sondern Chaos und aus den Fugen geratenes zielloses Wuchern! So entsteht für den Humanisten Serenus ein Entweder-Oder, das geisteswissenschaftliche, kulturschaffende und kulturerhaltende Tradition gegen das bloße registrierende Beobachten der modernen Naturwissenschaft setzt. Der wertneutrale Positivismus gäbe dann notgedrungen, aber systemgemäß folgerichtig, mangels jeglichen Beweises für eine sinnvolle Ordnung, dem geistlosen Wüten ungeheurer physischer und biotischer Kräfte Raum. Damit übernehme die destruktive Philosophie des Nihilismus die Herrschaft und erkläre die bisherigen Leistungen des textbezogenen und argumentierenden Denkens und Redens zur bloßen Fiktion! Ein solcher Realitätsbeweis gestatte dem nackten Materialismus und dem damit verbundenen Nihilismus den Vortritt. Somit sei das neuzeitliche naturwissenschaftliche Vorgehen ein Schritt auf dem Wege zum Widerpart Gottes. Glaube und traditionelles Menschenbild liefen Gefahr, dem Nichts und damit dem Bösen Platz zu machen. Da hält der brave Gymnasiallehrer dann lieber Abstand und meidet die verführerischen Folgerungen naturwissenschaftlicher Anschauung, wie er sie bei Leverkühn als Befallensein von den zersetzenden Gedanken des Teufels wahrzunehmen vermeint. Der Hochmut und die intellektuelle Arroganz seines Studienfreundes erschienen ihm ja immer schon als gefährdende Eigenschaften für das Seelenheil. Der alte Gymnasiallehrer Serenus Zeitblom sah sich des Weiteren im Laufe seiner 30-jahrigen Unterrichtspraxis am Freisinger Dom-Gymnasium bestätigt, dass die immer schon von der griechischen Philosophie und der traditionellen Literatur Europas gepriesenen Werte geeignet seien, den Menschen zu erheben und zu formen; daher kann er den gigantischen Feststellungen der modernen Naturwissenschaft keine Bewunderung zollen: "Die Daten der kosmischen Schöpfung sind ein nichts als betäubendes Bombardement unserer Intelligenz mit Zahlen, ausgestattet mit einem Komentenschweif von zwei Dutzend Nullen, die so tun, als ob sie mit Maß und Verstand noch irgend etwas zu tun hätten. Es ist in diesem Unwesen nichts, was meinesgleichen als Güte, Schönheit, Größe ansprechen könnte, und nie werde ich die Hosianna-Stimmung verstehen, in die gewisse Gemüter durch die sogenannten `Werke Gottes´, sofern sie Weltphysik sind, sich versetzen lassen." (DF, S. 362) Der Erzähler kann also nicht einmal der Einbeziehung von moderner Forschung in den theologischen Schöpfungsgedanken etwas abgewinnen. Da genügt ihm der althergebrachte, alle anorganischen und organischen Elemente zusammenfassende Naturbegriff. Weil er Adrians Gefährdung durch einen Nihilismus bemerkt, der seine Wurzeln in der offensichtlichen Abwesenheit eines bewusst gestaltenden und mit edlen Eigenschaften, die auch den Menschen ausmachen, gekennzeichneten Gottes hat, versucht er diesen in die traditionellen Denkbahnen zurückzurufen: "Ich redete ihm nun ins Gewissen und verlangte von ihm das Eingeständnis, daß dieser ganze ins Nichts entweichende Zahlenspuk unmöglich das Gefühl von Gottes Herrlichkeit erregen, irgendwelche sittliche Erhebung schenken könne. Nach einem Teufelsjux viel eher sähe das alles ja aus." (DF, S. 364) Letztlich ist im konservativen Denken der Erzähler-Figur ein demütiger und auf eine Bewährungsethik hingeordneter Glaube die dem Menschen gemäße und ihn vor dem Bösen schützende Tugend. Die seit der Renaissance wieder neu und stark ins Bewusstsein der Europäer getretenen humanitären Werte und die eine reife Persönlichkeit definierenden Eigenschaften sind es, die auch der durch Hochintelligenz, Übermut und Spott gefährdete Künstler Adrian

Leverkühn aus dem Blickwinkel seines besorgten Freundes als heilsnotwendig akzeptieren sollte. Wenn auch die geistige Position des Serenus keine offensichtlich kirchlich geprägte ist - denn der Autor Thomas Mann liebt das selbständige Denken und hält zu einer durchaus nicht immer guten kirchlichen Tradition Abstand -, so vertritt er doch den allgemeinen Gedanken, dass der Mensch Haltungen und Tugenden anzustreben habe, die ihm von einem hinter der gesamten Natur stehenden Gott ins Herz gelegt und zur Entfaltung angeboten seien! Weltbild und Moral haben für den Erzähler die höhere Rangstelle als das bloße Wissen. Kenntnisse gar, die ins Unvorstellbare und Maßlose greifen, erscheinen ihm äußerst bedenklich und gefährdend für die Aussicht des gläubigen und braven Mannes, selbst einmal das Fernziel eines ewigen Lebens bei einem guten Gott zu erlangen. Serenus argumentiert nicht auffällig theologisch, er plädiert für einen liberal-gläubigen Humanismus, der von der griechischen und lateinischen Kultur, aber auch erkennbar von der christlichen Weltanschauung her geprägt ist. Er redet durchaus nicht unmodern; ein aufgeklärter Pantheismus, der auch den Autor charakterisiert, scheint hindurch. Der Natur des Menschen wohne auf Grund ihres Geschaffenseins durch Gott etwas Metaphysisches inne, das durch Orientierung an einem grundsätzlich allgemein-religiösen Weltbild und an einer anspruchsvollen Moral, die das eigene Ich und zugleich das Wohl der gesamten Gesellschaft im Auge habe, zur Ausfaltung zu bringen sei: "`Gib zu´, sagte ich ihm, `daß die Horrendheiten der physikalischen Schöpfung auf keine Weise religiös produktiv sind. Welche Ehrfurcht und welche der Ehrfurcht entstammende Sittigung des Gemütes kann ausgehen von der Vorstellung eines unermeßlichen Unfugs wie des explodierenden Weltalls? Absolut keine Frömmigkeit, Ehrfurcht, seelischer Anstand, Religiosität sind nur über den Menschen und durch den Menschen, in der Beschränkung auf das Irdisch-Menschliche möglich. Ihre Frucht sollte, kann und wird ein religiös tingierter Humanismus sein, bestimmt von dem Gefühl für das transzendente Geheimnis des Menschen, von dem stolzen Bewußtsein, daß er kein bloß biologisches Wesen ist, sondern mit einem entscheidenden Teil seines Wesens einer geistigen Welt angehört; daß ihm das Absolute gegeben ist, die Gedanken der Wahrheit, der Freiheit, der Gerechtigkeit, daß ihm die Verpflichtung auferlegt ist zur Annäherung an das Vollkommene. In diesem Pathos, dieser Verpflichtung dieser Ehrfurcht vor sich selbst ist Gott; in hundert Milliarden Milchstraßen kann ich ihn nicht finden." (DF, S. 365) Diesem Sachwalter eines aufgeklärt-traditionellen Welt- und Menschenbildes gegenüber äußert sich Adrian als Zeit- und Kirchenkritiker, dem der überlieferte Humanismus, auch mit modernen Einschlüssen und Zugeständnissen an den früher kirchlich verteufelten Pantheismus, zu sehr an die Irrtümer und an die Modernitäts-Feindlichkeit der christlichen Kirchen gekoppelt scheint. Für die tragische Faust-Gastalt der Moderne kommt nur ein Rationalismus in Frage, der alles wissenschaftlich klar Erkannte absorbiert und ansonsten die geistige Schranke vor dem Bereich des Spekulativen und vor dem Nicht-Wissen fallen lässt! Adrian schlägt sich wegen der Fehler der offiziellen Vertreter der Christlichkeit und wegen ihrer typischen Rückwärtsgewandtheit auf die Seite eines naturwissenschaftlichen Positivismus, der weltanschaulich in den Nihilismus mündet. Seine, eine allumfassende metaphysische Einbettung verweigernde, reine Wissenschaftsgläubigkeit geriert sich in der für den neuzeitlichen Leser durchschaubaren Mystifizierung des Romans über einen angeblichen Teufelsbündner als diabolisch! So redet in der fiktionalen Ebene von traditionsverpflichteter Faust-Literatur ein verwegener Geist, der sich ins Lager des diabolus begeben hat und dann als ein von bösen Mächten Befallener gegenüber dem konservativen Freund argumentieren muss: "`So bist du gegen die Werke´, antwortete er, `und gegen die physische Natur, der der Mensch entstammt und mit ihm auch sein Geistiges, das sich am Ende auch noch an anderen Orten des Kosmos findet. Die physische Schöpfung, dieses dir ärgerliche Ungeheuer von Weltveranstaltung, ist unstreitig die Voraussetzung für das Moralische, ohne die es keinen Boden hätte, und vielleicht muß man das Gute die Blüte des Bösen nennen - une fleur du mal. Die Homo Dei ist doch schließlich - oder nicht schließlich, ich bitte um Entschuldigung, aber vor allem einmal, ein Stück scheußlicher Natur - mit einem nicht gerade freigebig zugemessenen Quantum potentieller Vergeistigung. Übrigens ist es amüsant, zu sehen, wie sehr dein Humanismus, und wohl aller Humanismus, zum Mittelalterlich-Geozentrischen neigt, - mit

Notwendigkeit offenbar. [...] Das Mittelalter war geozentrisch und anthropozentrisch. Die Kirche, in der es überlebte, hat sich gegen die astronomischen Erkenntnisse im humanistischen Geist zur Wehr gesetzt, hat sie verteufelt und verboten zu Ehren des Menschen, hat auf Unwissenheit bestanden aus Humanität [...]" (DF, S. 365 f) Thomas Mann legt in diesem Romankapitel Wert auf den Diskurs über Geist und Natur, über Wissenschaft und Glaube. Serenus vertritt die Tradition, Adrian steht für die Moderne. Das Gespräch findet Ende 1913 statt. Die Politik Deutschlands wird sich gegen den Humanismus und für einen Positivismus des Materiellen entscheiden. Der Verlust echter religiöser Weltanschauung, zumindest bei den Monarchen und Oberbefehlshabern, schlägt sich nieder in der Bereitschaft zur Gewaltanwendung für politische Ziele. Die naturwissenschaftliche Gesinnung gewinnt handfeste Gestalt in neuen Schusswaffen, Panzern, Kanonen und sogar in der Giftgas-Produktion im Rahmen der Vorbereitungen für den Ersten Weltkrieg. Das Humanitäts-Ethos wird mit Füßen getreten. Eine Massenvernichtung von bisher nicht gekanntem Ausmaß wird Jahre später nicht nur vor Verdun Wirklichkeit. Der Autor steht - obwohl einig mit der Kirchenkritik des Teufelsbündners - auf der Seite des Humanisten Serenus: Die Moderne benötigt die Kontrollfunktion der Moral! Der Geist allerdings braucht Freiheit von der verkrusteten Institution! Die Ideen müssen beweglich sein, neue Erkenntnisse müssen aufgenommen und verarbeitet werden können. Die humanitäre Wahrheit darf nicht vor den unangenehmen naturwissenschaftlichen Wahrheiten fliehen und sich abschotten. Im Disput der dargestellten Protagonisten dringt die Sorge um den Verlust gewachsener Kultur in einer Umbruchszeit durch, wie sie der Autor zur Zeit des Ersten Weltkriegs in seinem großen Essay >Die Betrachtungen eines Unpolitischen< zur Sprache gebracht hat.

7   Der Philosoph Friedrich Nietzsche
7.1   Biographische Parallelen zu Adrian Leverkühn

Schon beim Geburtshaus gibt es eine Ähnlichkeit: Friedrich Nietzsche ist als Sohn eines protestantischen Pfarrers in Röcken bei Lützen in der Nähe der thüringischen Stadt Naumburg geboren. Das Pfarrhaus sieht wie ein alter Gutshof aus und kann vom Äußeren her mit dem Pollinger Schweighartschen Anwesen in Verbindung gebracht werden. Ohnehin liegt der Buchelsche Bauernhof bei Oberweiler in der Nähe der Stadt Kaisersaschern, wo Adrian 1885 geboren wurde, ebenso in Thüringen. Der junge Nietzsche erwies sich bereits 1854 im Alter von zehn Jahren als musikalische Begabung, weil er eine Motette komponierte. In den Jahren darauf widmete er sich außerdem der Bibellektüre und der deutschen Literaturgeschichte, im regen Gedankenaustausch mit seinen Jugendfreunden Wilhelm Pinder und Gustav Krug. Wie der junge Leverkühn verließ der Adoleszent Nietzsche zum Zwecke der gymnasialen Ausbildung das Elternhaus und ging 1858 in das Internat Schulpforta unweit von Naumburg. Genauso wie Adrian war Friedrich ein hochbegabter und interessierter Schüler, der seine Interessen besonders auf die alten Sprachen legte, worin er freilich dem Romanerzähler Serenus gleicht. Bald nach Beginn seines Altphilologiestudiums 1864 in Bonn tritt er der Studentenverbindung >Franconia< bei, worin wieder eine Parallele zu Adrians und Serenus´ Mitgliedschaft in der Korporation >Winfried< besteht. Beide Helden halten es aber jeweils nur ein Jahr bei den sanges- und wanderfreudigen Kommilitonen aus. Während sich Adrian zur Zeit seiner seiner Hallenser Semester 1904 dem Theologiestudium widmet, beschäftigte sich der emsige Übersetzer und Skeptiker Nietzsche 1865 mit der Quellenkritik des Neuen Testaments und studierte David Friedrich Strauß´ aufklärende Bibelinterpretation >Das Leben Jesu<. Sein musikalisches Talent pflegte Friedrich Nietzsche weiterhin während der Bonner und dann Leipziger Studienjahre: Er komponierte 13 Lieder, ein Kyrie und ein Soloquartett. Ähnlich wie Adrian von seinem musikalischen Mentor Wendell Kretschmar entscheidende Interessen- und Fähigkeitenbildung erfuhr, so wurde Friedrich von seinem akademischen Lehrer in Latein und Griechisch, Prof. Friedrich Wilhelm Ritschl, vorangebracht und in seiner Laufbahn tatkräftig unterstützt. Beide Gestalten schwärmen für die epochal bedeutende Musik Richard Wagners, den Nietzsche 1868 in Leipzig persönlich kennenlernen konnte, der ihn in seinem Haus im Schweizerischen Tribschen bei Luzern jahrelang, jeweils für mehrere Wochen, zu Gast hatte und der mit dem Philosophen Nietzsche bis zum Zerwürfnis 1876 im süditalienischen Sorrent engste freundschaftliche Verbindung pflegte, in die auch Wagners zweite Frau Cosima (gesch. v. Bülow) einbezogen war. Besonders stolz durfte Friedrich sein, als der berühmte Komponist sein philologisches und philosophisches Frühwerk >Die Geburt der Tragödie aus dem Geiste der Musik< 1872 in den höchsten Tönen lobte ("Schöneres als Ihr Buch habe ich noch nichts gelesen!" >Nietzsche-Biographie<, S. 55), so dass diese Genies des 19. Jahrhunderts gegenseitig den Gedanken bestätigt sahen, dass das dramatische Sujet nicht bloß aus der Schürzung eines ideellen und persönlichen Konflikts seine Explosivkraft und die den Zuschauer erschütternde und verändernde Wucht gewonnen hätten, sondern aus dem ekstatischen, chorartigen Dionysoskult! Dem musikalischen und tänzerischen Element wird damit die erste Bewegkraft zugeschrieben, die sprachliche Gestaltung wurzele also im Gesang und in der wilden, ungebärdigen Liturgie für den griechischen Gott der Lüste und der Lebensfreude! Dieses Faible für das Anarchische und Archaische wurde dem jungen Baseler Professor von seinen weniger phantasievollen Philologenkollegen arg verübelt, und sogar die Studenten der alten Sprachen wichen das folgende Semester von solch einem ungewöhnlichen akademischen enfant terrible zurück und blieben Nietzsches Veranstaltungen fern. Auch hierbei ist eine Parallelität zu Leverkühn vorzufinden: Adrian dringt zu den ersten Ansätzen der 12-Ton-Musik vor, nimmt die ursprüngliche unharmonische Lautgebung, erste rohe chorale Gestaltbildungen in seine denkerischen und kompositorischen Ansätze auf und muss sich an teilweise Ablehnung durch ein konservatives Publikum gewöhnen und muss ferner lernen, trotz gespaltener Wertschätzung das Eigene unbeirrt fortzusetzen! Wie Friedrich Nietzsche hat Adrian Leverkühn stets einen Freund an seiner Seite, Rüdiger Schildknapp oder Rudi Schwerdtfeger. Zur Leipziger Zeit unterhielt sich Friedrich gerne mit seinem Studien- und späteren Professorenkollegen Erwin Rohde, in Basel mit dem Universitätskollegen Franz Overbeck. Genauso wie Adrian zeitlebens an Migräne leidet, so laboriert Friedrich immer wieder an starken Kopfschmerzen. Beide werden zehn Jahre vor ihrem Tod stark dement; Nietzsche 1889 seit seinem Zusammenbruch in Turin, Leverkühn 1930 seit der geistigen Umnachtung in Pfeiffering.

Beide liebten den Rückzug in landschaftliche und soziale Idylle, der eine das oberbayerische Pfeiffering-Polling bei Waldshut-Weilheim, der andere neben seinen italienischen und südfranzösischen Reisezielen besonders das Schweizerische Sils Maria bei St. Moritz ("Mir ist, als wäre ich im Lande der Verheißung [...] Es tut gut. Hier will ich lange bleiben [...] Mir ist, als hätte ich lange gesucht und endlich gefunden." >Nietzsche-Biographie<, S. 90)

Auch das Leipziger Bordell-Erlebnis Adrians im Jahre 1906 hat Thomas Mann der Lebensbeschreibung >Erinnerungen an Nietzsche< von Paul Deussen entnommen. Während seiner Bonner Studienzeit im Jahre 1865 sei Friedrich Nietzsche während eines abendlichen Köln-Besuches von einem Dienstmann irrtümlich zu einem Bordell gebracht worden, dort hätte sich der schüchterne Altphilologiestudent mit Syphilis angesteckt. Bei beiden Genies dauerte es dann jene ominösen 24 Jahre, bis die Folgen der Infizierung voll in der endgültigen Paralyse zum Ausbruch kamen. Ein Jahr später, nach seinem Wechsel an die Leipziger Universität - vollzogen im Zusammenhang mit der Berufung seines geschätzten akademischen Lehrers Ritschl von Bonn in die Stadt des Thomaskirchen-Kantors Johann Sebastian Bach -, lernte Nietzsche übrigens die Schauspielerin Hedwig Raabe kennen, die er in seiner scheuen und kontaktarmen Art von Weitem bewunderte und für die er mehrere Lieder dichtete und komponierte und ihr brieflich übermittelte. Thomas Mann hat desgleichen Adrians vergebliches Werben um Marie Godeau, wobei er sich der Vermittlung durch den Frauenkenner Rudi Schwerdtfeger bediente, dem Leben Nietzsches entlehnt; denn dieser hatte 1882 in Rom die in Dichterkreisen - so auch Jahre später von Rainer Maria Rilke - sehr begehrte Lou Salomé kennengelernt und seinen Freund Paul Reé als Brautwerber zu ihr geschickt. Dabei musste Nietzsche eine ihn sehr kränkende Zurückweisung erfahren, so dass fürderhin mehr seine Schwester Elisabeth als er selbst in Kreisen der Wagner-Verehrer mit der philosophisch sehr aufgeschlossenen jungen Russin zusammenkam. Ähnlich wie Lou gegenüber Nietzsche verhielt sich Marie zu Adrian: Beide bewunderten einen um vieles älteren verschrobenen Künstler und ungewöhnlichen interessanten Denker, der ihnen menschlich nicht unsympathisch war, an dessen Seite als treusorgende Gattin und Liebesgefährtin sie sich aber überhaupt nicht vorstellen konnten. Sogar zu Adrians geheimnisvoller Sponsorin Frau von Tolna gibt es eine Parallele in Nietzsches vita - Malwida von Meysenbug unterstützte den schrulligen Philosophen nach seiner 1979 erfolgten Pensionierung an der Baseler Universität und lud ihn auf ihre Kosten als sachkundigen Begleiter für mehrere Reisen ins antike Italien ein.

Die zwei Künstler und Denker kehren nach dem Eintreten ihrer geistigen Umnachtung und Pflegebedürftigkeit an die Ursprungsorte zurück; Nietzsche nach Weimar und Leverkühn in das imaginäre Buchel bei Kaisersaschern; beide rührend umsorgt von ihren alten, alles verstehenden Müttern. Zweimal besucht der Jugendfreund Serenus den ganz in sein Innenleben eingetretenen Adrian. Zum ersten Mal begibt er sich fünf Jahre nach dem Zusammenbruch in Pfeiffering am fünfzigsten Geburtstag des geschätzten Partners nach Oberweiler. Der Erzähler deutet seinen erschreckten Eindruck im Bezug auf das 1988 konzipierte Spätwerk Friedrich Nietzsches mit dem Titel >Ecce Homo<, und zugleich skizziert der Autor Adrians Gesicht als dasjenige des alten Friedrich Nietzsche: "Er schien mir kleiner geworden, was an der schief gebückten Haltung liegen mochte, aus der ein verschmälertes Gesicht, ein Ecce-homo-Antlitz, trotz der ländlich gesunden Hautfarbe, mit weh geöffnetem Munde und blicklosen Augen zu mir emporhob." (DF, S. 670) Vier Jahre später lässt sich Zeitblom noch einmal auf dem Buchel-Hof sehen und er ist Zeuge des weit fortgeschrittenen Verfalls des Romanhelden, der vom nahen Tod gezeichnet ist: "Die bleichen Hände, deren sensitive Bildung ich immer geliebt hatte, lagen, wie bei einer Grabfigur des Mittelalters, auf der Brust gekreuzt. Der stärker ergraute Bart zog das verschmälerte Gesicht noch mehr in die Länge, so daß es nun auffallend dem eines Greco´schen Edlen glich. Welch ein höhnisches Spiel der Natur, so möchte man sagen, daß sie das Bild höchster Vergeistigung erzeugen vermag, dort, wo der Geist entwichen ist! Tief lagen die Augen in den Höhlen, die Brauen waren buschiger geworden, und darunter hervor richtete das Phantom einen unsäglich ernsten, bis zur Drohung forschenden Blick auf mich, der mich erbeben ließ, aber schon nach einer Sekunde gleichsam in sich zusammenbrach, so, daß die Augäpfel sich nach oben kehrten, halb unter den Lidern verschwanden und haltlos dort hin und her irrten [...]

Am 25. August 1940 traf mich hier in Freising die Nachricht von dem Erlöschen der Reste eines Lebens, das meinem eigenen Leben, in Liebe, Spannung, Schrecken und Stolz, seinen wesentlichen Inhalt gegeben hat." (DF, S. 671) Adrian Leverkühn stirbt am Todestag Friedrich Nietzsches und er ist wie dieser 55 Jahre alt geworden. Was Thomas Mann hier über seine Erzähler-Figur vollführt, ist nicht einfach Nietzsche- oder Leverkühn-Parodie. Dafür war ihm der eine zu ehrfurchtgebietend, der andere zu kostbar. Im Vordergrund wird die Tragik des Verfalls menschlicher Person-Natur geschildert. Auch das Genie scheidet qualvoll dahin wie ein beliebiger Mensch - ausgezehrt, ein Bündel von Haut und Knochen mit einem Rest von Leben darin. Im Hintergrund wird Substanz angedeutet - der nunmehr wirre und reduzierte Geist hat ein in seinen besseren Tagen konzipiertes Werk hinterlassen, das trotz allen Zerfalls des natürlichen Menschen Bestand hat! Körper und sogar der Geist mögen schwinden, das leidend Geleistete wird bleiben und immer Achtung abnötigen! Mit dieser Schilderung dringt Thomas Mann über die Kuriosität einer äußerlichen Nietzsche-Angleichung hinaus in die Tiefe dessen vor, was bedeutendes Menschsein ausmacht: Die Hinfälligkeit und sogar die der Demenz haben nicht das letzte Wort; das Werk und die Erinnerung an die große Persönlichkeit sind von Dauer! Im Vergänglichen liegt zugleich Ewiges. Auch im Widerspruch von Größe und Verfall kann Sinn liegen. Die irdische Dimension, die ein Ende hat, wird überwunden durch eine ewige Perspektive, die über eine bloß positivistische Wahrnehmung hinausführt. Eine solche Absicht Thomas Manns, Licht gerade bei völliger Dunkelheit aufzuzeigen und als Ironiker etwas anzudeuten, welches bloße Horizontalität aufbricht, zeigt sich in einer Passage des Begleitbuches >Die Entstehung des Doktor Faustus<. Darin lobt der Autor seinen musikalischen Ratgeber Theodor W. Adorno, weil dieser ihm seinen Aufsatz über Sören Kierkegaard zukommen ließ, worin Mann wiederum von den Worten des dänischen Philosophen über den Ironiker an sich beeindruckt war und diese offensichtlich auf seine eigene Erzählhaltung bezog: "`Der Humorist stellt beständig die Gottesvorstellung mit etwas anderem zusammen und bringt den Widerspruch hervor, aber er verhält sich nicht selbst in religiöser Leidenschaft (stricte sic dictus) zu Gott; er verwandelt sich selbst zu einer scherzenden und tiefsinnigen Durchgangsstelle für diesen ganzen Umsatz, aber verhält sich nicht selbst zu Gott.´ Sein Stil, wenigstens auf deutsch, ist nicht gut. Aber wie neu und tief, diese Bestimmung des Humors! Welche großartige Klugheit der Beobachtung!" (>Die Entstehung des Doktor Faustus<, S. 78) Der Nietzsche-Bezug des >Doktor Faustus<-Romans verleiht der Gestalt des skurrilen Musikers Leverkühn noch mehr Gewicht. Der Autor zieht seine Hauptfigur vom Sujet der Tonkunst ins philosophische Metier hinüber. Wie es schon beim jungen Leverkühn der Fall war, soll der bekannteste Lebens- und Kultur-Interpret des 19. Jahrhunderts nach Adrians Umnachtung deutlicher ins Bewusstsein des Lesers gerufen werden. Wegen seiner prodeutschen Argumentation über die respektable deutsche Kulturtradition schien Thomas Mann die Gestalt des berühmten Dichters, Zeit- und Religionskritikers Friedrich Nietzsche geeignet, zur Figurierung und zur Semantik seiner Hauptfigur beizutragen. Diese Beispielhaftigkeit des neben Arthur Schopenhauer wichtigsten Philosophen des 19. Jahrhunderts war es auch, welche die Höhe und das tragische Ende des deutschen Nationalcharakters am besten personifizieren konnte! Es ging um die Einmaligkeit der Leistung, die Größe hinsichtlich der Aussage und die Verstrickung von Werk und Person. Ein Optimum an Stellvertretung für deutsche Art musste gefunden werden. Die Symbolik des Künstlertums und die Sprach- und Geistesschärfe des Philosophen sollten zusammengeführt werden! Die Höhe der deutschen Kultur, ausgedrückt durch die Nietzsche-Gestalt, und das kühne Schöpfertum, dargestellt in der Figur Leverkühns, wurden miteinander verbunden. Die Höhe galt es dann, in der literarischen Allegorisierung der neueren Geschichte, mit Niedergang zu kontrastieren. Das ungebundene Aufstreben musste den Zerfall in sich tragen. Der demutslose Aufschwung des Schaffens und Denkens wurde in Anlehnung an das Kernmotiv des Fauststoffes mit schuldhafter Hybris in Verbindung gebracht. Nietzsches und Leverkühns Produktionen waren Erzeugnisse enthemmter und hochbegabter Geister. Daher bot sich gerade das Faustmaterial an, um die typische Größe und die tragische Destruktion deutscher Art und deutscher Kultur darzustellen.

In seinen Aufzeichnungen über die erste Resonanz auf seinen Plan eines Faust-Romans über das Deutschtum zur Zeit des Zweiten Weltkriegs im Kreise der Familien Werfel, Schönberg und Neumann drückt sich Thomas Mann 1943 sehr angetan über Neumanns Begeisterung aus: "Vermutlich war es die Flucht aus den Schwierigkeiten der Kulturkrise in den Teufelspakt, der Durst eines stolzen und von Sterilität bedrohten Geistes nach Enthemmung um jeden Preis und die Parallelisierung verderblicher, in den Collaps mündender Euphorie mit dem fascistischen Völkerrausch, was ihn am meisten beeindruckte." (>Die Entstehung des Doktor Faustus<, S. 31) Damit ist auch die politische Funktion der Nietzsche-Personifizierung angesprochen. Es geht um deutsche Thematik. Hoch war der Status deutschen Dichter- und Denkertums bis hin zum Ersten Weltkrieg, tief war der Fall ehedem bester deutscher Art in den Fängen des Dritten Reiches! Die Zerstörung prägt die Gegenwart des Autors in den Jahren des Zweiten Weltkriegs. Doch in der Schilderung des Zerfalls klingt die Erinnerung an das Unvergängliche an. Der deutsche Machtstaat stirbt, die kulturelle Leistung der früheren Jahrhunderte bleibt. So bildet die Figurierung Friedrich Nietzsches eine Metonymie, in der sich Vergänglichkeit und Ewigkeit, Glück und Tragik einer Volks-, Sprach- und Geistesgemeinschaft und einer beachtenswerten kulturgeschichtlichen Leistung spiegeln.

7.2 Relevanz seiner Werke und seines Denkens

Nicht allein die Lebensdaten, die große Persönlichkeit und die musikalischen Interessen sind es, die Thomas Mann bewogen haben, die Gestalt eines Adrian Leverkühn am großen deutschen Philosophen Friedrich Nietzsche zu orientieren, gleichermaßen wichtig erschien die Entwicklung eines exzentrischen Denkers, welche Feinfühligkeit und Schroffheit, Traditionsbindung und Nonkonformismus umgreift, wie sie sich in seinen Schriften zeigten. So ist es kein Zufall, dass der Autor unmittelbar nach der Fertigstellung seines >Doktor Faustus<-Romans die essenzielle Nietzsche-Motivik isoliert aufgreift und einen Vortrag konzipiert, den er am 2. Juni 1947 bei der Pen-Club-Tagung in Zürich unter dem Titel >Nietzsches Philosophie im Lichte unserer

Erfahrung< zu Gehör bringt. Darin zeichnet er Nietzsche als Menschen einer tragisch zerrissenen Art, der vom Schicksal aus ursprünglich frommer Geistigkeit heraus in ungebärdiges, schwer verständliches Rebellentum gedrängt wurde: "Was mich, den ergriffen sich versenkenden Leser und `Betrachter´ der nächstfolgenden Generation, betrifft, so habe ich diese Verwandtschaft schon früh empfunden und dabei die Gefühlsmischung erfahren, die gerade für das jugendliche Gemüt etwas so Neues, Aufwühlendes und Vertiefendes hat: die Mischung aus Ehrfurcht und Erbarmen. Sie ist mir niemals fremd geworden. Es ist das tragische Mitleid mit einer überlasteten, über-beauftragten Seele, welche zum Wissen nur berufen, nicht eigentlich dazu geboren war und, wie Hamlet, daran zerbrach; mit einer zarten, feinen, gütigen, liebebedürftigen, auf edle Freundschaft gestellten und für die Einsamkeit gar nicht gemachten Seele, der gerade dies: tiefste, kälteste Einsamkeit, die Einsamkeit des Verbrechers, verhängt war; mit einer ursprünglich tief pietätvollen, ganz zur Verehrung gestimmten, an fromme Traditionen gebundenen Geistigkeit, die vom Schicksal gleichsam an den Haaren in ein wildes und trunkenes, jeder Pietät entsagenden, gegen die eigene Natur tobendes Prophetentum der barbarisch strotzenden Kraft, der Gewissensverhärtung, des Bösen gezerrt wurde." (>Schriften und Reden<, Bd 3, S. 20 f) In dieser zusammenfassenden Charakteristik Nietzsches wird sichtbar, dass den Autor die Ambivalenz dieses Dichters und Denkers interessiert - die Fähigkeit, der geistigen Höhe des 19. Jahrhunderts und zugleich der Gegenposition zum wohlanständigen Bildungsbürgertum Ausdruck zu geben! Dieser innerliche Umschlag der großen Persönlichkeit, die Wendung ihres Schaffens und Empfindens geht in die Konzipierung des Musikers Adrian Leverkühn als Seismograph und Mitgestalter der Tonkunst seiner Epoche ein! Aus der Blütezeit vollendeter romantischer Opernkunst Wagnerscher Prägung erfolgt der Umschlag zur rational durchdachten 12-Ton-Musik! Der Überschwang des Gefühls wird von der Extension der Rationalität abgelöst! In Nietzsches Schaffen ist durchgehend das Konträre anzutreffen, er zieht sowohl die ursprüngliche Bejahung als auch die folgende Verneinung ins Extrem. Im Werk >Menschliches, Allzumenschliches< wendet er sich gegen Kunst und Metaphysik und nähert sich einem philosophischen

Positivismus. Das Buch >Der Wille zur Macht. Versuch einer Umwandlung aller Werte< stellt die traditionelle bürgerliche Moral unter Hinweis auf Duckmäusertum und kirchliche Normierung in Frage. Aus der glühenden Verehrung Richard Wagners erwächst emotionalisierte Ablehnung des Schöpfers des Totalkunstwerks (>Der Fall Wagner<, >Nietzsche contra Wagner<). In der auch von Thomas Mann anerkennend rezensierten Schrift >Vom Nutzen und Nachteil der Historie für das Leben< erteilt er der Kleinigkeiten ("Quisquilien") sammelnden Akribie der historischen Wissenschaft eine Absage und spricht sich für die subjektive Vergangenheitsbewertung auf der Basis einer literarischen Geschichtsdramatik aus. Aus der ursprünglichen ehrfürchtigen Gläubigkeit gegenüber dem kirchlichen und dann gegenüber dem biblischen Christentum entsteht der Verriss von sklavischer Demuts- und schwächlicher Mitleidsmoral. Nie ist er sich in geistig wacher Zeit bewusst, dass er selbst einmal Bekümmerung und Pflege nötig haben könnte. Nietzsche und Leverkühn müssen die letzten zehn langen Jahre einer vorwiegend nur noch biologischen Existenz dumpf und widerwillig bis still-dankbar erfahren, dass ihre Mütter sie noch einmal wie Kleinkinder betreuen. Am Ende findet man die ehedem hochmütigen, schrulligen, selbstbewussten und sogar menschenfeindlichen Geister in beschämender, peinlicher Abhängigkeit von mitleidigen, niedrigste Schmutzarbeit und geduldigste Pflege nicht scheuenden Seelen. Nietzsches Idee vom `Übermenschen´ der Zukunft spielt für Thomas Mann dann nicht mehr im Sinne des Urhebers eine Rolle: Statt der Neu-Erschaffung und Ablösung der dekadenten Kultur des fin de siécle kommt es zu den Auswüchsen des von moralischer Enge befreiten Kraftmenschen, und dieser selbst bereitet sich mitsamt einer ganzen Gesellschaft den Untergang! Die drei Phasen der Entwicklung eines autarken Menschen, wie sie Nietzsche in seinem >Zarathustra< konzipiert hat, werden im Rahmen der Entwicklung des Musik-Genies Adrian Leverkühn von Thomas Mann umgesetzt. In jungen Jahren ist Adrian von seinem Lehrer Wendell Kretschmar abhängig, dann macht er sich bei räumlicher Trennung und lockerer Beratung von seinem Mentor frei und schließlich schafft er selbständig und traditionsunabhängig im entlegenen Pfeiffering seine atonalen Kompositionen. In Adrians geistvoller, präziser und teilweise sogar hochmütiger Kritik an musikalischen und gesellschaftlichen Traditionen und Entwicklungen schlägt sich Friedrich Nietzsches schroffe und bisweilen höhnisch-feindselige Kulturkritik nieder. Thomas Mann verurteilt Friedrich Nietzsche niemals; im Gegenteil er erweist ihm Reverenz wegen seines tiefen Wissens, wegen seiner im Grunde sogar konstruktiven Oppositionsgesinnung und wegen seiner verantwortungsbewussten Grundhaltung, die aus persönlicher Tragik zu Größe und Reife durchgedrungen ist. So billigt ihm der Nobelpreisträger das höchste Lob zu, das er zu vergeben hat - er rechnet Friedrich Nietzsche in seinem Züricher Vortrag anlässlich der Pen-Club-Tagung am 2. Juni 1947 zu den bedeutendsten Humanisten: "Wenn aber Nietzsche verkündete: `Gott ist tot´- ein Beschluß, der für ihn das schwerste aller Opfer bedeutete - zu wessen Ehrung, zu wessen Erhöhung tat er es, als zu der des Menschen? Wenn er Atheist war, wenn er es zu sein vermochte, so war er es, und klinge das Wort noch so pastoral-empfindsam, aus Menschenliebe. Er muß es sich gefallen lassen, ein Humanist genannt zu werden, wie er es dulden muß, daß man seine Moral-Kritik als eine letzte Form der Aufklärung begreift. Die überkonfessionelle Religiosität, von der er spricht, kann ich mir nicht anders vorstellen als gebunden an die Idee des Menschen, als einen religiös fundierten und getönten Humanismus, der vielerfahren, durch vieles hindurchgegangen, alles Wissen ums Untere und Dämonische hineinnähme in seine Ehrung des menschlichen Geheimnisses. [...] Notwendig zuerst ist die Wandlung des geistigen Klimas, ein neues Gefühl für die Schwierigkeit und den Adel des Menschseins, eine alles durchwaltende Grundgesinnung, der niemand sich entzieht, die jeder im Innersten als Richter anerkennt. Für ihre Entstehung und Befestigung kann der Dichter und Künstler, unmerklich von oben ins Untere, Breite wirkend, einiges tun. Aber sie wird nicht gelehrt und gemacht, sie wird erlebt und erlitten." (>Nietzsche-Vortrag<, S. 48) In diesen Worten stellt sich Thomas Mann mit Friedrich Nietzsche zu Recht auf dieselbe Ebene. Das Gemeinsame besteht im gleichen weiten Horizont: Das sagen, was aus dem eigenen Gewissen heraus notwendig erscheint und was die eigene Individualität zum Ausdruck bringt. Jenes benennen, was ins allgemeine Unglück führt. Alles niederlegen und vermitteln, was für die Menschheit förderlich ist.

8 Die Kriege im 20 Jahrhundert

8.1 Der Erste Weltkrieg

Der Erzähler Serenus muss 1914 als Wachtmeister zum Militär einrücken und am Frankreichfeldzug teilnehmen, bis er krankheitsbedingt nach einem Jahr wieder auf seine Freisinger Gymnasiallehrerstelle zurückkehren konnte. Sogar darin ist eine Anspielung auf Nietzsche zu entdecken, der 1970 als freiwilliger Krankenpfleger am Frankreichfeldzug mitmachte, bevor er nach einem halben Jahr krankheitsbedingt ausschied. Da aus Adrians Perspektive zu Kriegsangelegenheiten nichts beigetragen werden kann, übernimmt der Freund und Soldat die Berichterstattung. Da Serenus aber auf diesem Gebiet eigentlich Sprachrohr des Autors ist, verläuft die Schilderung des Kriegsgeschehens in den Kapiteln 30 und 31 des >Doktor Faustus<-Romans über die Erzählhaltung des Ironikers. Dementsprechend kann kein heldischer oder abenteuerhafter Unterton vorgefunden werden, wie er sonst überwiegend der Gattung `Kriegserzählung´ - besonders aus vaterländischer Perspektive - eigentümlich ist, sondern es herrscht eine Diktion vor, welche über die einfache Optik des kleinen Offiziers Zeitblom hinausreicht und von Thomas Manns Analyse des deutschen Nationalgefühls und der germanischen Gehorsamsethik durchzogen ist. In Wahrheit äußert sich der Autor als politischer Psychologe zur Kriegsbegeisterung des wilhelminischen Deutschland. Der schlichte Serenus selbst wäre zu einem solch scharfen und gründlichen Durchdenken der nationalen Opfermystik und Kampfeuphorie nicht in der Lage gewesen: "Der Krieg war ausgebrochen. Das Verhängnis, das so lange über Europa gebrütet hatte, war los und raste, verkleidet als diszipliniertes `Klappen´ alles Vorgesehenen und Eingeübten, durch unsere Städte, tobte als Schrecken, Emporgerissensein, Pathos der Not, Schicksalsergriffenheit, Kraftgefühl und Opferbereitschaft in den Köpfen und Herzen der Menschen. [...] In unserem Deutschland, das ist gar nicht zu leugnen, wirkte er ganz vorwiegend als Erhebung, historisches Hochgefühl, Aufbruchsfreude, Abwerfen des Alltags, Befreiung aus einer Welt-Stagnation, mit der es so nicht weiter hatte gehen können, als Zukunftsbegeisterung, Appell an Pflicht und Mannheit, kurz, als historische Festivität." (DF, S. 400) Mit diesen

Sprachbildern über die Ekstase von Soldaten und großen Teilen der
städtischen Zivilbevölkerung seziert der Autor einen gewissen Hang
der Deutschen in der Kaiserzeit zum Einsatz militärischer Gewalt und
mangelndes kritisches Bewusstsein gegenüber der Staatsführung
heraus. Darüber hinaus legt Thomas Mann in seinem Faust-Roman
wert auf das bilderreiche Beschreiben des Gefühlsüberschwangs der
Deutschen. Das Pendel personaler Selbstregulierung, das sich stets
etwa in der Mitte zwischen Emotionalität und Vernunft zu befinden
hätte, hat gemäß der Beobachtung des Autors schon vor der Hitlerzeit,
im scheinbar wertetreuen, gesitteten Kaiserreich, zu Ungunsten der
rationalen Kontrolle in Richtung eines nationalen Jubelschreis, der
vergessen ließ, dass Krieg mit Tötung und Verstümmelung von
Menschen zu tun hat, ausgeschlagen! In der Rückschau des Jahres
1944 stellt sich die Natur des Kaiserreiches anders dar, als sie vom
Thomas Mann der Jahre 1914-1918 in den >Betrachtungen eines
Unpolitischen< wahrgenommen wurde. Die Verteidigung hoher
künstlerischer und gesellschaftlicher Werte in der 26 Jahre
zurückliegenden Schrift ist in dem weitreichenden Rückblick, welche
auch die Vorgeschichte des deutschen Nationalismus in das kritische
Visier nimmt, der Psychoanalyse von ausgeprägter Kriegswilligkeit zu
Beginn des 20. Jahrhunderts und zur Zeit der letzten Phase einer alten,
deutschen, monarchistischen Lebensform und Gehorsamsstruktur
gewichen: "Eine solche `Mobilisierung´ zum Kriege, wie grimmig
eisern und allerfassend-pflichthaft sie sich geben möge, hat immer
etwas vom Anbruch wilder Ferien, vom Hinwerfen des eigentlich
Pflichtgemäßen, von einem Hinter-die-Schule-Laufen, einem
Durchgehen zügel-unwilliger Triebe, - sie hat zu viel von alldem, als
daß einem gesetzten Menschen, wie mir, ganz wohl dabei sein könnte;
und moralische Zweifel, ob die Nation es bisher so gut gemacht, daß
dieses blinde Hingerissensein von sich selbst ihr eigentlich erlaubt sei,
verbinden sich mit solchen persönlichen Temperamentswiderständen
[...] Wird der Krieg, mit mehr oder weniger Klarheit, als eine
allgemeine Heimsuchung empfunden, in welcher der Einzelne, so
auch das einzelne Volk, seinen Mann zu stehen und mit seinem Blute
Sühne zu leisten bereit ist für die Schwächen und Sünden der Epoche,
in der die eigenen eingeschlossen sind; stellt er sich dem Gefühl als
ein Opfergang dar, durch den der alte Adam abgestreift und in

Einigkeit ein neues, höheres Leben errungen werden soll, so ist die alltägliche Moral überboten und verstummt vor dem Außerordentlichen." (S. 401) Der Autor stellt in diesen von Neologismen wimmelnden Allegorien die deutsche Massenhysterie an den Pranger, die es ermöglichte, ethische Hemmungen auszuschalten und das niedrige Morden und Zerstören auf die höhere Ebene des Darbringens eines Selbstopfers, vollzogen im gemeinsamen Rausch von notwendiger persönlicher Hingabe, zu heben! Die Chance, aus dem Alltag herauszutreten und sich ein heldisches Gewand äußerlich und innerlich überzustreifen, lässt die allgemeine Kriegswilligkeit nicht nüchtern betrachten. Thomas Manns Erzähler darf nicht von gewöhnlicher Gruppensolidarität und von einem normalen Pflichtethos sprechen. Während der Beschreibung des deutschen Opfermythos wird die religiöse Note und der Gestus des Abwaschens persönlicher und allgemeiner Schuld sogar unterstrichen. Diese Hochstilisierung der Kriegsteilnahme soll der zurückhaltende Serenus im Auftrag seines Autors irritiert empfinden. Dass deutsche Art bisweilen geradezu mit einer Kriegsversessenheit, die jeden moralischen Vorbehalt gegen das Töten hintanstellt, zu tun hatte, bringt der Autor unverkennbar als eigene Meinung in die angeblich von Serenus formulierten Berichte über die allgemeine Stimmung des Jahres 1914 mit ein: "Hier waltete nun freilich, wie immer bei uns, eine eigentümliche Selbstbefangenheit, ein völlig naiver Egoismus, dem es nicht darauf ankommt, ja, der es für ganz selbstverständlich ansieht, daß für deutsche Werde-Prozesse (und wir werden ja immer) eine ganze, schon fertigere und keineswegs auf Katastrophendynamik versessene Welt mit uns ihr Blut zu vergießen hat. Man nimmt uns das übel, und nicht ganz mit Unrecht; denn moralisch betrachtet sollte das Mittel eines Volkes, zu einer höheren Form seines Gemeinschaftslebens durchzubrechen - wenn es denn blutig dabei zugehen soll -, nicht der Krieg nach außen, sondern der Bürgerkrieg sein. Dieser jedoch widerstrebt uns außerordentlich [...]" (DF, S. 402) Vielen in den Kategorien der Republik denkenden Schriftstellern (voran Alfred Döblin in seinem vierbändigen Antikriegsroman >November 1918<), mit denen Thomas Mann in Kalifornien im Exil lebte, wäre eine 1919 erfolgreiche Revolution im Rückblick als der bessere Weg für die deutsche Gesellschaft erschienen. Gerade das

Versagen der gegenüber den zerstörerischen Rechtskräften zu laschen Weimarer Regierungen in den zwanziger Jahren hat auch Thomas Mann auf diese Gedanken einer rückwärts gerichteten Utopie gebracht. Der Dichter und besorgte Zeitkritiker ist geradezu hellauf empört über deutsche Irrationalität, die sich in begeisterter Zustimmung zum Gang in die europäischen Schlachtfelder äußert. Nicht das Kalkül der Obersten Deutschen Heeresleitung oder das Psychogramm der bestimmenden europäischen Adligen oder die Mentalität Kaiser Wilhelms II. nimmt der Autor ins Visier, sondern das allgemeine jubelnde Halali vor dem Völkermord und dem blutigen Kampfgetümmel! Kein Wunder, dass Thomas Mann in seinem nachträglichen heiligen Zorn über soviel Absenz von Selbstkontrolle und rationaler politischer Überlegung seine Warte als Arrangeur einer fiktionalen Handlung verlässt und in deutlicher Metatextualität den Lesern davon Kunde gibt, warum er das Musik- und das Faustmotiv in das Zentrum einer politischen Analyse in Romanform geteilt hat! In der Kriegseuphorie der Deutschen schien ihm ein verhängnisvoller Hang zur Mystifizierung von schrecklicher Realität im Spiel gewesen zu sein und eine gefährliche Neigung zum Abschalten moralischer Kontrollen bei internationalen Konflikten. Dazu sei eine hybrisartige Selbstüberschätzung der Rolle der eigenen Nation gegenüber den anderen europäischen Gesellschaften eingetreten. Thomas Mann trennt hierbei nicht zwischen dem deutschen Staatsvolk und dem Monarchen und den adeligen Militärs an der Regierungsspitze. Seiner Ansicht nach - der schüchterne Serenus formuliert hier wieder stellvertretend für seinen Autor - hätten Ideologie und Wahn den Verstand überwuchert: "Fällig erschien ein neuer Durchbruch: derjenige zur dominierenden Weltmacht, - der freilich auf dem Weg moralischer Heimarbeit nicht zu bewirken war. Krieg also, und wenn es sein mußte, gegen alle, um alle zu überzeugen und zu gewinnen, das war's, was das `Schicksal´ (wie `deutsch´, dies Wort, ein vorchristlicher Urlaut, ein tragisch-mythologisch-musikdramatisches Motiv) beschlossen hatte, und wozu wir begeistert (ganz allein begeistert) aufbrachen - erfüllt von der Gewißheit, daß Deutschlands säkulare Stunde geschlagen habe; daß die Geschichte ihre Hand über uns halte; daß nach Spanien, Frankreich, England wir an der Reihe seien, der Welt unseren Stempel aufzudrücken und sie zu führen; daß das zwanzigste Jahrhundert uns gehöre und nach Ablauf der vor einigen [Anm.: stattdessen doch "etwa"! s.engl. "some"] hundertzwanzig Jahren inaugurierten bürgerlichen Epoche die Welt im Zeichen des Deutschen, im Zeichen eines nicht ganz zu Ende definierten militaristischen Sozialismus also, sich zu erneuern habe." (DF, S. 402 f) Die Analyse deutscher Kriegsbegeisterung durch Thomas Mann mündet im Ergebnis, dass emotionale Gefolgschaftstreue, Maßlosigkeit, Geltungsbedürfnis und politische Mystik die Ursachen waren, die zunächst den schrecklichen Ersten Weltkrieg und mittelbar, vermehrt durch weitere aktuelle Gründe, den Zweiten Weltkrieg ausgelöst haben.

In der fiktionalen Handlung des >Doktor Faustus< trägt dann noch der Erzähler einiges bei, was die Wahrnehmung des Frontoffiziers zeigen soll, der nicht so distanziert wie der Autor selbst über der Sache steht, der jedoch - schließlich ist er ein vor gymnasialen Oberstufenschülern dozierender Altphilologe - durch schlimme Erfahrung und nachträgliche Reflexion einen einigermaßen geöffneten Blick für das eigene Tun mit der Waffe in der Hand gewonnen hat: "Der Vormarsch, der uns dahinriß, war beflügelt und, wie wir es uns erträumt hatten, von der Gunst des Kriegsgottes, dem Ja des Schicksals wie auf Fittichen getragen. Den Aspekt der Mordbrennerei mit Festigkeit zu ertragen, der von ihm unzertrennlich war, lag unserer Männlichkeit ob, es war die Hauptanforderung an unseren Heldenmut." (DF, S. 414) In diesen Gewissensbissen des Erzählers kommt die Ironie des Autors gegenüber seinem Erzähler-Sprachrohr zum Vorschein - die Beteiligten kamen spät, allzu spät zur Besinnung, und die angesichts fremden Leides entstehenden moralischen Skrupel wurden unter Hinweis auf die Pflichten gegenüber dem eigenen Vaterland mehr oder weniger erfolgreich weginterpretiert! Auch die Entbehrungen der Frontsoldaten erwähnt Serenus nur am Rande. Thomas Mann zeigt die Kluft zwischen der Betrachtung von Krieg durch den distanzierten Schriftsteller und dem aktiv beteiligten Beamten und Offizier. Der eine kennt die Probleme mittels Staatsskepsis, Nachdenken und Wissen; der andere durch nur durch das Erleben des Kriegsleids. So kommt der zunächst realitätsblind erscheinende Serenus - obwohl ihm selbst Fanatismus und Kampfes- und Siegeseuphorie immer fremd geblieben sind - zur Erkenntnis, dass sich auch dieser Krieg als Schaden für alle Seiten entpuppt hat: "Langsam wurde die Wahrheit in uns hineingequält, und der Krieg, ein verrotteter, verfallender, verelendender, wenn auch immer von Zeit zu Zeit in trügerischen, die Hoffnung fristenden Halbsiegen aufleuchtender Krieg, - dieser Krieg, von dem auch ich gesagt hatte, daß er nur kurz sein dürfe, dauerte vier Jahre. Soll ich an das Versacken und Versagen, die Abnutzung unserer Kräfte und Sachgüter, das Schäbig- und Lückenhaftwerden des Lebens, die Verarmung der Nahrung, den Verfall der Moral durch Mangel, die Neigung zum Diebstahl, dabei die plumpe Prasserei reichgewordenen Pöbels, hier ausführlich erinnern?" (DF, S. 415) Serenus verdrängt vieles und deutet das Bestialische der Kriegshandlungen und die mannigfachen Depersonationen nur an, aber schließlich kommt er - zwar auf niedigerem Analyse-Niveau wie sein Autor - zum selben Verdikt über den Krieg. Insgesamt hebt Thomas Mann in den Erzählpassagen über den Ersten Weltkrieg das Phänomen der Massenhysterie und der Selbstglorifizierung hervor. Genaue Daten oder Namen von Generälen oder Gefechtsorte spielen keine Rolle. Ihn interessiert das Ausschalten von Vernunft und Moral im Zuge der Kriegsbegeisterung der gesamten Gesellschaft.

8.2   Der Zweite Weltkrieg und die Gräuel des Dritten Reiches

Im Grunde ist >Doktor Faustus< ein Antikriegsroman, der bedeutende Erzählsujets dem obersten Zweck zuordnet, herauszuarbeiten, wie es zur Machtübernahme der Nationalsozialisten, zum Zweiten Weltkrieg und zu den Judenpogromen gekommen ist. Zur Zeit der entsetzlichen Vorgänge der Jahre 1943 bis 1945 schaut der Autor zurück und vollzieht die Stationen der Auslieferung ehedem geachteter deutscher Kultur an ein kriegstreiberisches und mörderisches Terrorregime nach! Dass das Möglichwerden eines Völkermordens, das 55 Millionen Menschen das Leben kostete und Millionen Verkrüppelte, Verwitwete und Verwaiste zurückließ, im Mittelpunkt des Werkes steht, wird allein schon durch die Thematisierung des Kriegsgeschehens und der Kriegsschrecken in sechs von 48 Romankapiteln deutlich. Damit liegt mit den Kapiteln V, XXI, XXVI,

XXXIII, XLIII und XLVI ein strukturelles Gerüst vor, das in unterschiedlicher Ausführlichkeit die Sprache vom Musiker-, Faust-, Geistesgeschichts- und Nietzsche-Motiv hinlenkt auf die zur Entstehungszeit ablaufenden Geschehnisse der Vernichtung von Menschen- und Sachwerten. Man könnte an dieser Erzählstrukur auch die Hypothese überprüfen, ob Thomas Mann in seinem Roman die musikalische Fugentechnik erzählerisch angewendet hat. Inhaltlich gesehen steht über allem die entsetzte Frage des Autors, wie solch ein Entgleiten des ehedem renommierten Deutschtums möglich werden konnte!

Die den Autor in vielen Stellen des Romans vertretende Perspektive Serenus Zeitbloms setzt sowohl im 5. als auch im 46. Erzählabschnitt des in der vorliegenden Taschenbuch-Ausgabe exakt 666 Seiten umfassenden Romans den Rahmen, in welchen die übrigen Schilderungen über den Kriegsverlauf und über das Unrecht eingelagert sind. Fast am Anfang des Werks wirft der Erzähler im Hinweis auf die Erstellung einer Biographie über einen noch nicht überall bekannten Musiker namens Adrian Leverkühn die Frage auf, wann endlich das zur Erzählzeit 1943-1945 noch immer herrschende Unterdrückungssystem und die Kriegshandlungen beendet würden: "Dieser Zeitpunkt wird gekommen sein, wenn unser zwar weitläufiges und dennoch enges, von erstickend verbrauchter Luft erfülltes Gefängnis sich öffnet, das heißt, wenn der gegenwärtig tobende Krieg, so oder so, sein Ende gefunden hat [...] Aber bei der Biederkeit, der Gläubigkeit, dem Treue- und Ergebenheitsbedürfnis des deutschen Charakters möchte ich doch wahrhaben, daß das Dilemma in unserem Falle eine einzigartige Zuspitzung erfährt, und kann mich tiefen Ingrimms nicht erwehren gegen diejenigen, die ein so gutes Volk in eine seelische Lage brachten, die ihm meiner Ansicht schwerer fällt als jedem anderen, und es ihm selber heillos entfremdet." (DF, S. 42 f) Gegen Schluss des Riesenromans schließt der Autor selbst im Klartext - den schlichteren Serenus wieder einmal ablösend - und präsentiert das Schuldproblem `Volkscharakter oder Fremdbestimmung´ dialektisch aus dem Blick des Kriegsendes und der nächsten Schritte für das nun befreite - in manchen Sichtweisen der Bevölkerung für das `unterlegene´ - Deutschland: "War diese Herrschaft nicht nach Worten und Taten nur die verzerrte, verpöbelte, verscheußlichte Wahrwerdung einer Gesinnung und Weltbeurteilung, der man charakterliche Echtheit zuerkennen muß, und die der christlich-humane Mensch nicht ohne Scheu in den Zügen unserer Großen, der an Figur gewaltigsten Verkörperungen des Deutschtums ausgeprägt findet?" (DF, S. 636) Für Thomas Manns Analyse der großen moralischen Ausfälle in diesem Jahrhundert steht das Zutagetreten einer verhängnisvollen Neigung des deutschen Menschen zu Fanatismus und Gewalt im Mittelpunkt der Betrachtung! Er deutet an, dass die Merkmale des Nationalismus zwar dem Wesen der Deutschen entsprungen seien, aber er notiert auch eine gewisse, jedoch nicht volle Entlastung, die auf Grund des Vorliegens von Aufoktroyierung und Indokrination ausgesprochen werden könne: "Fluch, Fluch den Verderbern, die eine ursprünglich biedere, rechtlich gesinnte, nur allzu gelehrige, nur allzu gern aus der Theorie lebende Menschenart in die Schule des Bösen nahmen!" (DF, S. 635)

Verschiedene Phasen des Kriegsverlaufs gibt Serenus wieder, der sich in Freising nicht frei äußern kann, weil er sich wie jeder Bürger in der Heimat von der Gestapo überwacht sieht. Seine Aufzeichnungen enthalten aber dennoch einen leicht ironischen Unterton, der auch ihn als eigentlich kritischen Humanisten ausweist, der alle Vorgänge aufmerksam beobachtet und vorsichtig hinterfragend interpretiert. Seine Denk- und Sprechweise verkörpert diejenige Haltung, die der im Denken und Wort völlig freie Exilschriftsteller Thomas Mann eigentlich einer Literatur einer `Inneren Emigration´ zumessen würde, die einen solchen ehrenhaften Namen verdiente; d.h. reden so ehrlich und kritisch wie möglich, verschweigen so weit wie nötig im Interesse der eigenen Freiheits- und Lebenserhaltung. Die Ausdrucksweise des scheinbar brav-patriotischen Zeitzeugen Serenus lässt für den distanzierten Leser innerhalb der verbalen Anerkennung deutscher Kriegserfolge durchblicken, dass die Kriegsführung 1943 entartet, indem hemmungslos sogar Ziviltransporte angegriffen werden. Außerdem scheint auf, dass die Kriegswaffenproduktion angestiegen und die Gegenwehr der angegriffenen Nationen merklich stärker geworden ist: "[...] las ich im Blatt von dem glückhaften Wiederaufleben unseres Unterseeboot-Krieges, dem binnen 24 Stunden nicht weniger als 12 Schiffe, darunter zwei große Passagierdampfer, ein englischer und ein brasilianischer, mit 500

Reisenden zum Opfer gefallen sind. Wir verdanken diesen Erfolg einem neuen Torpedo von fabelhaften Eigenschaften, das der deutschen Technik zu konstruieren gelungen ist, und ich kann eine gewisse Genugtuung nicht unterdrücken über unseren immer regen Erfindungsgeist, die durch nochsoviele Rückschläge nicht zu beugende nationale Tüchtigkeit, welche immer noch voll und ganz dem Regime zur Verfügung steht, das uns in diesen Krieg geführt hat und uns tatsächlich den Kontinent zu Füßen gelegt, den Intellektuellentraum von einem europäischen Deutschland durch die allerdings etwas beängstigende, etwas brüchige und, wie es scheint, der Welt unerträgliche Wirklichkeit eines deutschen Europa ersetzt hat." (DF, S. 230 f) Im vertraulichen Gespräch Zeitbloms mit dem gleichgesinnten Monsignore Hinterpförtner, dem Rektor des Freisinger Priesterseminars, deuten sich auch innenpolitische Vorgänge wie der Schutz der Nazis für den bereits gestürzten italienischen Faschistenführer Benito Mussolini und die brutale Niederschlagung des Münchner Studentenaufstands >Weiße Rose< an. Die beiden Staatsskeptiker sind sich Ende 1943 darin einig, dass nach Beginn des amerikanischen und englischen Bombardements deutscher Großstädte, der einsetzenden Invasion in Süditalien und dem Start einer breiten russischen Gegenoffensive das verwegene Hitlersche "Welteroberungsunternehmen" schiefgegangen sei und der Krieg keinesfalls mehr gewonnen werden könne. Geradezu höhnisch erscheint es den beiden Gesprächspartnern, dass dieselben Nazis, die eine "weltverjüngende, in Ruchlosigkeit schwelgende Barbarei" inszeniert hätten, nun die Zerstörung deutscher Kulturdenkmäler durch die Alliierten bedauerten. Sie stimmen ferner darin überein, dass sich das deutsche Volk leider nicht zur jetzt gebotenen Gefolgschaftsverweigerung gegenüber dem Reichskanzler Adolf Hitler aufraffen und durch eine ausgewechselte Staatsführung die sofortige Kapitulation anbieten möchte. Zeitblom und Hinterpförtner sehen die deutsche Gesellschaft - worin sich germanisches Erbe beweise - am Beginn eines allgemeinen Selbstmords von ungeheurem Ausmaß: "Ja, wir sind ein gänzlich verschiedenes, dem Nüchtern-Üblichen widersprechendes Volk von mächtig tragischer Seele, und unsere Liebe gehört dem Schicksal, wenn es nur eines ist, sei es auch der den Himmel mit Götterdämmerungsröte entzündende Untergang!" (DF, S. 233)

Wie schon bei den Kommentaren zum ersten Weltkrieg überbietet der Autor die scheuen bis individuell mutigen Äußerungen seines Erzählers durch offensichtlich eigene Wertungen und Analysen, die sich wiederum mit der fehlgeleiteten Begeisterungsfähigkeit der Deutschen befassen. Typische Naivität, ins Religiöse tendierende Emotionalität und symptomatische Vernachlässigung kritischer Vernunft seien die Ursachen für Völkermord, Sadismus und Rohheit während des Zweiten Weltkriegs auf fremdem Boden und im Inland! Es sind ureigene Formulierungen Thomas Manns, der in persönlicher entsetzter Ergriffenheit seinen behutsamen und zuweilen euphemisierenden Erzähler zur Seite schiebt und in scharf gesetzten Begriffen und Bildern den Wandel der deutschen Nation von argloser Gutmütigkeit zum böswilligen Verbrechertum brandmarkt: "Ich will es nicht gewünscht haben, weil viel zu tief mein Mitleid, mein jammervolles Erbarmen ist mit diesem unseligen Volk, und wenn ich an seine Erhebung und blinde Inbrunst, den Aufstand, den Aufbruch, Ausbruch und Umbruch, den vermeintlich reinigenden Neubeginn, die völkische Wiedergeburt von vor 10 Jahren denke, - diesen scheinbar heiligen Taumel, in den sich freilich, zum warnenden Zeichen seiner Falschheit, viel wüste Roheit, Schlagetot-Gemeinheit, viel schmutzige Lust am Schänden, Quälen, Erniedrigen mischte, und der, jedem Wissenden unverkennbar, den Krieg, diesen ganzen Krieg schon in sich trug - so krampft sich mir das Herz zusammen vor der ungeheuren Investition an Glauben, Begeisterung, historischem Hoch-Affekt, die damals getätigt wurde und nun in einem Bankerott ohnegleichen verpuffen soll. Nein, ich will's nicht gewünscht haben - und hab es doch wünschen müssen - und weiß auch, daß ich's gewünscht habe, es heute wünsche und es begrüßen werde: aus Haß auf die frevlerische Vernunftverachtung, die sündhafte Renitenz gegen die Wahrheit, den ordinär schwelgerischen Kult eines Hintertreppenmythus, die sträfliche Verwechslung des Heruntergekommenen mit dem, was es einmal war, den schmerzhaften Mißbrauch und elenden Ausverkauf des Alt- und Echten, des Treulich-Traulichen, des Ur-Deutschen, woraus Laffen und Lügner einen sinnberaubenden Giftfusel bereitet." (DF, S. 234 f)

Solcher Wortkaskaden wäre der brave Serenus nicht mächtig gewesen, da hat sich der Autor in ohnmächtigem Zorn selber ins Zeug gelegt und den Vorgang und die Folgen von tumber Verführbarkeit bloßgelegt! Er musste auch schwer mit sich ringen, nicht ein totales Verdikt über deutsche Art an sich loszulassen. Nur der wertneutrale Boden für das spätere Ausufern von Zerstörung, Unterdrückung und Mordtat wird von Thomas Mann dem Nationalcharakter zugerechnet, der Umschwung von Euphorie und Mystifizierung zur Schandtat selbst geht zu Lasten der manipulierenden Fanatiker, ist dann wesentlich Schuld der Verführer und des Führers samt seiner Mitläufer! Nicht nur im 21. Romankapitel wird deutlich, dass der Held Adrian Leverkühn kein Nazi ist; der große Philosoph und Musiker repräsentiert die manipulierte und verfremdete gute Seite der Deutschen! Neben der bedenklichen Eigenschaft, gar zu sehr mit dem Gefühl und dann dem Begeisterungstaumel an die politischen Dinge heranzugehen, gehören in der Sicht des politischen Analytikers Thomas Mann großartige, achtunggebietende Eigenschaften wie die Liebe zu Wissenschaft und Kunst, die Freude am Können und die Perfektionierung der erlangten Fähigkeiten zum Grundbestand deutscher Wesensart.

Manchmal scheint der Erzähler Serenus unter dem steuernden Einfluss seines Autors an Kritik- und Beurteilungsvermögen hinzuzugewinnen, wenn er 1944 den nicht-deutschen Nationen zugesteht, dass sie den Deutschen hinsichtlich der Waffenproduktion und der Militärtaktik sogar überlegen seien. Dann darf Zeitblom sogar über die Vorzüge des demokratischen Systems an sich und über das starre deutsche Staats- und Gehorsamsverständnis reflektieren. Die Analysefähigkeit des Erzählers steigert sich bis zum Verdikt, dass das NS-Deutschland ein "Gefängnis" darstelle - ein Urteil, das bei Bekanntwerden den gezwungen systemimmanent denkenden Patrioten Serenus wegen subversiver Wehrkraftzersetzung und Führerbeleidigung in ein Konzentrationslager oder vor den Volksgerichtshof hätte bringen können. Offensichtlich ist Thomas Mann im Juli 1944 derart enerviert über das Hinausschieben einer ihm nunmehr geboten erscheinenden Kapitulation der deutschen Wehrmacht, dass die Figur des braven Biographen Zeitblom mit ihm zum scharfen Opponenten der Nazi-Regierung wird - deutsche Kriegsschuld wird dabei vorausgesetzt:

"Daß die entnervten Demokratien diese furchtbaren Mittel sogar zu benutzen wissen, ist eine verblüffende, eine ernüchternde Erfahrung, unter der wir uns täglich mehr des Irrtums entwöhnen, als sei der Krieg ein deutsches Prärogativ, und in der Kunst der Gewalt müßten andere sich als dilettantische Stümper erweisen. Wir haben angefangen, (Monsignore Hinterpförtner und ich sind darin keine Ausnahme mehr), uns von der Kriegstechnik der Anglosachsen durchaus aller Dinge zu versehen, und die Invasionsspannung wächst: Der Angriff von allen Seiten, mit überlegenem Material und Millionen von Soldaten auf unser europäisches Kastell - oder soll ich sagen: unser Gefängnis, soll ich sagen: unser Narrenhaus? - wird erwartet, und nur die eindrucksvollsten Schilderungen der gegen die feindliche Landung getroffenen Vorkehrungen, die wahrhaft großartig zu sein scheinen, - Vorkehrungen, dazu bestimmt, uns und den Erdteil vor dem Verlust unserer gegenwärtigen Führer zu schützen - vermögen dem allgemeinen Grauen vor dem Kommenden ein seelisches Gegengewicht zu halten." (DF, S. 338) Serenus deutet in seiner unvorsichtigen Feststellung zur nationalen und internationalen Lage an, dass das Reichsministerium für Propaganda alles unternehme, um die für das Nazi-Deutschland desolate Lage zu verschleiern, damit die Kampfkraft der Frontsoldaten sich festige und die Solidarität der noch im Inland lebenden Bürger erhalten bleibe. Thomas Mann ist in Pacific Palisades bestens über die Geschehnisse in der deutschen Heimat informiert, er weiß, dass es Widerstand gibt und dass dieser rasch und brutal niedergeschlagen wird, um die Verteidigungsbereitschaft nicht zu schmälern. Lapidar notiert er am 25.7.1944, also fünf Tage nach dem Aufstand etlicher hochrangiger deutscher Offiziere vom 20. Juli, in sein Tagebuch: "In Deutschland weit ausgreifendes Massaker von Armee-Offizieren. Vollständige Nazifizierung des Heeres. Zugleich eine Art von Mobilisierung des Volkes unter Goerings und Göbbels´ Kommando, - während die Russen sich Warschau nähern und in Frankreich eine neue Durchbruchsoffensive der Alliierten im Gange." (>Tagebuch 1944-46<, S. 81) Wenig später konzipiert er das 25. Kapitel des >Doktor Faustus<-Romans im Konkreten und äußert sich zur sich wandelnden Gestalt der angeblichen Teufelsbegegnung Adrians in der Villa Manardi: "Idee, den Teufel in dreifacher Maske erscheinen zu lassen:

als Zuhälter, Musikgelehrter und nackter Dämon, immer gehüllt in Eiseskälte [...] Neue Invasion Frankreichs von Süden, bei Toulon, St. Raphael. Geringer Widerstand. Ruin der Armee Kluge. Die Zerrüttung muß rasch fortschreiten." (>Tagebuch 1944-46<, S. 88 f) Der Autor denkt die rohe Realität und die allegorische Fiktion tagtäglich während seiner Romanproduktion nebeneinander! Die Teufelei in der Heimat kommt in den verurteilenden Worten seines Erzählers und in seinem eigenen Entsetzen als auktorialer, aber ins vorgeschobene Denken von Serenus eingebundener Autor zur Sprache! Die Personifizierung des Bösen bleibt durchschaubare Illusion. Adrian Leverkühn als Vertreter ehedem bester deutscher Begabung und ungewöhnlichen Könnens ist der vom wirklich Bösen Verführte! Er wurde 1906 geködert durch ein erstes und einziges Sex-Abenteuer mit einer Prostituierten, und er wurde 1910 in Palestrina verführt durch das Versprechen, auf dem Gebiet der Musik mit Hilfe des Satans Großartiges leisten zu können. Da es aber in Wirklichkeit keinen metaphysischen Verführer in der Romanhandlung gibt und da die Hauptperson ja nicht durch einen NS-Ideologen oder den `Führer´ selbst zum Parteigänger Adolf Hitlers umfunktioniert wurde, da muss im Bemühen um Entmythologisierung der durchschaubar fingierten Teufelserscheinung realistisch, d.h. die erzählerische Personifizierung und die Allegorisierung deutend, gedacht werden! Es sind dann erstrangig die bisher völlig unpolitischen Haupteigenschaften Leverkühns, die seine Symbolhaftigkeit für den manipulierten Deutschen ausmachen: hohe intellektuelle und künstlerische Begabung, Unsicherheit und Ungelenkheit im zwischenmenschlichen Bereich und Ungefestigtheit des Charakters! Seine beachtlichen Fähigkeiten wurden nicht durch Selbstzucht und Verstandeskontrolle gebändigt; zudem verhindert die chronische Krankheit physische und psychische Stärkung! Dazu kommt ein hohes Maß an Eitelkeit. Die Verführbarkeit der Hauptfigur ist im Figur-Inneren angelegt! Das Persongefüge eines deutschen Genies dient als Folie für das Abrutschen deutscher Kulturhöhe und Leistungskraft in politische Amoral! Das Sujet der Musik gerät zum Bild für das Ausgreifen des hochmütigen Charakters in bisher Nie-Dagewesenes! Zur Chance, Unerhörtes zu unternehmen und sich unter die geschichtlichen Größen einzureihen, kann der Hochbegabte nicht nein sagen. Aus dem

Bereich einer solchen auf Ehrgeiz und Geltungsstreben beruhenden Infektion kommt der Buch-Held nicht mehr heraus - er muss an seiner Krankheit, die immer deutlicher zu einer geistigen wird, nach langer Umnachtung zugrundegehen. In der Übertragung auf die Zeitgeschichte meint dies, dass sich die deutsche Gesellschaft, für die Adrian Leverkühn die Metonymie bildet, nicht mehr alleine aus dem nationalsozialistischen Zugriff befreien kann! Das vergiftete Staatsgefüge der aggressiven Diktatur muss deshalb von außen her aufgebrochen werden. Nur über den militärischen Sieg der Alliierten, den Thomas Mann herbeisehnt, nachdem er die Unfähigkeit der Deutschen zur Selbstreinigung erkannt hat, kann die teuflische Obsession abgeworfen werden.

Über die politische Konnotation des in der literarischen Tradition durch theologische Inhalte besetzten Teufelsmotivs äußert sich der Autor im Rahmen einer knappen Erklärung zur Intention des Gespräches von Adrian mit dem angeblichen Teufel: "Im Ohr die hysterischen Deklamationen der deutschen Ansager über den `heiligen Freiheitskampf gegen die seelenlose Masse´, schrieb ich die Seiten über die Hölle, die wohl die eindringlichste Episode des Kapitels [Erg.: XXV] sind, - nicht denkbar übrigens ohne die innere Erfahrung des Gestapokellers, - und die ich zur Vorlesung immer heranzog, wenn ich zum Zweck ermutigenden Selbstbetruges das Sicherste des Buches, die Rosinen, also das präsentierte, was den Zuhörern meine Sorgen um das Ganze möglichst unverständlich machte." (>Die Entstehung des Doktor Faustus<, S. 97 f) Das Unrechtsregime des Dritten Reiches ist Bestandteil der fiktionalen Beschreibung von `Hölle´ im so genannten "Teufelskapitel" des Romans, die sich hierin entpuppt als das Faktum von zwischenmenschlicher Kälte, von unsagbarer Inhumanität auf Seiten der Täter und furchtbarer Einsamkeit und Ohnmacht auf Seiten der Opfer! Im Zusammenhang mit dem Andeuten des unaufhaltsamen Zurückdrängens der NS-Herrschaft aus den okkupierten Ländern durch die vereinigten Invasoren kommt in eingeschobener Metatextualität im 33. Romankapitel die Symbolik des Namens "Schweigestill" zur Sprache. Der sich unter der Kontrolle eines Staatsgefängnisses wähnende Erzähler weiß sich mit dem Freunde Hinterpförtner einer Ansicht in der Erkenntnis, dass ein Strafgericht durch moralisch handelnde

Demokratien über die deutsche Diktatur bevorstehe, das der alttestamentlichen Verwerfung von Sodom und Gomorra entspreche; nur wage das niemand offen zu sagen: "Daß diese [Erg.: Erkenntnis] in Schweigen gehüllt bleibt, ist eine gespenstische Tatsache für sich. Denn mag es schon unheimlich sein, wenn unter einer großen Masse Verblendeter einige wenige Wissende versiegelten Mundes wohnen müssen, - das Grausen, so scheint mir, vollendet sich, wenn eigentlich alle schon wissen, aber zusammen in Schweigen gebannt sind, während einer dem andern die Wahrheit von den sich versteckenden oder angstvoll starrenden Augen liest." (DF, S. 447)

Im Anschluss an diese Erklärung von Autor und Figur über die weitverbreitete Hypnotisierung des Volkes durch die bedrohende Hydra des Gewaltstaates wagt es der behutsame Serenus trotzdem - bisweilen wieder abgelöst durch den erbitterten Autor -, seinen zunächst ja noch unveröffentlichten und geheimen Aufzeichnungen über das Schicksal seines Musiker-Freundes Adrian das Wissen um den Vormarsch der erstarkten Sowjetarmee im Osten und der westlichen Alliierten in der Normandie anzuvertrauen. Für die Hermeneutik dieser Passagen, die auch die Rüstungskapazitäten, Frontverläufe und Waffenentwicklungen (z. B. Fernraketen, "Robot-Bomben" genannt) enthalten, ist die politologische und ethische Interpretation der Geschehnisse durch den in die Fiktion empört eingreifenden Autor am wichtigsten. Thomas Mann selbst ist es wiederum, der den Vorgang der Niederlage geistig als verständliche Abrechnung der bisher geschädigten und gedemütigten Völker mit dem imperialistischen Nazi-Deutschland und als Demontage eines Wahns deutet, auf Grund dessen in Deutschland Recht mit Unrecht, Würde mit Erniedrigung und Wahrheit mit Lüge vertauscht werden konnten: "Zwar ist durch die Zerstörung unserer Städte aus der Luft auch Deutschland längst zum Kriegsschauplatz geworden; doch aber bleibt der Gedanke, es könnte im eigentlichen Sinne dazu werden, uns unfaßbar und unzulässig, und unsere Propaganda hat eine seltsame Art, den Feind vor der Verletzung unseres Bodens, wie vor einer grausen Untat zu warnen...Der heilige deutsche Boden! Als ob noch irgend etwas an ihm heilig, als ob er nicht durch ein Unmaß von Rechtsbeleidigung längst über und über entweiht wäre und nicht moralisch ebenso wie tatsächlich der Gewalt, dem Strafgericht offenläge. Es komme! Nichts anderes bleibt mehr zu hoffen, zu wünschen [...] zu verhandeln, und zwar mit wem?, ist nichts als augenrollender Unsinn, das Verlangen eines Regimes, das nicht begreifen will, noch heute scheinbar nicht versteht, daß ihm der Stab gebrochen ist, daß es zu verschwinden hat, beladen mit dem Fluch - selbst unerträglich der Welt -, uns, Deutschland, das Reich, - ich gehe weiter und sage: das Deutschtum, alles Deutsche der Welt unerträglich gemacht zu haben." (DF, S. 449 f) Der Autor steigert sein Verdikt gegen das NS-Regime im 33. Romankapitel durch die Kontrastierung dieses Wendepunktes von Ende 1944 mit dem Revolutionsbeginn von 1918. Ähnlich wie Alfred Döblin in seiner erst 1950 vollständig edierten (1939 erschien der erste Band) Revolutions-Tetralogie >November 1918< als der wichtigste der "geistesrevolutionären" Berliner Dichter der zwanziger Jahre es vertreten hat, erscheint Thomas Mann in der Rückschau die sozialistische Räteregierung nach dem Ersten Weltkrieg geradezu als Edelrepublik im Blick auf das totale Unrechtsregime durch Adolf Hitler und seine vielen Schergen: "[...] so rücken meine Begriffe von Pöbelherrschaft sich neuartig zurecht, und die Herrschaft der Unterklasse will mir, dem deutschen Bürger, als ein Idealzustand erscheinen im nun möglich gewordenen Vergleich mit der Herrschaft des Abschaums. Meines Wissens hat der Bolschewismus niemals Kunstwerke zerstört. Das viel weit eher in den Aufgabenkreis derer, die behaupteten, uns vor ihm zu schützen." (DF, S. 452) Die Verurteilung der Nazi-Führerschaft geht bereits innerhalb des >Doktor Faustus<-Romans - und nicht erst oder gar allein in den politischen Essays - einher mit dem Lob der demokratischen Staatsform und der maßgeblichen Vertreter der bürgerlichen Demokratien (worunter Thomas Mann selbstverständlich seinen Freund, den amerikanischen Präsidenten Theodor Roosewelt, zählt)! Klar und weitschauend denkende Persönlichkeiten hätten es vollbracht, funktionierende Staatssysteme, deren momentane Unzulänglichkeit von Thomas Mann unbeschönigt zugegeben wird, zu prägen, in denen Kultur und Humanität in Einklang mit dem Mehrheitswillen und den praktischen Erfordernissen der Gesellschaftslenkung stünden: "Nicht genug ist das diesen Männern zu danken, und es beweist, daß die Demokratie der Westländer, bei aller Überholtheit ihrer Institutionen durch die Zeit, aller Verstocktheit ihres Freiheitsbegriffes gegen das Neue und Notwendige, wesentlich doch auf der Ebene des menschlichen Fortschritts, des guten Willens zur Vervollkommnung der Gesellschaft liegt und der Erneuerung, Ausbesserung, Verjüngung, der Überführung in lebensgerechtere Zustände ihrer Natur nach fähig ist." (DF, S. 453)

Ende 1944 - in der fiktionalen Handlung befindet man sich im Jahr 1926, als Adrians >Apocalipsis cum figuris< in Frankfurt uraufgeführt wird - sieht Serenus die deutsche Apokalypse, die er als "Bankerott" und "Höllenfahrt" bezeichnet, voll im Gange. Die Wahrnehmung von Schuld und Untergang hält den Erzähler aber nicht davon ab, seine Gefühlsbeziehung zur guten Substanz des deutschen Volkes zu bekräftigen. Daran lässt sich erkennen, dass der Autor, selbst dort, wo vernichtende Urteile über die von der deutschen Nation freigesetzte Gewalt notwendig sind, die Unterscheidung zwischen prinzipiell guter Volksart und verfremdeter Gesellschaftspraxis auch gegen das Kriegsende und gegen das Romanende hin beibehält: "Ich, ein schlichter deutscher Mann und Gelehrter, habe viel Deutsches geliebt, ja, mein unbedeutendes, aber der Faszination und Hingabe fähiges Leben war der Liebe, der oft verschreckten, der immer bangen, aber in Ewigkeit getreuen Liebe zu einem bedeutend deutschen Menschen- und Künstlertum geweiht, dessen geheimnisvolle Sündhaftigkeit und schrecklicher Abschied nichts über diese Liebe vermögen, welche vielleicht, wer weiß, nur ein Abglanz der Gnade ist." (DF, S. 597)

An solchen Textstellen wird auch sichtbar, dass die sich seit 1926 abzeichnende, fortschreitende Depersonation des Musiker-Helden eine Allegorie auf das Abgleiten der Weimarer Republik in eine immer stärker von NS-Horden dominierte, zerfallende Gesellschaft darstellt! Dem Zerfall ab der Mitte der zwanziger Jahre, als der ehemalige Feldmarschall Paul v. Hindenburg den verstorbenen Sozialdemokraten Friedrich Ebert als Reichspräsidenten abgelöst hat, entspricht in berichteter und berichtender Parallelität der Untergang des großdeutschen Reiches Hitlerscher Prägung. Das Absterben zweier Gesellschaftsformen wird im 43. Kapitel begleitet vom erzählten Hinscheiden der zwei Alten-Figuren, welche die ehrbare deutsche Tradition des 19. Jahrhunderts in ihrer Personwürde, in ihrer Liebe zur Wissenschaft und in ihrer fleißigen, bodenständigen, zivilen Lebensleistung repräsentieren - dem Tod von Adrians Vater Jonathan

Leverkühn und von Adrians Hauswirt, der personalen Entsprechung zu Leverkühn sen., dem Pfeifferinger Gutsbesitzer Max Schweigestill, die beide 1926 im 75. Lebensjahr dahinscheiden.

Im 46. Kapitel kompiliert der Autor, wieder die Perspektive seines Erzählers überhöhend, alles zusammen, was sich im ersten Halbjahr des Jahres 1945 abspielt. Das sind die Vormärsche der Russen und der Alliierten gegen die bereits in Trümmern liegenden deutschen Städte, der letzte Befehl Hitlers (als "der grausige Mann" bezeichnet) zur Verteidigung Berlins bis zum letzten Blutstropfen, die Einrichtung des "Werwolfs" zur Durchführung von Partisanenüberfällen auf die ausländischen Soldaten, die groteske Empfehlung per deutschem Staatsrundfunk von einem Schonungsersuchen an die Sieger für die angeblich vielverleumdeten Mitglieder der Gestapo und die Öffnung der Konzentrations- und Vernichtungslager durch die entsetzten Befreier vor den Augen der angeblich nichtsahnenden Bewohner der Umgebung. Thomas Mann bündelt diesen kurzen Streifzug durch die hektischen Aktionen der Verteidiger und Angreifer straff zusammen und konzentriert seinen Überblick in einer moralischen Bewertung, die einerseits von Abscheu gegen die erfolgte Barbarei, andererseits von Mitleid für das Deutschtum gekennzeichnet ist! Er befindet sich in einer Mittlerposition zwischen der Weltöffentlichkeit, die in blankem Entsetzen auf auf die Fülle aller planvoll ausgeführten Gräuel stößt, und denjenigen Deutschen, die nie mit dem Dritten Reich konform gingen, Widerstand leisteten, verfolgt oder - wie er selbst - unter Entzug der Staatsangehörigkeit ins Exil gejagt wurden! Er ist sich bewusst, dass deutsches Renommee auf das Schwerste geschädigt wurde, und er ist objektiv genug zuzugeben, dass eine ausländischen Beurteilung, die nicht zwischen prinzipiell guter Volksart und verführter Täterschaft differenzieren kann, ebenso nachvollziehbar sei. Man bemerkt aber den bedauernden Unterton, der darauf schließen lässt, dass der Autor selbst an das unverlierbare Gute in der Wurzel der Volksnatur glaubt, sogar wenn dieser eigene Grundkonsens mit bester deutscher Kulturtradition den Siegernationen und den allerorts Geschädigten schwer vermittelbar erscheint. Thomas Mann denkt nicht in den Kategorien der Rache und der völkerrechtlichen Sanktionierung, er bevorzugt die dichterische Haltung der stellvertretenden Scham und tiefgreifenden Sorge über die

Zukunft angesichts der Fülle der Schandtaten: "Der dickwandige Folterkeller, zu dem eine nichtswürdige, von Anbeginn dem Nichts verschworene Herrschaft Deutschland gemacht hatte, ist aufgebrochen, und offen liegt unsere Schmach vor den Augen der Welt, der fremden Kommissionen, denen diese unglaubwürdigen Bilder nun allerorts vorgeführt werden, und die zu Hause berichten: was sie gesehen, übertreffe an Scheußlichkeit alles, was menschliche Vorstellungskraft sich ausmalen könne. Ich sage: unsere Schmach. Denn ist es bloße Hypochondrie, sich zu sagen, daß alles Deutschtum, auch der deutsche Geist, der deutsche Gedanke, das deutsche Wort von dieser entehrenden Bloßstellung mitbetroffen und in tiefe Fragwürdigkeit gestürzt worden ist? Ist es krankhafte Zerknirschung, die Frage sich vorzulegen, wie überhaupt noch in Zukunft `Deutschland´ in irgend einer seiner Erscheinungen es sich soll herausnehmen dürfen, in menschlichen Angelegenheiten den Mund aufzutun?" (DF, S. 634 f) Der Autor billigt mit wehem Herzen das Verdikt des entsetzten Auslands über ein Regime ungeheuerlicher Menschenrechtsverletzungen auf deutschem und auf ausländischem Boden.

8.3   Was kommt nach 1945?

Angesichts der Schandtaten des Dritten Reichs blickt der Erzähler besorgt über das Jahr des so genannten Zusammenbruchs hinaus, und er vermutet, dass nie mehr eine Zeit kommen werde, in der man ohne Scham sein Deutschsein bekennen und von den umliegenden Nationen irgendeine Achtung erfahren könne. Sogar eine eigene zukünftige Regierungsfähigkeit wird angesichts erwiesener Entgleisungen in Frage gestellt. Nie werde man das Recht haben, sich auch nur auf eine kleine Täterschaft an der Staatsspitze hinauszureden, auf welche die volle Verantwortung für die Verbrechen abgeladen werden könne. Auch wenn der Ausdruck `Kollektivschuld´ von Thomas Mann vermieden wird, so ist seiner Erkenntnis nach doch eine gewaltige Zahl von deutschen Bürgern in die Täterschaft des nationalsozialistischen Deutschlands eingebunden: "[...] deutsche Menschen, Zehntausende, Hunderttausende, sind es nun einmal, die verübt haben, wovor die Menschheit schaudert, und was nur immer auf deutsch gelebt hat, steht da als ein Abscheu und als Beispiel des Bösen. Wie wird es sein, einem Volke anzugehören, dessen Geschichte dies gräßliche Missingen in sich trug, einem an sich selber irre gewordenen, seelisch abgebrannten Volk, das eingestandenermaßen daran verzweifelt, sich selbst zu regieren, und es noch für das Beste hält, zur Kolonie fremder Mächte zu werden, einem Volk, das mit sich selbst eingeschlossen wird leben müssen, wie die Juden des Ghetto, weil ein ringsum furchtbar aufgelaufener Haß ihm nicht erlauben wird, aus seinen Grenzen hervorzukommen, - ein Volk, das sich nicht sehen lassen kann?" (DF, S. 635) Nach Ansicht von Erzähler und Autor drohen also dem deutschen Volk fürderhin internationale Ächtung, Ausgrenzung von der Völkergemeinschaft und dauernder Verlust des Ansehens.

Serenus fasst nach Kriegsende den Wiedereintritt in den Schuldienst ins Auge, den er mit Beginn der NS-Herrschaft schon als 50-Jähriger quittiert hat. Aber er fragt sich, ob das humanistische Gedankengut seiner altphilologischen Unterrichtsfächer der inzwischen herangewachsenen und herangezogenen Jugend noch vermittelbar sein werde. Zuviel an Verrohung sei wohl eingetreten, so klingt es zwischen den Zeilen an, als dass ohne Weiteres wieder eine Brücke des Verständnisses zwischen dem reifen Lehrer und der wilden Jugend, zwischen den Gedanken der Dichter aus den vorchristlichen Jahrhunderten und den groben Erziehungszielen neuzeitlichen kriegstreiberischen Germanentums geschlagen werden könne! Wirklichkeitsverständnis und Denken der jetzigen jungen Leute in der gymnasialen Oberstufe seien durch das Einpauken der strammen, auf Imperialismus, Militarismus, Gehorsams- und Opferidee des Nationalsozialismus ausgerichteten Lernziele in den letzten zwölf Jahren bildungsfeindlich genormt und für den intellektuell argumentierenden Pädagogen traditioneller Prägung unausmerzbar geworden! Wie soll ein ziviler Lehrer alten Schlages eine martialisch hart geformte Jugend wieder geistig beweglich und human in einem weltweit anerkannten Sinn machen - und dies in wenigen Jahren? Zeitblom komprimiert sein begeistertes Altphilologentum und seine Beschwernis in eine individuelle Definition von säkularer Frömmigkeit: "Werde ich wieder einer humanistischen Prima den

Kultur-Gedanken ans Herz legen, in welchem Ehrfurcht vor den Gottheiten der Tiefe mit dem sittlichen Kult olympischer Vernunft und Klarheit zu einer Frömmigkeit verschmilzt? Aber ach, ich fürchte, in dieser wilden Dekade ist ein Geschlecht herangewachsen, das meine Sprache so wenig versteht, wie ich die seine, ich fürchte, die Jugend meines Landes ist mir zu fremd geworden, als daß ich ihr Lehrer sein könnte [...]" (DF, S. 665)

An das Problem der Erziehungsfähigkeit der jungen Generation knüpft Serenus noch ein andere Frage; nämlich ob es richtig gewesen war, sich ins ruhige, abgelegene Freising als Frühpensionär zurückzuziehen und die unselige Entwicklung des Dritten Reiches als stiller Beobachter zu verfolgen und den Niedergang zwölf lange Jahre lang abzuwarten. Der Erzähler problematisiert also sein eigenes Stillschweigen, sein `Schweigestill´-Sein, und, da er sich doch in den letzten beiden Jahren zum schriftstellernden Biographen Leverkühns durchgerungen hat, auch seine Existenzweise als ein Autor der Inneren Emigration! In raffinierter Metatextualität fügt der Exilautor Thomas Mann all jene Zweifel an Mut und erfolgter Regimekritik der Schriftsteller einer angeblichen Inneren Emigration in seinen fiktionalen Text mit ein, die er in der Realität, verbunden mit großem Ärger und bitterer Enttäuschung über die Vorurteile und die Verunglimpfungen gegenüber den Autoren der Exildichtung, während der Auseinandersetzung mit Frank Thiess erleben musste, nachdem er von Walter von Molo zur raschen Rückkehr nach Deutschland aufgefordert worden war. Serenus rechtet mit sich, ob er nicht hätte in irgendeiner Form von Widerstand hätte tätig werden sollen. Im Subtext der Passage richtet Thomas Mann die kritische Frage auf, ob eine demokratischer Staatsstruktur vor dem Dritten Reich oder ein demokratisches Verhalten der Bürger zu Beginn der Hitler-Ära das Unrecht und das Unglück hätte aufhalten oder zumindest hätte mildern können. Nach Ansicht Thomas Manns jedenfalls war eine Opposition der deutschen im Lande gebliebenen Schriftsteller gegen das NS-Regime nur eine behauptete und nachträglich vorgetäuschte, so dass eigentlich von nachweislicher innerer Distanzierung, die als allegorisierter geistiger Widerstand hätte gedeutet werden können, nicht die Rede sein konnte. Auf solchem Hintergrund muss dann Serenus, der Notar des deutschen Faust-Dramas, sein eigenes, bloß registrierendes, nie offen aufbegehrendes Verhalten in Zweifel ziehen: "Deutschland selbst, das unselige, ist mir fremd, wildfremd geworden, eben dadurch, daß ich mich, eines grausigen Endes gewiß, von seinen Sünden zurückhielt, mich davor in Einsamkeit barg. Muß ich mich nicht fragen, ob ich recht daran getan habe?" (DF, S. 665) Andererseits entschuldigt sich Serenus für mangelnden äußeren Aktivismus, der seiner individuellen Natur ohnehin recht fremd gewesen wäre, mit dem Hinweis auf den Leverkühn-Stoff seiner Aufzeichnungen; immerhin gestalte er damit ja das Leben und die ungewöhnliche künstlerische Leistung eines deutschen Genius, was doch Verbundenheit mit dem besseren Volkstum demonstriere: "Ich habe einem schmerzlich bedeutenden Menschen angehangen bis in den Tod und sein Leben geschildert, das nie aufhörte, mir liebende Angst zu machen. Mir ist, als käme diese Treue wohl auf dafür, daß ich mit Entsetzen die Schuld meines Landes floh." (DF, S. 665) Dahinter steht, in zu vergrößernder Parallele, das Anliegen Thomas Manns, als ein mit Herz und Verstand mit dem renommiertesten Deutschtum verbundener Exilautor, dass sein Sinnen und Trachten dem guten Geist in der deutschen Kultur verpflichtet sei und er dieser Anlage und Kraft ein Wiederauferstehen zu guten Werken wünscht - und dafür erinnert er sogar, eingefügt in die Charakteristik und die Denkweise des von ihm konzipierten Erzählers, an die Gnade Gottes: "Wann wird aus letzter Hoffnungslosigkeit, ein Wunder, das über den Glauben geht, das Licht der Hoffnung tragen? Ein einsamer Mann faltet seine Hände und spricht: Gott sei eurer armen Seele gnädig, mein Freund, mein Vaterland." (DF, S. 672)

In der Realität fällt es der deutschen Bevölkerung schwer, die in den letzten zwölf Jahren vertraut gewordenen Denkbahnen zu verlassen. Bei etlichen Deutschen saßen ja nazistische Strukturen noch seit längerer Zeit in den Köpfen, so dass auf ein Umdenken noch nicht zu hoffen war. Diejenigen ausländischen Kommissionen oder auch solche Exilschriftsteller, die das Nazitum nur als Diktatur einer Terrorbande betrachtet hatten, die sich den Staat und die Volksmassen mit Geschicklichkeit und Gewalt okkupiert hatte, sahen sich nach der Kapitulation Deutschlands enttäuscht, weil die fremden Truppen nicht als Befreier, sondern als Besatzer betrachtet wurden. Eine Solidarisierung mit dem nationalsozialistischen Staat herrschte in weiten Kreisen bis nach dem Untergang vor, so dass auf eine tiefer sitzende Infizierung der Soldaten, der Polizei und der Bürger von der NS-Ideologie geschlossen werden konnte. Trotz seines Bemühens, nie das Beste an Deutschland zu übergehen und außer Betracht zu lassen, ist Thomas Mann auch Analytiker der Realität in der Volksstimmung am Kriegsende, so dass er die Schwierigkeiten der deutschen Menschen erkennt, diejenigen Wertekategorien plötzlich zu verabscheuen, die sie in den letzten Jahren - manipuliert und indoktriniert - hochgehalten haben und zum Teil für gut heißen mussten. Sein Erzähler Zeitblom stellt in seiner sensiblen Wahrnehmung von Recht und Unrecht, von Wahrheit und Lüge nicht einmal den typisch deutschen Akademiker dar, der die Machenschaften hätte eigentlich durchschauen müssen. Die Furcht vor dem Terrorstaat, welche nicht nur das Aussprechen der Wahrheit, sondern sogar das Denken der Wahrheit niederhielt, haben die Außenstehenden unterschätzt! So ist sogar der in den USA stets hervorragend informierte Thomas Mann enttäuscht über die Resistenz der Deutschen gegenüber Befreiung und neu erlangter geistiger Freiheit. Diese Erfahrung über hartnäckiges Verhaftetbleiben in nationalsozialistischen Denkstrukturen und politischen Gewohnheiten muss es ihm noch schwerer gemacht haben, bei der weiteren Konzeption seines Faust-Romans zwischen Volksart und Fremdbestimmung der Deutschen zu differenzieren, wie er es für richtig und fair hält. Am 7. Mai 1945 äußert er sich im Tagebuch geradezu empört über die nicht nennenswert erfolgende Distanzierung der Deutschen von der Hitlerschen Gewalt- und Unrechtspolitik und von den Gräueltaten der Staatsorgane und der ausführenden Handlanger: "Übrigens aber wird dies oder das mit Deutschland, aber nichts in Deutschland geschehen, und bis jetzt fehlt es an jeder Verleugnung des Nazitums, jedem Wort, daß die `Machtergreifung´ ein fürchterliches Unglück, ihre Zulassung, Begünstigung ein Verbrechen ersten Ranges war. Die Verleugnung und Verdammung der Taten des Nationalsozialismus innen und außen, die Erklärung, zur Wahrheit, zum Recht, zur Menschlichkeit zurückkehren zu wollen, - wo sind sie? Die alberne Zerrissenheit der Emigration, der neidische Haß auf mich und meine Haltung kommen hinzu, die Freude niederzuhalten." (>Tagebuch 1944-46<, S. 200) Das Urteil des

Autors über die Mentalität des deutschen Durchschnittsmenschen ist
in den nicht-fiktionalen öffentlichen Reden und in den sprachlich
verknappten Notizen des Tagebuchs zweifellos schärfer und
realitätsbezogener als in der weitgehend fiktionalen Welt seines
>Doktor Faustus<! Sogar die vielen metatextuellen Einschübe sind im
Roman dort, wo Verbrechen benannt und Unrecht bedauert werden
muss, gemildert und in allegorische Bezüge eingefügt wegen seines
Hauptanliegens, die vergangene gute Substanz des Deutschtums durch
die Beschmutzung während des Dritten Reiches hindurch für die
weitere Zukunft bewahrt zu sehen! Im Tagebuch allerdings muss er
des Weiteren am 8. November 1945 notieren, dass ihm die Rückkehr
schwerfiele wegen der doch weitgehend noch ungewandelten
Geistesart der deutschen Bundesrepublikaner. Die Veränderung der
Staatsform habe die meisten Bürger noch nicht berührt und nicht zu
einer kritischen und demokratischen Mentalität veranlasst: "Manches
über die Mentalität der Deutschen. Es ist ganz deutlich, daß alles ist,
wie es war. Ich würde mich dort um nichts wohler fühlen, als um
1930." (>Tagebuch 1944-46<, S. 273) Und nach vielerlei ähnlichen
Beobachtungen wundert er sich am 13 Januar 1946 kaum mehr über
tiefsitzenden Nazismus, als Ernst Jüngers Broschüre >Der Friede. Ein
Wort an die deutsche und die europäische Jugend< mit eigentlich
überlebt geglaubten Prädikaten rezensiert wird: "Schönheit des
Krieges, Größe des deutschen Soldaten, deutscher Lebensraum,
Rückkehr des deutschen Ehrgefühls" (>Tagebuch 1944-46<, S. 299)

9   Die Politik
9.1   Die Studentenkorporation >Winfried<

Während ihrer vier gemeinsamen Semester an der Universität Halle in
den Jahren 1904-1906 betätigen sich Adrian und Serenus gemeinsam
mit ihren Kameraden Deutschlin, v. Teutleben, Arzt, Hubmeyer und
Schappeler in der Studentenverbindung >Winfried<. Die Korporation
pflegt das Wandern in freier Natur, die Musik und das offene
Diskutieren. Besonders Kommilitone Deutschlin - der Autor macht
dabei wieder von Namensironie Gebrauch - tut sich als Kontrahent
seines Mitstudenten Adrian, der alles gemäßigter sieht und gar nicht

von der positiven Unerfahrenheit der Jugend zu schwärmen vermag, durch den Lobpreis des Jugendkultes als einer bedeutsamen deutschen Aufbruchserscheinung hervor: "Der Jugendgedanke ist ein Vorrecht und Vorzug unseres Volkes, des deutschen, - die andern kennen ihn kaum, Jugend als Selbstsinn ist ihnen so gut wie unbekannt, sie wundern sich über das wesensbetonte und von den höheren Altersklassen gebilligte Gebaren der deutschen Jugend und selbst über ihr unbürgerliches Kostüm. Mögen sie nur. Die deutsche Jugend repräsentiert, eben als Jugend, den Volksgeist selbst, den deutschen Geist, der jung ist und zukunftsvoll, - unreif, wenn man will, aber was will das besagen! Die deutschen Taten geschahen immer aus einer gewissen gewaltigen Unreife, und nicht umsonst sind wir das Volk der Reformation [...] Wo bliebe die Welt auch, wenn Reife das letzte Wort wäre! Wir werden ihr in unserer Unreife noch manche Erneuerung, manche Rvolution bescheren." (DF, S. 159 f) Im Folgenden steigert sich der Theologiestudent Deutschlin in eine Definition deutschen Wesens hinein, die in eine metaphysische und religiöse Deutung des Unterwegsseins, des Wagemuts und des Sendungsbewusstseins einmündet. Durch diesen Studenten wird die germanische Volksart faustisch und archaisch interpretiert, wobei das Ursprüngliche und Gewaltige mit dem religiös konnotierten Drang nach oben gekoppelt ist: "Religiosität, das ist vielleicht die Jugend selbst, es ist die Unmittelbarkeit, der Mut und die Tiefe des personalen Lebens, der Wille und das Vermögen, die Naturhaftigkeit und das Dämonische des Daseins, wie es uns durch Kierkegaard wieder zum Bewusstsein gekommen ist, in voller Vitalität zu erfahren und zu durchleben." (DF, S. 161) Der Autor lässt sich seinen Erzähler Serenus ganz exakt in die 40 Jahre zurückliegenden Gespräche einfinden und konstruiert besonders in der Figur Deutschlins einen Prototyp des arischen Jung-Nationalisten, der eifrig, naiv und selbstsicher Nietzsches Vitalismus und die Lebensphilosophie, Kierkegaards Individualismus und sein religiöses Suchen und einen eitlen Patriotismus und Rassismus in sich vereint. Damit setzt Thomas Mann in einer neuen und eigenwilligen Geschichtsterminologie den Beginn der deutschen nationalistischen Ära bereits mit der Epoche der Jugendbewegung an! Dies fügt sich zur Terminierung des Teufelspaktes - diesen lässt er mit der Infizierung Adrians im Preßburger Bordell ebenso 1906 beginnen und in der Fiktion nach 24 Jahren 1930 mit Adrians geistiger Umnachtung, oder in der äußeren Realität ebenso 1930 (dann mit der Kanzlerschaft Heinrich Brünings und mit Beginn einer rechtsradikalen Vormacht in den deutschen Städten) enden. Die übliche Einteilung der historischen Epochen, also 1871-1914, 1914-1918, Weimarer Republik, 1933-1945, wird vom Autor offensichtlich wegen seiner Überzeugung, dass das deutsche Denken schon seit der Zeit der Jugendbewegung und des Jugendkults nationalistisch besetzt gewesen sei, nicht übernommen! Im >Doktor Faustus<-Roman bläst, ohne sich dessen bewusst zu sein, der das sozialistische Gesellschaftsmodell vertretende Matthäus Arzt - auch bei ihm liegt Namensironie vor, in doppelter Form; weil das Matthäus-Evangelium das Muster der christlichen Sozialarbeit, die Bergpredigt, enthält - in das Horn des Nationalismus und des Germanenkultes: "Der religiöse Sozialismus, die sozial gebundene Religiosität, das sei es, denn die rechte Bindung zu finden, daran sei es gelegen, und die theonome Bindung müsse mit der sozialen, mit der Bindung an die von Gott gestellte Aufgabe der Gesellschaftsvervollkommnung vereinigt werden. `Glaubt mir nur´, sagte er, `auf das Heranwachsen eines verntwortlichen Industrievolkes, einer internationalen Industrie-Nation kommt alles an, die einmal eine echte und rechte europäische Wirtschaftsgesellschaft bilden kann.´" (DF, S. 162 f) Dieser Kommilitone Adrians wurde total von der offensichtlich bereits `schicken´ nationalen Ideologie vereinnahmt, so dass er gar nicht auf die Idee kommt, für die SPD oder für die Demokratie zu schwärmen. Die übrigen Studenten sind nicht von vornherein derselben Ansicht, wie sie Deutschlin oder Arzt von sich geben, sie müssen aber stets einräumen, dass der Legitimierung des Machtstaates deutscher Vorbildlichkeit nicht mit besseren Argumenten oder gar durch Ablehnung von "Namensfetischismus" oder "Strukturromantik" widersprochen werden könne. In diesem Zusammenhang ist interessant, dass der Romanheld, der ja später deutsche Anfälligkeit für Phraseologie, Berufungsbewusstsein und Übersteigerung verkörpern soll, keineswegs der Meinung seiner damaligen Fachschaftskollegen ist. Der 20-jährige Adrian lässt die Diskurse oder glühenden Tiraden für deutsche Überlegenheit von sich abprallen und gibt nur kurze, mäßigende Kommentare von sich. Der Autor mag seine Hauptfigur auschließlich über das Musiker- und Teufelspakt-Motiv als künstlerisch und mythologisch angesteckt gestalten, keinesfalls aber über einen expliziten, persönlich vertretenen politischen Nationalismus! Der beschreibende, aber deshalb nicht unkritische Blick Thomas Manns gilt dieser Aufbruchsphase eines naturhaften Lebenskultes kurz nach der Jahrhundertwende. Darin mögen die Hallensischen Theologiestudenten einen Symbolwert haben für die früh auftretende ideologische Rechtslastigkeit der Vertreter der christlichen Kirchen wohl beider Konfessionen. In der rückschauenden Wahrnehmung Thomas Manns hat die Jugendbewegung durch die extensive Betonung naturhafter, archaischer und antibürgerlicher Impulse den offenen und brutalen organisierten Nationalismus der zwanziger Jahre mit vorbereitet und in seiner später erfolgreichen Form mit ermöglicht! Der Erzähler darf darüber reflektieren, inwieweit der Musiker Leverkühn von der Diskussionen und Positionen der Winfriedianer und von ihrer Naturerfahrung beeindruckt wurde, und so vermutet er eine gewisse strukturelle Beeinflussung durch das Erlebnis großräumiger, bizarrer und bildschöner Landschaften bei ihren Wanderfahrten, aber durchwegs eine Gefeitheit gegen die Begeisterung von jugendlicher Unvernunft und ungebärdetem Lebensdrang. Der Autor hält die Unreife und die politische Ideologie von seinem Helden fern. Er verurteilt die jungen Deutschnationalen nicht, obwohl die Erzählhaltung die leicht ironisierende Sicht bevorzugt. Der Autor möchte die Konzeption eines elitären Musik-Genies nicht trüben durch Einschlüsse von unvergorener nationaler Pathetik: "Auch für ihn selbst galt es kaum, denn, falls nicht etwa die Migräne ihn schweigen machte, trug er lebhaft zu den Tagesgesprächen bei, und wenn die Natur ihm auch keine begeisterten Ausrufungen entlockte und er mit einer gewissen sinnenden Zurückhaltung auf sie blickte, so zweifle ich nicht, daß ihre Bilder, Rhythmen, hochhingetragenen Melodien ihm tiefer in die Seele drangen, als den Genossen, und habe bei manchem Vorübergang reiner, gelöster Schönheit, der sich aus seinem geistgespannten Werk hervortut, später an jene gemeinsamen Eindrücke denken müssen [...] Ich spürte, nicht ohne Beklemmung, einen Schicksalsabgrund zwischen dieser strebend gehobenen Jugend und seiner Existenz, den Unterschied der Lebenskurve zwischen gutem, ja vortrefflichem Durchschnitt, dem bald aus dem vagierenden, versuchenden Burschentum ins bürgerliche Leben einzulenken bestimmt war, und dem sichtbar Gezeichneten, der den Weg des Geistes und der Problematik nie verlassen, ihn wer weiß, wohin, weitergehen sollte, und dessen Blick, dessen nie ganz ins Bürgerliche sich lösende Haltung, dessen Hemmungen beim Du und Ihr und Wir sagen mich und auch die anderen empfinden ließ, daß auch er diesen Unterschied ahnte." (DF, S. 170 f)

9.2 Die Münchner Salons der Kunstmäzene und Gelehrten

Schon ab 1909 bis 1910 im Hause der Senatorin Rodde in der Münchner Rambergstraße, unterbrochen dann durch den eineinhalbjährigen Italien-Aufenthalt mit Rüdiger Schildknapp, hat sich Adrian einen großen Bekanntenkreis geschaffen, dem er dann auch in den folgenden Pfeifferinger Jahren die Treue hält. Man traf und trifft sich in den vornehmen Salons der Senatorin, des Ehepaars Schlaginhaufen oder des Papierindustriellen Bullinger, im Fasching auch bei Schwabinger Künstlerfesten. Neben den beiden Künstler-Freunden Adrians, Rudi und Rüdiger, ist stets auch der Erzähler Serenus zugegen, der von Freising aus hinzukommt und sich in Schwabing ein Zimmer gemietet hat. Weitere feste Mitglieder der Musik- und Gesprächskreise sind die Kunstmaler Leo Zink und Baptist Spengler, der Instrumentenbauer Konrad Knöterich, die Dichterin Jeanette Scheurl, der Kulturschriftsteller v. Gleichen-Rußwurm, der Numismatiker Dr. Kranich, der Generalintendant v. Riedesel und der Privatgelehrte Dr. Chaim Braisacher. Im 28. Romankapitel geraten die Letztgenannten bei einem dieser Privattreffen aneinander. Die Kontahenten vertreten eigentlich beide eine rückwärtsgewandte Position. Riedesel ("Er sah in allem Alten und Historischen eine Trutzburg gegen das Neuzeitliche und Umstürzlerische", DF, S. 370) vertritt den Konservatismus von Adels und der Tradition wegen; Breisacher ("Die verächtlichste Vokabel in seinem Munde war das Wort `Fortschritt´", DF, S. 373) ist konservativ, weil es wieder en vogue ist, Althergebrachtes zu verteidigen. Der Privatgelehrte scheut sich nicht, die expressionistische Kunst für viel zu kompliziert zu halten; weise sei es, sich in die Selbsterklärungen der modernen Maler und Musiker gar nicht erst hineinversetzen zu wollen. Ihm erscheint es berechtigt, das Einfache, Schlichte und Ursprüngliche für schön, das Umgeformte, Erweiterte und Vielschichtige für primitiv zu erachten: "Die sogenannte Höherentwicklung, die Komplizierung, der Fortschritt sind also zuweilen die Leistung der Barbarei." (DF, S. 374) Der Erzähler versteht, dass der Intendant und ehemalige kaiserliche Oberst konsterniert ist vom intellektuell unterlegten Konservatismus der Modernitäts- und überhaupt der Kulturfeindlichkeit Dr. Breisachers: "Der Baron tat mir wahrhaftig leid. Seinen Kavalierskonservativismus übertrumpft zu sehen durch das fürchterlich gescheite Ausspielen des Atavistischen, durch einen Radikalismus der Bewahrung, der nichts Kavaliermäßiges mehr, sondern eher etwas Revolutionäres hatte und zersetzender anmutete, als jeder Liberalismus, dabei aber eben doch, wie zum Hohn, einen löblich konservativen Appell besaß, mußte ihn in tiefster Seele verwirren [...]" (DF, S. 379) Der Jude Breisacher huldigt auch auf religiösem Gebiet einem Archaismus, der absolut unzeitgemäß erscheint, dessen intelligible Begründung aber extrem modernistisch wirkt. Der Gesprächszeuge Serenus fasst Breisachers schockierende Meinung zusammen und zitiert die wichtigsten Bonmots dieser ungewöhnlichen Neubetrachtung alttestamentlicher Erzählungen und Forderungen: "Für ihn waren solche jedem Christenkinde ehrwürdigen biblischen Personagen wie die Könige David und Salomo, sowie die Propheten mit ihrem Salbadern vom lieben Gott im Himmel, bereits die heruntergekommenen Repräsentanten einer verblasenen Spät-Theologie, die von der alt- und echten hebräischen Wirklichkeit des Volks-Elohim Jahwe keine Ahnung mehr hatte und in den Riten, mit denen man zur Zeit echten Volkstums diesem Nationalgott diente oder vielmehr ihn zu körperlicher Gegnwart zwang, nur noch `Rätsel der Urzeit´ sah [...] `Gut, das Opfer von Blut und Fett, das einst, gesalzen und mit Reizgerüchen gewürzt, den Gott speiste, ihm einen Körper machte, ihn zur Gegenwart anhielt, ist für den Psalmisten nur noch ein `Symbol´ (ich höre noch den Akzent unbeschreiblicher Verachtung, mit dem Dr. Breisacher dies Wort aussprach) man schlachtet nicht mehr das Tier, sondern es ist kaum zu glauben, Dank und Demut.

`Wer schlachtet´, heißt es nun, `der ehrt mich.´ Und ein ander Mal: `Die Schlachtopfer Gottes sind ein reuiges Gemüt.´ Kurzum, Volk und Blut und religiöse Wirklichkeit ist das längst nicht mehr, sondern humane Wassersuppe." (DF, S. 376 f) Thomas Mann will in diesem Diskurs anhand der Person des Adeligen v. Riedesel sichtbar machen, dass die traditionell-konservative Geisteshaltung um Begründungen verlegen ist und außer der stereotypen Behauptung, dass das gut sein müsse, was immer schon war, nichts zu bieten habe. Auf der anderen Seite gäbe es - dies erklärt die Figuration des jüdischen Akademikers Dr. Breisacher - moderne Intellektuelle, die einem rohen Brutalismus und einem künstlerischen Atavismus das Wort redeten. Mit der Figur des Dr. Breisacher geht die Behauptung in den Roman ein, dass u.a. sogar auf der Seite der spater Ausgegrenzten der Blut- und Boden-Mythos des Dritten Reiches mit vorbereitet worden sei. Auf biblisch-religiösem Sektor wäre in der Sicht des Autors eine moderne Entmythologisierung alter, blutrünstiger Rituale für das geistig-politische Klima förderlicher gewesen. Die schlichte Historisierung und betonte Verdinglichung von Mythen und Kulten aus grauer Vorzeit und aus dem orientalischen Kulturraum durch solche neokonservative Intellektuelle wie Breisacher habe der politischen Vereinfachung und der Parolenhaftigkeit des gesellschaftlichen Lebens, die schließlich u.a. die Hitlerzeit charakterisierte, keinen Widerstand geboten. Im Gegenteil, diese Interpretationsweise von Tradition sei auf derselben Ebene erfolgt, auf der eine geistige Uniformierung und Versimpelung habe Platz greifen können. In der Figur Breisachers macht Thomas Mann erkennbar, dass bereits auf dem Wege zum offenen deutschen Nationalismus das Barbarische im wahrsten Sinn des Wortes durch unbedachte Intellektuelle salonfähig gemacht worden ist.

Im 29. Romankapitel wird ein anderer Typ vorgestellt, der ebenso unter die geistigen Vorbereiter eines erst nach dem Ersten Weltkrieg hervorquellenden Nazitums zu bezeichnen ist. Es handelt sich um den Ehemann von Ines Rodde, den Dozenten für Kunstgeschichte Dr. Helmut Institoris. Nicht umsonst hat ihn Thomas Mann mit dem Namen des Verfassers des spätmittelalterlichen >Hexenhammer< ausgestattet; denn dieser schätzt die Epoche der Renaissance gerade deshalb, weil sie "Von Blut und Schönheit geraucht" habe. Die Figur wird äußerlich als unauffällig und harmlos, innerlich aber grob und blutrünstig charakterisiert. Der Kunstgeschichtler verwechselt den Impetus der italienischen Renaissance, der auf Wiedergabe natürlicher, veredelter Körperlichkeit und auf Herausarbeitung innerlicher Würde und Größe zielt, mit einem isolierten Kult von Kraft und Gewalt: "Er war ein blonder Langschädel, eher klein und recht elegant, mit glattem, gescheiteltem, etwas geöltem Haar. Den Mund überhing leicht ein blonder Schnurrbart, und hinter der goldenen Brille blickten die blauen Augen mit zartem, edlem Ausdruck, der es schwer verständlich - oder vielleicht eben gerade verständlich - machte, daß er die Brutalität verehrte, natürlich nur, wenn sie schön war." (DF, S. 383) Mit Institoris kommt die Martialität des späteren Übermenschen-Kultes im Dritten Reich auf der Basis der Kompensation eigener Unbedeutenheit daher, und die Grobheit der Gesinnung tarnt sich im Habitus des wissenschaftlichen Ästheten!

Nach der vierjährigen Unterbrechung der Münchner Salongespräche treffen sich Adrian und Serenus beim Kunstsammler Sixtus Kridwiß in der Schwabinger Martiusstraße gelegentlich zu "diskursiven Herrenabenden", bei denen ferner die bereits vorgestellten rechtslastigen Bürger Dr. Helmut Institoris und Dr. Chaim Breisacher zugegen sind. Dazu gesellen sich der Paläozoiker Dr. Egon Unruhe, der Literaturwissenschaftler Prof. Georg Vogler, der Kunsthistoriker (Schwerpunkt Dürer-Forschung) Prof. Gilgen Holzschuher und der Dichter Daniel Zur Höhe. Letzterer zitiert aus seinem Werk >Proklamationen< in einem Ausdruck von "schwelgerischem Terrorismus" den Appell seiner Hauptfigur, des siegreichen Christus der Endzeit, der die mönchischen Gelübde Armut, Keuschheit und Gehorsam verlangt und in kriegerischer Martialität gipfelt: "`Soldaten!´, schloß die Dichtung, `ich überliefere euch zur Plünderung - die Welt!´" (DF, S. 483) Neben solchen kruden Tiraden kommen Auffassungen zum Vorschein, welche die Kriegszeit zwar als Schädigung der Empfindlichkeit der Menschen gegenüber dem Einzelwesen deuten, andererseits aber eine Geschichtsepoche begrüßen, welche den Anbruch eines neuen Lebensgefühls beinhalte, das den Niedergang der bis zum Ersten Weltkrieg vorherrschenden bürgerlichen Tradition gutheiße. Da sieht der stille Gesprächsprotokollant Zeitblom, hier wieder als Sprachrohr des

Autors fungierend, die seit der Renaissance-Zeit von den gebildeten Bürgern herausgearbeiteten Werte wie Wissen, Aufklärung und Humanität einem amoralischen Modernismus preisgegeben: "Daß es Männer der Bildung, des Unterrichts, der Wissenschaft waren, die diese Kritik übten - und zwar mit Heiterkeit, nicht selten unter selbstgefällig-geistesfrohem Gelächter übten, verlieh der Sache noch einen besonderen, prickelnd beunruhigenden oder auch leicht perversen Reiz; und wohl überflüssig ist es dabei, zu sagen, daß die uns Deutschen durch die Niederlage zuteilgewordene Staatsform, die uns in den Schoß gefallene Freiheit, mit einem Wort: die demokratische Republik auch nicht einen Augenblick als ernstzunehmender Rahmen für das visierte Neue anerkannt, sondern mit einmütiger Selbstverständlichkeit als ephemer und für den Sachverhalt von vornherein bedeutungslos, ja, als ein schlechter Spaß über die Achsel geworfen wurde." (DF, S. 485) Mit dieser als symptomatisch zu betrachtenden Szenen-Schilderung zeiht der Autor die Gelehrtenwelt der zwanziger Jahre der Unreife, der Traditionsvergessenheit und der fehlenden Vorausschau. Nicht das schier dümmliche Amusement und der Hohn gegenüber der demokratischen Chance des Weimarer Grundgesetzes wäre angebracht gewesen, sondern die sorgfältige Nutzung der Verbreitung gehobener Meinung, die gesinnungsfeste Abkehr von alten Fehlern und die entschlossene Abwehr von Feinden der Verfassung! Damit baut der Autor seine eigene, 1922 in der Festrede zu Gerhart Hauptmanns 70. Geburtstag unter dem Thema >Von deutscher Republik< vehement vertretene prodemokratische Position in den >Doktor Faustus<-Roman ein! In der fiktionalen Gestaltung sind es die Intellektuellen, denen Thomas Mann Versagen vorwirft: geistig tätige Menschen in verantwortungsvoller Stellung hätten die Gelegenheit verstreichen lassen, die eine auf Menschen- und Bürgerrechten aufgebaute Staatsform geboten habe, das Erhaltenswerte und Notwendige fortzuführen und zu festigen! Dagegen bliesen die Hochschulgelehrten der Weimarer Zeit ins Horn des aktuellen Primitivismus und verunglimpften die Möglichkeiten der Verankerung des Besten aus deutscher Tradition in Gestalt einer Republik. Die Chance, die schon im Ausland getesteten und bewährten Strukturen für eine neue deutsche Gesellschaftsordnung zu übernehmen, ließen die Akademiker und Kulturmäzene unbedacht verstreichen. Für ihr Unverständnis gegenüber dem demokratischen Gesellschaftsmodell hat die Gesprächsrunde dieser Intellektuellen durchaus Referenzen wie Alexis de Toqueville und George Sorel, deren Rezeption im Kridwiß-Kreis auf Verhöhnung des Freiheitspathos und auf die Bejahung des Machtstaates hinausläuft. Besonders hat es den Akademikern Sorels 1907 erschienenes Buch >Réflexions sur la violence< angetan, in dem die Ansicht vertreten wird, dass es in Zukunft auf die Beherrschung der Massengesellschaft mittels "mythischer Fiktionen" ankomme. In diesem Abschnitt des 34. Romankapitels nimmt der Autor wieder einmal seinem Erzähler die Feder aus der Hand und redet in klarer Metatextualität von den Gefahren eines solchen Infiltrates für anpassungswillige Gelehrtenseelen. Mit derartigem Gedankengut schleiche sich gefährliche Irrationalität in die Politik ein, und das Verschwommene und Fanatische verdränge den dringend benötigten analysierenden Verstand aus der gesellschaftlichen Meinungsbildung. Thomas Mann bekräftigt im Verdikt über ein defätistisches Werk, das den Massenwahn mit politischen Trugbildern unterstützt hat, seine These, dass die Wurzeln des Zerfalls der Weimarer Republik und der folgenden Machtübernahme durch rechtsextreme Despoten bereits in den Ausläufern des wilhelminischen Kaiserreiches anzusiedeln seien: "Dieses war in der Tat die krasse und erregende Prophetie des Buches, daß populäre oder vielmehr massengerechte Mythen fortan das Vehikel der politischen Bewegung sein würden: Fabeln, Wahnbilder, Hirngespinste, die mit Wahrheit, Vernunft, Wissenschaft überhaupt nichts zu tun zu haben brauchten, um dennoch schöpferisch zu sein, Leben und Geschichte zu bestimmen und sich damit als dynamische Realitäten zu erweisen." (DF, S. 486 f) Der Autor ist darüber entsetzt, dass die diskutierenden Akademiker nicht nur diesen Ideen nicht widersprechen und sie als notwendig kommend betrachten, sondern, dass sie die Ideologie der Massenlenkung mittels pseudoreligiöser Parolen sogar für gut befänden, um gesellschaftliche Energien zur Massenbefriedigung und zur Massensteuerung zu entfesseln! Dieses undemokratische Gedankenmaterial und der sich daraus ergebende mythisch unterlegte Aktionismus der Politiker und der aufgeputschten Volksmassen sind es, die auch den Augen- und Ohrenzeugen Serenus aus seiner Zurückhaltung reißen und ihn zur Einmischung bewegen. Er will etwas tun, damit der Unterschied zwischen Wahrheit und Utilitarismus nicht ganz verloren geht, nachdem er schon über den Untergang einer Jurisprudenz auf der Basis von Gerechtigkeit angesichts einer faktischen Rechtsprechung zugunsten eines ominösen Volksempfindens räsonniert hat: "Ich schlug wohl einmal, `wenn wir einen Augenblick ernst sein wollten´ vor, zu überlegen, ob nicht ein Denker, dem die Nöte der Gemeinschaft sehr wohl am Herzen lägen, dennoch vielleicht besser täte, sich die Wahrheit und nicht die Gemeinschaft zum Ziele zu setzen, da dieser mittelbar und auf die Dauer mit der Wahrheit, und selbst der bitteren Wahrheit, besser gedient sei, als mit einem Denken, das ihr auf Kosten der Wahrheit dienen zu sollen meine, in Wirklichkeit aber durch solche Verleugnung die Grundlagen echter Gemeinschaft von innen zersetze. Aber ich habe nie im Leben eine Bemerkung gemacht, die kompletter und widerhalloser unter den Tisch gefallen wäre, als diese." (DF, S. 489)

In die Berichterstattung über derartige Intellektuellen-Runden fügt der Autor seinen versteckten Kommentar und seine Gegenposition zur um sich greifenden deutschnationalen Ideologie ein. Nach Ansicht Thomas Manns werde durch die Bindung unabhängiger Institutionen an das angebliche Volksempfinden oder an behauptete Notwendigkeiten der Massenlenkung die Natur solcher Einrichtungen unterhöhlt. Sie fußten auf geistigen und philosophischen Grundlagen, und wenn diese nicht mehr vertreten oder angestrebt werden, bräche das bisher geordnete gesellschaftliche Gefüge zusammen. Das Archaische und das Barbarische kämen wieder zum Vorschein, wenn die Orientierung am Höheren und am individuellen Menschenbild verlorengehe. Das Gefährliche und diese Hochschullehrer in den Bann Ziehende an der positiven Vertretung einer Orientierung am Völkischen sei ihre Modernität! Das ganz Alte und überwunden Geglaubte trete wieder im Gewand des Aktuellen und Zukunfstbezogenen in Erscheinung und bedeute den Ruin der bisher erreichten Kulturhöhe: "Es war eine alt-neue, eine revolutionär rückschlägige Welt, in welcher die an die Idee des Individuums gebundenen Werte, sagen wir also: Wahrheit, Freiheit, Recht, Vernunft, völlig entkräftet und verworfen waren oder doch durch einen von dem der letzten Jahrhunderte ganz verschiedenen Sinn angenommen hatten, indem sie nämlich der bleichen Theorie entrissen und blutvoll relativiert, auf die weit höhere Instanz der Gewalt, der Autorität, der Glaubensdiktatur bezogen waren, - nicht etwa auf eine reaktionäre, gestrige oder vorgestrige Weise, sondern so, daß es der neuigkeitsvollen Rückversetzung der Menschheit in theokratisch mittelalterliche Zustände und Bedingungen gleichkam." (DF, S. 489) Die Kritik des Autors richtet sich nicht nur gegen die Wissenschaftler, die sich vom unseligen neuen und zugleich archaischen Zeitgeist gerne unterjochen ließen, sondern auch gegen den freiwilligen Verzicht dieser Doktoren auf ideologiefreie und damit voraussetzungslose Forschung! Die Bindung an ein politisches Programm, erst recht an ein gegenüber der Geisteskultur feindliches, liefere die Wissenschaft letztlich dem Zwang des Regimes aus und mache sie nach Ansicht Thomas Manns - wieder spricht er in Metatextualität an Stelle seines Erzählers - dann selbst zum Büttel der Macht: "Die Forschung hatte allerdings Voraussetzungen - und ob sie welche hatte! Es waren die Gewalt, die Autorität der Gemeinschaft, und zwar waren sie es mit solcher Selbstverständlichkeit, daß die Wissenschaft garnicht auf den Gedanken kam, etwa nicht frei zu sein. Sie war es subjektiv durchaus - innerhalb einer objektiven Gebundenheit, so eingefleischt und naturhaft, daß sie in keiner Weise als Fessel empfunden wurde." (DF, S. 490) Der Autor hat zu seinem Bedauern festgestellt, dass sich anscheinend viele Forscher aus der Geistes- und Kunstwissenschaft faktisch fraglos die völkische Ideologie der NSDAP zu eigen gemacht hatten. So lässt er seinen Erzähler kurz aufbegehren, aber die Ohnmacht von Autor und Erzähler gibt den langen Textpassagen über das Mitläufertum der Kulturwissenschaftler das Gepräge. Die Machtübernahme der NS-Ideologie auf dem akademischen Sektor findet in der Sichtweise des >Doktor Faustus<-Romans schleichend - einige Jahre vor der offenkundigen Übermacht der NSDAP gemäß den Wahlergebnissen - also etwa ab der Mitte der zwanziger Jahre statt und damit einen erheblichen Zeitraum vor der offiziellen Machtübergabe der Regierungsgewalt an den neuen Reichskanzler Adolf Hitler am 30. Januar 1933! Die historische Terminologie, welche dem Faust-Pakt der Romanhandlung die 24-jährige Spanne zwischen 1906 bis 1930 zuweist, wird dadurch unterstrichen. Der Autor lässt wegen dieser eminent ideologiekritischen Sicht die übliche Datierung der Geschichtsepochen außer Acht und verzichtet sogar in der Binnenwelt des Romans auf eine genaue zeitliche Zuordnung der Handlung, wie sie bei allen anderen Roman-Motiven und Romanepisoden vorgenommen wird. Der Rechtsradikalismus habe sein Unternehmen des Zugriffs auf die deutsche Kultur schon während des Wilhelminismus begonnen und habe sich nach dem Ersten Weltkrieg bruchlos und zunehmend erfolgreicher weiterentfaltet! Mit dieser Betrachtungsweise vollführt der Autor ab 1943 zweifellos eine Korrektur zu seiner offenbar auch wirklich gar zu unpolitischen Sicht auf den Wilhelminismus in seinem Essay >Betrachtungen eines Unpolitischen< von 1918! Den Prozess dieser langfristigen Nazifizierung bezeichnet der dann anscheinend mit dem Autor auf gleicher Reflexionsstufe stehende Erzähler als "intentionelle Re-Barbarisierung". (DF, S. 491) Beider Empörung ist sogar in noch konkreterer Weise beim Thema Euthanasie erkennbar. Mit diesem Motiv nimmt Thomas eine Rück-Übertragung des Wissens vor, das er während der amoralischen Auswüchse der Hitlerzeit nach dem Erlass der Gesetze zur Rassenreinheit im amerikanischen Exil erfahren hat. Er stattet seinen Erzähler, der sich an den Anfang der zwanziger Jahre erinnert, mit der Ahnung aus, dass sich die Inhumanität einer an das Volksempfinden gekoppelten medizinischen Wissenschaft zur perversen und brutalen Idee der systematischen Rassenhygiene steigern werde: "Zweifellos würde man auch die Nicht-Bewahrung des Kranken im größeren Stil, die Tötung Lebensunfähiger und Schwachsinniger, wenn man eines Tages dazu überging, volks- und rassehygienisch begründen, während es sich in Wirklichkeit - man wollte das gar nicht leugnen, sondern betonte es im Gegenteil - um weit tiefere Entschlüsse, um die Absage an alle humane Verweichlichung handeln würde, die das Werk der bürgerlichen Epoche gewesen war: um ein instinktives Sich in Form bringen der Menschheit für harte und finstere, der Humanität spottende Läufte, für ein Zeitalter umfassender Kriege und Revolutionen, das wohl hinter die christliche Civilisation des Mittelalters weit zurückführen und eher die dunkle Epoche vor deren Entstehung, nach dem Zusammenbruch der antiken Kultur zurückbringen werde." (DF, S. 492) Der Autor stellt mit diesen erschütternden, seherischen Worten eine Verbindung von Rassenwahn, Ermordung der Hilflosen und dem Überziehen der Welt mit imperialistischen Kriegen her! Der von vielen als glorreich empfundene Gedanke einer Vorherrschaft germanischen Volkstums birgt in der Tiefenschau des Dichters die brutale Rücksichtslosigkeit und den rationalistisch überhöhten Mord an wehrlosen Menschen als angeblich nötige Hygienemaßnahme einer rassen- und zuchtreinen Gesellschaft.

Während seiner Münchner Zeit im Jahr 1910, nachdem er sein Leipziger Philosophiestudium mit der Promotion zum Dr. Phil. abgeschlossen hat, lernt Adrian Leverkühn auch die bayerische Lebensart kennen, die ja bekanntlich dem alltagsfrohen Genießen und Feiern in geselliger Runde sehr aufgeschlossen ist. Der Romanheld nimmt an dem reichen Angebot an öffentlicher Entspannung und Unterhaltung in Begleitung von Serenus Zeitblom, Rudi Schwerdtfeger und Rüdiger Schildknapp und den Bekannten aus den Gesprächskreisen teil. Man schätzt die Ausgelassenheit der Faschingsbälle, entzieht sich nicht dem Bier-Konsum und staunt über das Oktoberfest. Doch die scheinbar belanglosen Worte des Erzählers über die Münchner Mentalität dürfen nicht darüber hinwegtäuschen, dass im kritischen Subtext der Zusammenfassung über bayerisches So-Sein die Selbstgenügsamkeit der Leute und ihr Aufgehen in Konsum und Fröhlichkeit nicht nur positiv gesehen werden können. Der Thüringer Serenus erkennt gemeinsam mit dem 1893 zum Münchner gewordenen Thomas Mann das Wesentliche am festfreudigen Bayerntum in seiner regionalen Begrenztheit und seiner urwüchsigen Selbstzufriedenheit. Zur Musik-Kultur gehört in München auch das reichliche Stillen der leiblichen Bedürfnisse, das Aufgehen des Individuums in der ausgelassenen Menschenmenge und die Unbekümmertheit gegenüber den großdeutschen Belangen: "Wovon ich spreche, ist das München der späten Regentschaft, nur vier Jahre noch vom Kriege entfernt, dessen Folgen seine Gemütlichkeit in Gemütskrankheit verwandeln und eine trübe Groteske nach der anderen darin zeitigen sollten, - diese perspektiven schöne Hauptstadt, deren politische Problematik sich auf den launigen Gegensatz zwischen einem halb separatistischen Volkskatholizismus und einem lebfrischen Liberalismus reichsfrommer Observanz beschränkte, - München mit seinen Wachtparade-Konzerten in der Feldherrnhalle, seinen Kunstläden, Dekorationsgeschäftspalästen und Saison-Ausstellungen, seinen Bauernbällen im Fasching, seiner Märzenbier-Dicktrunkenheit, der wochenlangen Monstre-Kirmes seiner Oktoberwiese, wo eine trotzig-fidele Volkhaftigkeit, korrumpiert ja doch längst von modernem Massenbetrieb, ihre Saturnalien feierte; München mit seiner stehengebliebenen Wagnerei, seinen esoterischen Koterien, die hinter dem Siegestor ästhetische Abendfeiern zelebrierten, seiner in öffentliches Wohlwollen gebetteten und grundbehaglichen Bohème." (DF, S. 273) Die politische Perspektive des >Doktor Faustus<-Romans bringt damit den doch engeren Horizont des gemütlichen, feucht-fröhlichen Bayerntums zur Sprache, wodurch die insgesamt apolitische Mentalität in den Zusammenhang einer Nicht-Rationalität in gesamtgesellschaftlichen Belangen gestellt wird. Vom deutschen Süden her war keine Kontrolle eines sich auswachsenden nationalen Extremismus zu erwarten. Im Gegenteil, in der Wahrnehmungsweise des Autors schien die geistige Befindlichkeit des süddeutschen Menschenschlags wegen seiner Arglosigkeit, Begeisterungsfähigkeit und Massenfreudigkeit der Einschwörung der deutschen Gemüter auf die Glorifizierung einer allgemeinen `Bewegung´ und der `höheren Berufung´ äußerst positiv gegenüberzustehen! Der Bayer wird als erzkonservativ, unintellektuell und rückwärtsgewandt vorgestellt. Der Autor hebt hervor, dass der typische Münchner zur Zeit des Kronprinzen Luitpold eigentlich von der großen Politik nichts wissen will und seine egozentrische, genussorientierte Gemütlichkeit pflegt! Man will leben und leben lassen; den meisten geht es gut und jeder möchte das Angebot der zahlreichen Veranstaltungen in Anspruch nehmen. Die ausgeprägte, barocke Religiosität förderte zudem die Ausrichtung auf das Innerliche und auf den Mitmenschen in unmittelbarer Nachbarschaft. Das Interesse für die Gestaltung des Staatssystems war durchwegs unterentwickelt, ein breiter Aktionismus für die Demokratie auf bayerischem Boden - die wenigen Monate einer Räterepublik Ende 1918 und Anfang 1919 bleiben ausgeklammert - schien dem Autor undenkbar.

9.3 >Betrachtungen eines Unpolitischen<, >Von deutscher Republik< und >Deutschland und die Deutschen<

Etliche Bemerkungen über den zwischen 1916 und 1918 verfassten Essay >Betrachtungen eines Unpolitischen< gehen von einer rundweg konservativen Einstellung Thomas Manns gegenüber der wilhelminischen Monarchie aus oder lassen sich gar vom verharmlosenden Titel in die Irre führen. Ein genauerer Blick in den umfangreichen Text bringt jedoch einen eminent sorgfältig beobachtenden politischen Menschen zum Vorschein, der vielfältige Gründe hat, nicht einfach aus staatsbejahenden Emotionen zur Feder zu greifen. Er verfasst nicht bloß eine Untermauerung eines althergebrachten politischen Systems, sondern er äußert sich zur gesamten gesellschaftlichen Lage in Deutschland, wie sie sich für den unabhängigen Autor darstellt. Thomas Mann sieht sich durch Vorgänge, die ihm für die Meinungs- und Gestaltungsfreiheit bedrohlich erscheinen, zur gründlichen Analyse der Position des Dichters und der Situation der Zeit herausgefordert: " [...] und nicht Staat und Wehrmacht waren es, die mich `einzogen´, sondern die Zeit selbst: zu mehr als zweijährigem Gedankendienst mit der Waffe, - für welchen ich am Ende meiner geistigen Verfassung nach so wenig geschickt und geboren war, wie mancher Schicksalsgenosse nach seiner physischen für den wirklichen Front- oder Heimatdienst, und von welchem ich heute, nicht gerade im besten Wohlsein, ein Kriegsbeschädigter, wie ich wohl sagen muß, an den verwaisten Werktisch zurückkehre." (>Betrachtungen<, S. 7) Durch die Krise dieser Jahre sieht er vor allem sein Dasein als Künstler problematisiert und erschüttert. Nicht die Berechtigung des Kaiserhauses, einen Weltkrieg gegen mehrere andere Nationen zu führen, wird in Frage gestellt, sondern die Möglichkeit, Sprachkunst zu produzieren in einer durcheinander geratenen Zeit. Er empfindet sich als bisher bereits allgemein anerkannter Dichter, den die gesellschaftlichen Umstände zwingen, nicht im Schweigen zu verharren. Er will auch nicht, unberührt von den Dingen um ihn herum, ein weiteres Romanwerk oder neue Novellen verfassen. Er sieht sich gedrängt, Stellung zu beziehen und eine politische Wertung vorzunehmen: "Denn so war die Zeit geartet, daß kein Unterschied mehr kenntlich war zwischen dem, was den einzelnen anging und nicht anging; alles war aufgeregt, aufgewühlt, die Probleme brausten ineinander und waren nicht mehr zu trennen, es zeigte sich der Zusammenhang, die Einheit aller geistigen Dinge, die Frage des Menschen selbst stand da, und die Verantwortlichkeit vor ihr umfaßte auch die Notwendigkeit politischer Stellungnahme und Willensentschließung." (>Betrachtungen<, S. 12) Thomas Mann stellt sich den auftretenden Problemen, die sein Selbstverständnis als Schriftsteller erschüttert haben und ihn zwingen, sein Verhältnis zu seiner veränderten Gegenwart neu zu definieren. Er ist sich bewusst, dass man ihm Erzkonservatismus vorwerfen möchte: "Nicht sowohl oder nicht nur als schlechter Denker hätte ich mich erwiesen, sondern auch und vielmehr als ein schlecht denkender, schlecht Gesinnter, als schlechter Charakter: indem ich nämlich Absterbendes, Hinfälliges zu stützen, zu verteidigen und dem Neuen und Notwendigen, der Zeit selbst zu wehren, zu schaden versucht hätte." (>Betrachtungen<, S. 15) Es gibt also eine bemerkenswerte Gegenströmung zu seiner eigenen Wahrnehmung, und in dieser herrscht eine diametral andere Grundstimmung vor; nämlich, dass die Männer des öffentlichen Wortes Wegbereiter der sich abzeichnenden Zeitströmung zu sein hätten. Von dieser vorwärtsgerichteten, aufbrechenden Einstellung setzt sich Thomas Mann unter Hinweis auf seine geistigen und künstlerischen Wurzeln ab. Er versteht sich als Sachwalter der besten Tradition des erzählerischen Realismus aus dem vorigen Jahrhundert: "Aber wie ich als Schriftsteller mich eigentlich als Abkömmling (natürlich nicht als Zugehörigen) der deutsch-bürgerlichen Erzählungskunst des neunzehnten Jahrhunderts fühle, die von Adalbert Stifter bis zum letzten Fontane reicht; wie, sage ich, meine Überlieferungen und artistischen Neigungen in diese heimatliche Welt deutscher Meisterlichkeit zurückweisen, die mich durch eine idealische Bestätigung meiner selbst entzückt und stärkt, sobald ich mit ihr in Berührung komme; so liegt auch mein geistiger Schwerpunkt jenseits der Jahrhundertwende. Romantik, Nationalismus, Bürgerlichkeit, Musik, Pessimismus, Humor - diese Atmosphärilien des abgelaufenen Zeitalters bilden in der Hauptsache die unpersönlichen Bestandteile auch meines Seins." (>Betrachtungen< S. 16 f) In der Befindlichkeit des anerkannten Epikers und Erzählers Thomas Mann hätten die Schriftsteller-

Kollegen seiner literarischen Gegenwart diese Rückbindung an das ästhetisch Geleistete vergessen und von der Orientierung an der Substanz der menschlichen Person Abstand genommen, um sich ganz den aktuellen Formalismen und den Utopien zu verschreiben: "Aktivismus vielmehr, Voluntarismus, Meliorismus, Politizismus, Expressionismus; mit einem Worte: die Domination der Ideale. Und die Kunst hat Propaganda zu treiben für Reformen sozialer und politischer Natur. Weigert sie sich, so ist ihr das Urteil gesprochen. Es lautet kritisch: Ästhetizismus; es lautet polemisch: Schmarotzertum." (>Betrachtungen<, S. 20) Thomas Mann spürt, dass die Tendenz, auf die gegenwärtige Realität zu regieren, bei anderen Dichtern zu einer Literatur des Engagements geführt hat! Die Epressionisten seiner Zeit beklagen den Krieg und basteln an Bildern eines neuen Menschen, sie wollen eingreifen, das Schlimme anprangern, verschiedene Heilsmodelle anbieten. Sie möchten heraus aus der als Ghetto empfundenen Orientierung an bürgerlichen Mustern des Darstellens und der Präsentierung verdeckter Kritik. Thomas Mann deutet die Intentionen der meisten anderen Dichter als schnöde Preisgabe künstlerischer Unabhängigkeit und als Verlust an Wert- und Traditionspflege! Er akzeptiert die Grundeinstellung der Epressionisten und Futuristen seiner Zeit nicht, dass man der ungeheuerlichen Zerstörung der Gegenwart mit völlig neuen künstlerischen und inhaltlichen Konzepten begegnen und sich sogar politisch agieren müsse. Die Konfrontation hat etwas von der literarästhetischen Diskussion zwischen l´art pour l´art-Standpunkt und literature engagée an sich. Doch sieht auch Thomas Mann, der sich gegen das Soll provokativer, von Sprachexperimenten geprägter Formen und gegen eine politisch-soziale Programmatik wehrt, eine Bindung, und es ist die Verpflichtung, die aus einer bereits erlangten geistige Höhe und einer bereits erreichten künstlerischen Vervollkommnung entsteht! Ohnehin könnten der bloße Fortschritt oder die Neuerung an sich für ihn nicht zum Dogma werden. Dass die anderen um der Rettung des gequälten Menschen willen durch kühnste Formen und impulsivste Inhalte aufbegehren und die Demontage der Kultur durch die Kriegshandlungen bewusst machen wollen, bleibt ihm fremd. Er schaut entsetzt auf den potentiellen Verlust an Würde, Größe und Eigenständigkeit des Literaten und weist die Forderung nach Aktualisierung und Politisierung der Sprachkunst zurück. Auf spezifische Leistungsmöglichkeiten derjenigen Kunstformen, die unter anderen wirkungs- und rezeptionsästhetischen Aspekten gesehen werden müssen, also auf die beachtlichen Erfolge der Epressionisten auf dramatischem und lyrischem Gebiet, geht der Romanautor und Essayist Thomas Mann gar nicht erst ein! So kann er die avantgardistische literarische Strömung seiner Gegenwart kopfschüttelnd und befremdet der Taditionsvergessenheit zeihen.

Noch aus einem anderen Grund vermag sich Thomas Mann nicht mit den aufkommenden Utopien zu befreunden. Es scheint ihm nicht der deutschen Art zu entsprechen, wenn plötzlich das Volk selbst über alles entscheiden soll! Das lässt zwei Rückschlüsse zu, die einen doch staunen machen. Erstens konnte sich die Forderung nach einer Republik trotz der Verurteilung des USPD-Wortführers Karl Liebknecht durch eine konservative und kaisertreue Justiz im Jahr 1916 zu einer 30-monatigen Gefängnisstrafe offensichtlich derart verbreiten, dass Thomas Mann die Demokratie als das Zielobjekt aller linksstehenden Kräfte voraussetzen konnte. Zweitens trug der Dichter ein Bild vom Durchschnittsdeutschen als stets gehorsamem, spießbürgerlichem Untertanen in sich, wie es gleichzeitig sein Bruder Heinrich in seinem satirischen Roman >Der Untertan< in Gestalt des fiesen Opportunisten Diederich Heßling konzipiert hat. Thomas Mann nimmt sich in seinem Essay kein Blatt vor den Mund und karikiert den Deutschen als demokratie-untauglich: "Ich bekenne mich tief überzeugt, daß das deutsche Volk die politische Demokratie niemals wird lieben können, aus dem einfachen Grunde, weil es die Politik selbst nicht lieben kann, und daß der vielbeschriene `Obrigkeitsstaat´ die dem deutschen Volke angemessene, zukömmliche und von ihm im Grunde gewollte Staatsform ist und bleibt." (>Betrachtungen<, S. 23) Damit hängt zusammen, dass Thomas Mann Politik als Angelegenheit der Masse und somit als etwas Pöblerisches und Unkultiviertes versteht. Er siedelt den Geist des Literaten unter den Aktionsarten von Würde und Vornehmheit an, die Agitationen des vermeintlich ungebildeten Durchschnittsmenschen jedoch als eine Rechtssetzung durch eine unqualifizierte Mehrheit und ein Manifestieren der Banalität: "Der Unterschied von Geist und Politik enthält den von

Kultur und Zivilisation, von Seele und Gesellschaft, von Freiheit und Stimmrecht, von Kunst und Literatur; und Deutschtum, das ist Kultur, Seele, Freiheit, Kunst und nicht Zivilisation, Gesellschaft, Stimmrecht, Literatur [...] International ist der demokratische Bourgeois, möge er überall auch noch so national sich drapieren; der Bürger - auch das ist ein Motiv dieses Buches - ist kosmopolitisch, denn er ist deutsch, deutscher als Fürsten und `Volk´: dieser Mensch der geographischen, sozialen und seelischen `Mitte´ war immer und bleibt der Träger deutscher Geistigkeit, Menschlichkeit und Anti-Politik." (>Betrachtungen<, S. 23 f) Mit diesen drastischen Worten outet sich der Autor als ein Zeitkritiker, der elitär denkt! Dem einfachen Mann auf der Straße traut er kein politisches Urteilsvermögen zu, konstatiert dessen Unkenntnis in gesellschaftlichen Angelegenheiten und vermutet dann Stimmabgabe zugunsten vielversprechender und verführerischer Agitatoren. Dem Groß- und Bildungsbürger aber ist Thomas Mann gewogen, solche Leute hätten seiner Ansicht nach Substanz und Repräsentationsberechtigung, ihnen traut er sogar eine weltbürgerliche Perspektive zu! Der Bürgerstand verkörpere die gute deutsche Tradition und müsse sie nicht zugunsten schnöder Masseneffekte verraten. Die sozialen Nöte und die Ohnmacht der kleinen Leute, besonders der Arbeiters, die Sorgen der Arbeitslosen oder der Frontsoldaten unterster Dienstgrade im straff organisierten kaiserlichen Machtstaat nimmt der Thomas Mann der Jahre 1916 bis 1918 nicht zur Kenntnis! Er sieht die Welt von oben und ist stolz auf sein Deutschtum im besten Sinne und begreift es als Verpflichtung zum Erhalt! Er nennt einige Namen unter den Geistesgrößen des 19. Jahrhunderts und sieht in diesen Genies des Denkens, Formulierens und künstlerischen Schaffens das genuin deutsche Genietum repräsentiert und seine eigenen geistigen und künstlerischen Väter: "Schopenhauer, Nietzsche und Wagner: ein Dreigestirn ewig verbundener Geister. Deutschland, die Welt stand in seinem Zeichen, bis gestern, bis heute - wenn auch morgen nicht mehr [...] Wenn ich von Schopenhauer den Moralismus - ein populäreres Wort für dieselbe Sache lautet `Pessimismus´ - meiner seelischen Grundstimmung habe, jene Stimmung von `Kreuz, Tod und Gruft´, die schon in meinen ersten Versuchen hervortrat: so findet sich diese `ethische Luft´, um mit Nietzsche zu reden, auch bei Wagner; in ihr steht ganz und gar sein riesenhaftes Werk, und ebensogut auf seinen Einfluß könnte ich mich berufen. Wenn aber eben diese Grundstimmung mich zum Verfallspsychologen machte, so war es Nietzsche, auf den ich dabei als Meister blicke; denn nicht so sehr der Prophet irgendeines unanschaulichen `Übermenschen´ war er mir von Anfang an, wie zur Zeit der Modeherrschaft der meisten, als vielmehr der unvergleichlich größte und erfahrenste Psychologe der Dekadenz...Selten denke ich, wird auf einen Nicht-Musiker - und entschiedeneren Nicht-Dramatiker - der Einfluß Wagners so stark und bestimmend gewesen sein, wie ich es von mir zu bekennen habe. Nicht als Musiker, nicht als Dramatiker, auch nicht als `Musikdramatiker´ wirkte er auf mich, sondern als Künstler überhaupt, als der moderne Künstler par excellence, wie Nietzsche´s Kritik mich gewöhnt hatte ihn zu sehen, und im besonderen als der große musikalisch-epische Prosaiker und Symboliker, der er ist." (>Betrachtungen<, S. 58 f) Thomas Mann philosophiert und argumentiert auf einer höheren Ebene als sie der rein politologischen Betrachtungsweise zugänglich ist. Freilich hat der großbürgerliche Autor in jenen Jahren keinen Sinn für die nach einer besseren Staatsform schreienden missbrauchten, verarmten, fast rechtlosen Menschen der unteren Schichten und deren Sprachrohre, die Arbeiter-Literaten oder die linksbürgerlichen Schriftsteller. Er knüpft bei den Geistes- und Kulturgrößen der unmittelbaren Vergangenheit an und möchte ihr Erbe, das er als persönliche und kulturelle Verpflichtung versteht, fortführen und mit seinen individuellen Sprach- und Gestaltungsmitteln in seiner Gegenwart Ähnliches schaffen! Seine Arbeit muss in dieser Optik also unbeeinflusst und ungefährdet sein von all den Einflüssen, die Verflachung, Parteilichkeit und Indokrinierung mit sich bringen könnten. Er geht sogar soweit, die genannten Heroen nicht nur als Vorbilder und Muster seines eigenen Schaffens und Trachtens anzusehen, sondern sie sogar nach den Maßstäben seiner eigenen Persönlichkeit zu bewerten. Er ist sich seiner singulären Größe als früh anerkannter deutscher Epiker des 20. Jahrhunderts, ein Umstand, der Verpflichtungen beinhaltet und Ansprüche setzt, bewusst! Er weiß um Würde, Stellung und Abgehobenheit - und versteht diese Eigenschaften als persönlichen

Ansporn und als Aufgabe auch im Namen derer, die wie er das wissenschaftlich und künstlerisch Erreichte hochhalten und reinhalten wollen. Deshalb definiert Thomas Mann den edleren Teil des Deutschtums als der Republik und der demokratischen Meinungs- und Mehrheitsbildung abhold. Ihm geht es um die Bewahrung der Blütezeit des Geistigen, wie sie im 19. Jahrhundert grundgelegt wurde. Dieses Vorhaben könne nur bei ruhiger, organischer Entwicklung ohne Mitwirkung der breiten Masse gelingen. Deshalb deutet der Autor Nietzsches Vitalismus als konstruktive Kraft, die in der Gestaltung durch traditionsbewusste Kulturträger das Vergangene harmonisch auf neue Zeitverhältnisse übertragen könne, ohne dass es durch Vordergründigkeit, Verzweckung und Banalisierung beschädigt werde: "Der Lebensbegriff, dieser deutscheste, goethischste und im höchsten, religiösen Sinn konservative Begriff, ist es, den Nietzsche mit neuem Gefühle durchdrungen, mit einer neuen Schönheit, Kraft und heiligen Unschuld umkleidet, zum obersten Range erhoben, zur geistigen Herrschaft geführt hat." (>Betrachtungen<, S. 62)
Thomas Mann definiert die staatlichen Angelegenheiten als sachliche Erfordernisse, die kulturellen Verpflichtungen als geistige Aufgabe. Diese Unterscheidung mag seine elitäre Sicht ähnlich wie die Unterscheidung zwischen Pöbelhaftigkeit und Bürgerlichkeit in gewisser Weise nachvollziehbar machen. Für die organisatorischen Dinge genügten Lehre und Sachverstand, für die Wissenschaft und Kunst hingegen würden Reife, Geschichtsbewusstsein und kulturelles Ethos benötigt: " [...] ich finde nicht, daß der Staat `wie ein Irdisch-Göttliches zu verehren´ sei, ich sehe in ihm keinen `Selbstzweck´, - etwas Technisches mehr als etwas Geistiges, eine Maschine, die zu betreuen und zu beaufsichtigen Sache der Fachmänner ist; ich meine nicht nur nicht, daß die Bestimmung des Menschen im Staatlich-Gesellschaftlichen aufgehe, sondern ich finde diese Meinung sogar abstoßend inhuman; ich meine, daß wichtigste Teile des Menschengeistes: Religion, Philosophie, Kunst, Dichtung, Wissenschaft neben, über, außer dem Staate und oft genug gegen ihn existieren; jede Verwendung und Verwendbarkeit dieser Organe des Menschengeistes als Staatsorgan, jede offizielle, uniformierte und reglementierte Geistigkeit also, scheint mir die Ironie herauszufordern; auch ein `Ministerium der schönen Künste´ scheint

mir das zu tun; nie hatte ich für meine Person gern mit dem Staate zu schaffen, meine Empfindungen für ihn waren von jeher so liederlich lau und individualistisch undevot wie möglich; ich war ein unpolitischer Mensch, war, was der Zivilisationsliterat einen `Ästheten´ nennt." (>Betrachtungen<, S. 110 f) Thomas Mann lehnt Staatsvergottung ab, insofern befand er sich sogar in Konfrontation mit dem autoritär-monarchistischen System der Jahre bis 1918! Er plädiert für absolute Selbständigkeit des Wissenschaftlers und Künstlers; auch das hebt ihn über die auf Kaiser und Staat zugeschnittenen Erwartungen der herrschenden Adels- und Militärkaste zur Entstehungszeit der >Betrachtungen< hinaus. Wir erfahren an dieser Stelle des Essays auch, was "unpolitisch" bedeutet. Die beigefügte Wortsemantik - und überhaupt die Essenz des gesamten Textes - erklärt den in den Titel aufgenommenen Begriff als Nicht-Eingebundenheit in die Rechtsstrukturen und in die Tagesgeschäfte und konnotiert damit die individuelle Verpflichtung gegenüber der Kultur und der Freiheit des Beobachtungsspektrums, der politischen Meinung und der Wahl der künstlerischen Mittel! Ein großer Geist, der bereits öffentliche Bestätigung erfahren hat und der weiß, was er wert ist, beansprucht Autarkie für die eigene Person. Aber er ist kein versponnener Traumtänzer; er hat Kenntnis über das, was im Staate vorgeht. Er hat den Mut zu sagen, in welcher Weise Geistigkeit gefährdet ist und was in Zukunft sein oder nicht sein sollte. Er verwahrt sich gegen die Übergriffe und bereits gegen die Mitsprache durch die Machthaber und durch die Masse in seine ureigene Sphäre hinein! `Unpolitisch´ heißt ungebunden, aber gesellschaftsorientiert! Die individuelle Problemsicht Thomas Manns erwächst aus der ausgeprägten Verantwortungsethik des freien Schriftstellers für die gesamte Gesellschaft und für das Humanitätsideal an sich! Er sieht die Stoffwahl und die Gestaltungsfreiheit durch mögliche Übergriffe aus dem politischen Raum bedroht. Dieses zweifellos elitäre Selbstverständnis und subjektive Anliegen Thomas Manns kann leicht als erzkonservative Haltung missverstanden werden, wenn man nicht bereit ist, der Motivwahl und der oft auch zeitenthobenen Sichtweise eines großen Dichters den genügenden Freiheitsraum zuzubilligen. Weil er sich solcher Angriffsmöglichkeiten bewusst ist, erscheint es Thomas Mann immer wieder notwendig, vor der aus seiner Sicht drohenden Total-Vereinnahmung der Wortkunst durch die gegen Ende des Ersten Weltkrieges vielen Künstlern und den SPD- und KPD-Politikern als Rettungsanker vor den Augen stehenden Staatsform einer volksdemokatischen Republik zu warnen: "Aber sagen wir es richtiger: Philanthropie und Schreibkunst, das ist die Republik, denn die Republik, das meint nichts anderes als die Herrschaft der Politik, die unbedingte und restlose Politisiertheit der Köpfe und Herzen, - während wiederum Politik nichts anderes heißt als Philanthropie und Schreibkunst." (>Betrachtungen<, S. 172 f) Die russische Oktoberrevolution von 1917 wird ihm zudem wie ein warnendes Beispiel vor dem gleichschaltenden Zugriff einer vielleicht sogar drohenden kommunistischen Republik erschienen sein.

Thomas Mann empfindet gegen Ende seines Essays die Notwendigkeit, sich gegen das Vorurteil des Konservativismus zu wehren. Gar zu leicht könnten Leser versucht sein, das Ethos der Traditionsverpflichtung mit Desinteresse an der Gegenwart und stoischer Rückwärtsgewandtheit zu verwechseln: "Unzweifelhaft besteht ein gewisser Gegensatz zwischen Konservativismus und Schriftstellertum, und Literatur. So gut wie die Verbindung `radikalistische Politik´ enthält auch `konservatives Schriftstellertum´ in gewissem Sinne einen Widerspruch im Beiwort. Denn Literatur ist Analyse, Geist, Skepsis, Psychologie, ist Demokratie, ist `Westen´, und wo sie sich mit konservativ-nationaler Gesinnung verbindet, da tritt jener Zwiespalt von Sein und Wirken ein, von dem ich sprach. Konservativ? Natürlich bin ich es nicht; denn wollte ich es meinungsweise sein, so wäre ich es immer noch nicht meiner Natur nach, die schließlich das ist, was wirkt. In Fällen wie meinem begegnen sich destruktive und erhaltende Tendenzen, und soweit von Wirkung die Rede sein kann, ist es eben diese doppelte Wirkung, die statthat." (>Betrachtungen<, S. 436) Der Autor erklärt sich also als eminent zeitorientiert, aber er reklamiert für sich das Recht einer persönlichen und umfassenden Wertung. `Konservativ´ heißt in Thomas Manns Verständnis nicht regimehörig oder zukunftsunfähig; `konservativ´ hat in seinem Horizont durchaus eine eingreifende Komponente! Die Basis seiner Beurteilungskraft kommt jedoch aus bester deutscher Kulturtradition und aus der eigenen ausgereiften

Persönlichkeit. Weil er an die in der wissenschaftlichen und künstlerischen Vergangenheit erdachten und herausgearbeiteten Werte und Mitteilungsformen glaubt, entscheidet sich Thomas Mann letztlich für den geistigen Appell an den kenntnisreichen und gebildeten Bürger. Unter Berufung auf seinen Dichterkollegen aus der Aufklärungszeit, Christoph Martin Wieland, plädiert der Autor im November 1918 für eine Neubesinnung des denkenden deutschen Menschen. Er ist sich der Notwendigkeit einer Umorientierung bewusst, aber er verlässt sich nicht auf äußere Reformen. Die Änderung der Staatsstruktur werde die "Schrankenlosigkeit der Zeit", wozu er Anarchie, Umsturz und Aufruhr rechnet, verschlimmern. Die Verbesserung der Gesellschaft gelinge allein bei geistig-moralischer Anstrengung über die Zielgruppe des bildungswilligen Bürgers, den er zugleich einen "ächten Patrioten" und "Weltbürger" nennt: "Der Anschein aber, daß ich mit meinem Glauben, die Frage des Menschen sei nie und nimmer politisch, sondern nur seelisch-moralisch zu lösen, heute unter geistigen Deutschen allein stehe, kann eben nicht mehr als ein Anschein sein, er muß auf Täuschung beruhen. Die Legitimität solcher Anschauungs- und Gefühlsweise ist durch zu viele Äußerungen edler Geister erhärtet, die deutsch blieben, indem sie überaus deutsch waren. Wieland war national im höchsten und geistigsten Sinn, als er es den ewigen Refrain aller seiner politischen Träume nannte, daß, solle es jemals besser um die Menschheit stehen, die Reform nicht bei den Regierungsformen und Konstitutionen, sondern bei den einzelnen Menschen anfangen müsse." (>Betrachtungen<, S. 439) Am Ende des Ersten Weltkrieges geriert sich Thomas Mann selbst als großbürgerlicher Kosmopolit hochkultureller Provenienz.

Am 13. Oktober 1922 referierte Thomas Manns anlässlich des sechzigsten Geburtstages von Gerhart Hauptmann im Berliner Beethovensaal zum Thema >Von deutscher Republik<. Wir stoßen dabei auf einen stark gewandelten Redner und Autor. Da ist keine Besorgnis mehr gegenüber der Demokratie und der Einflussnahme ungebildeter Leute auf die staatlichen Geschicke vorhanden, sogar die Sorge wegen der Übergriffe auf die Freiheit des wahren Dichters ist nicht mehr anzutreffen! Der Warner und Skeptiker der

>Betrachtungen eines Unpolitischen< entpuppt sich als glühender Verfechter des demokratischen Systems, drei Jahre nachdem Wilhelm II. abgedankt und der Sozialdemokrat Philipp Scheidemann die deutsche Republik ausgerufen hatte! Am 6. Februar 1919 war mit dem Zusammentreten der Verfassungsgebenden Versammlung erstmalig auf deutschem Boden ein parlamentarisches Regierungssystem, das auf einem Grundgesetz fußt, in Kraft getreten. In dieser Zeit hat sich Thomas Mann offensichtlich von seinen Vorbehalten gelöst und den Fortschritt einer politischen Willensbildung mittels Plebiszit und einer Rechtssetzung durch die Abgeordneten der gewählten Parteien erkannt. Seine Bedenken haben sich nicht nur in Luft aufgelöst, er tritt sogar mit Verve für das neue, nie in Deutschland praktizierte, aber in den Anstößen von 1817 (Wartburgfest), 1832 (Hambacher Fest) und 1848 (Nationalversammlung in der Frankfurter Paulskirche) von Studenten, Professoren und Politikern geforderte Staatssystem ein. Die Demokratie hat ihn offenbar positiv mit ihren Möglichkeiten für den sozialen Fortschritt und das kulturelle Humanum, das er auch zur Zeit seines Widerstandes gegen die Republik im Wesentlichen vertreten hatte, überzeugt! Zugleich erkannte er in einer neuen Gegnerschaft von der politischen Rechten gegen die demokratische Errungenschaft ein Feindbild, von dem her die hoffnungsvolle politische Substanz gefährdet, total in Frage gestellt und vehement bekämpft wird! So erleben wir den bisher des Konservatismus verdächtigten Roman- und Novellenautor als glühenden Verteidiger des Weimarer Staatssystems, der sich mit dem Verfahren der Demokratie identifiziert und der sich dem Unverständnis der rechtsstehenden Jugend - die seine Rede offensichtlich organisiert durch schmähende Zwischenrufe stört - und der Verunglimpfung der Republik als mieses, fremdländisches Siegerprodukt vehement widersetzt: "Die `Mächte´ sind fort, der Staat ist unser aller Angelegenheit geworden, wir sind der Staat, und dieser Zustand ist wichtigen Teilen der Jugend und des Bürgertums in tiefster Seele verhaßt, sie wollen nichts von ihm wissen, sie leugnen ihn nach Möglichkeit, und zwar hauptsächlich, weil er sich nicht auf dem Wege des Sieges, des freien Willens, der nationalen Erhebung, sondern auf dem der Niederlage und des Kollapses hergestellt hat und mit Ohnmacht, Fremdherrschaft, Schande unlöslich verbunden scheint.

`Wir sind nicht die Republik´, sagen mir diese abgewandten Patrioten." (>Republik<, S. 130) Über die Reverenz an den deutschen Nationalheros unter den Dichtern unternimmt Thomas Mann den schwierigen Versuch, unter Hinweis auf Hauptmann als "dem Dichter der Armen" dieser ins Rechtsradikale abtriftenden Jugend das demokratische System als Erfüllungsmöglichkeit für die Anliegen und die Ideale des naturalistischen Dramatikers nahezubringen. Er scheut sich nicht, vor den politisch Extremen mit dem Deutschtum zu argumentieren, da er nach wie vor diesen Begriffsinhalt mit guter Kulturtradition und mit nachahmungswertem, bedachtem Patriotismus füllt. Gerhart Hauptmann habe das grundsätzlich berechtigte nationale Anliegen mit Stil und mit der Würde seiner reifen Persönlichkeit vertreten. Der kämpferisch auftretende Thomas Mann stellt dieser gewaltbereiten, demokratiefeindlichen, pöblerischen Jugend unter seinen Hörern und den Zeitungslesern der Tagespresse des nächsten Morgens sein hohes Bild vom gefeierten Gerhart Hauptmann entgegen: "Human, sage ich, und nicht roh oder hausbacken ist dieses Mannes dichterische Deutschheit ihrer literarischen Geschichte nach. Human, setze ich hinzu, weder völkisch simpel noch völkisch ungeschlacht und randalierend, sondern liberal im menschlichsten Sinn, kulturmilde, würdig-friedfertig stellen sein Deutschtum, seine hohe Echtheit, seine Popularität sich überhaupt und durchaus unserer Verehrung dar." (>Republik<, S. 121)

Auch Novalis und Adalbert Stifter werden herangezogen, um die Errungenschaften einer Republik der mit tiefeingeprägten Vorurteilen behafteten Jugend verstehbar zu machen und vor einem neuen Krieg, der aus anerzogenen Revanchegelüsten und aus einem aggressiven, engstirnigen Nationalverständnis entstehen könnte, zu warnen: "[...] der Krieg ist Lüge, selbst seine Ergebnisse sind Lügen, er ist, wieviel Ehre der einzelne in ihn hineinzutragen willens sein möge, selbst heute aller Ehre bloß, und darum stellt er dem Auge, das sich nicht selbst betrügt, als Triumph aller brutalen und gemeinen, der Kultur und dem Gedanken erzfeindlich gesinnten Volkselemente, als eine Blutorgie von Egoismus, Verderbnis und Schlechtigkeit fast restlos sich dar." (>Republik<, S. 123) Mit Novalis ist sich der Autor einig, dass die weltlichen Kräfte, die entweder auf den Vorteil des Einzelnen oder auf das Staatsganze zielen, ein mäßigendes und ausgleichendes

Element benötigten; das waren für den Dichter der Frühromantik das Gedankengut und die Moral der Kirche. Thomas Mann ersetzt diese religiöse Einflusssphäre durch sein hochgestecktes Humanitätsideal: "Wissen wir nicht von einem anderen `Dritten´, das ebenfalls `weltlich und überirdisch´, das heißt sozial und innerlich, menschlich und aristokratisch zugleich ist und zwischen Romantizismus und Aufklärung, zwischen Mystik und Ratio eine schöne und würdige - man darf es sagen: eine deutsche Mitte hält? Und war es, zornige Freunde, nicht dieses Element, das ich mit jenem Buchwerk [Erg.: >Betrachtungen eines Unpolitischen<], in wirklicher Lebensnot nach rechts und links, ja, unter schwerstem Druck, mehr noch nach links als nach rechts verteidigte: das Element der Humanität? Irgendwie, auf die bescheidenste Art, bin ich legitimiert, diesen Begriff zu handhaben; denn die Sache war früher mein als der Name, und ich darf sagen, daß Humanität mir kein erlesener und gedachter, sondern ein erlebter Gedanke ist." (>Republik<, S. 137) So umfassend hat sich Thomas Mann in den vier Jahren seit 1918 mit dem Wesen der parlamentarischen, auf den Grund- und Menschenrechten basierenden Demokratie vertraut gemacht, dass er sein Humanitätsideal, sein Ethos von der Verbreitung des Edlen und Guten mittels der Sprachkunst, ganz auf die Errungenschaft der Republik stützt und mit dieser Orientierung sein weit gespanntes Blickfeld zwischen Nationalität und Weltbürgertum, zwischen Rückzug ins Private und Ausgreifen auf die Gesamtgesellschaft abzusichern sucht: "Zwischen ästhetizistischer Vereinzelung und würdelosem Untergange des Individuums im Allgemeinen, zwischen Mystik und Ethik, Innerlichkeit und Staatlichkeit; zwischen todverbundener Verneinung des Ethischen, Bürgerlichen, des Wertes und einer nichts als wasserklar-ethischen Vernunftphilisterei ist sie in Wahrheit die deutsche Mitte, das Schön-Menschliche, wovon unsere Besten träumten. Und wir huldigen ihrer positiven Rechtsform, als deren Sinn und Ziel wir die Einheit des politischen und nationalen Lebens begriffen haben, indem wir unsere noch ungelenken Zungen zu dem Rufe schmeidigen: `Es lebe die Republik!´" (>Republik<, S. 159) In diesem Fanal für den Rechtsstaat bürgerlicher Prägung wird sichtbar, dass Thomas Mann seine Wandlung vom Konservativen der Kaiserzeit zum Demokraten des Verfassungsstaates schon weit vor der Fertigstellung des

>Zauberberg<-Romans, in dem die Diskussion über das beste Gesellschaftssystem reflektiert wird, vollzogen und abgeschlossen hat! Die Vorgänge der Zeitgeschichte selbst müssen es gewesen sein, die diesen Umschwung bewirkt und aus dem Demokratie-Skeptiker einen glühenden Kämpfer für den Parlamentarismus gemacht haben! Von nun an scheint ihm die Kostbarkeit des Humanitätsideals und die Freiheit des Literaten bei den zivilen Demokraten am besten aufgehoben. Seither ist Thomas Mann allerdings bei den unaufhaltsam vordringenden Nationalisten als Linker und als Gegner, der zu überwachen und zu bekämpfen sei, verschrien.

Am 29. Mai 1945 hält der Autor in der Library of Congress in Washington einen Vortrag zu dem Thema >Deutschland und die Deutschen<, in welchem er seine Analysen zur Veranlagung und zur Situation der Deutschen, die er während seiner 50 Rundfunkvorträge vorgenommen hat, subsumiert. Er will die Wurzel des Nationalcharakters offenlegen, um die Schuld und die Katastrophe Deutschlands vom ursächlichen Kern her zu umreißen. Dabei kommen Eigenschaften zum Vorschein, die dem Redner derart essentiell scheinen, dass er sie auch - überhaupt nicht mehr verhüllt als seine eigene Meinung - in großem Umfang in das 46. Kapitel seines >Doktor Faustus<-Romans einfügt, das er Ende 1946 produziert! Zunächst nimmt er sich in seiner Rede das eigentümlich verklemmte Verhältnis der Deutschen zur übrigen Welt vor: "Als Amerikaner bin ich Weltbürger, - was von Natur der Deutsche ist, ungeachtet der Weltscheu, die zugleich damit sein Teil ist, seiner Schüchternheit vor der Welt, von der schwer zu sagen ist, ob sie eigentlich auf Dünkel oder auf angeborenem Provinzialismus, einem völkergesellschaftlichen Minderwertigkeitsbewusstsein beruht. Wahrscheinlich auf beidem." (>Deutschland<, S. 162) Er ist sich der schwierigen Lage eingedenk, als Deutscher über die eigene Nation zu sprechen. So artikuliert er sein Bestreben, deswegen weder zu beschönigen, noch einseitig zu verurteilen. Aber auf keinen Fall will er die Schuldfrage eliminieren; dafür seien Diktatur, Krieg, Terror, Rassenwahn und Menschenrechtsverletzungen doch eine zu fürchterliche Entartung im Verlauf der Weltgeschichte gewesen! Von außen, aus dem Blickwinkel des Exilanten, sind ihm eine behutsame

Analyse des Desasters und ein vorsichtiges, um Objektivität ringendes Urteil möglich: "Das grausige Schicksal Deutschlands, die ungeheuere Katastrophe, in die seine neuere Geschichte jetzt mündet, erzwingt Interesse, auch wenn dies Interesse sich des Mitleids weigert. Mitleid erregen zu wollen, Deutschland zu verteidigen und zu entschuldigen wäre gewiß für einen deutsch Geborenen heute kein schicklicher Vorsatz. Den Richter zu spielen aus Willfährigkeit gegen den unermeßlichen Haß, den sein Volk zu erregen gewußt hat, es zu verfluchen und zu verdammen und sich selbst als das `gute Deutschland´ zu empfehlen, ganz im Gegensatz zum bösen, schuldigen dort drüben, mit dem man gar nichts zu tun hat, das scheint mir einem solchen auch nicht sonderlich zu Gesichte zu stehen. Man hat zu tun mit dem deutschen Schicksal und deutscher Schuld, wenn man als Deutscher geboren ist. Die kritische Distanzierung davon sollte nicht als Untreue gedeutet werden." (>Deutschland<, S. 163) In seiner Rede erklärt Thomas Mann in einem Zuge mit der Charakteristik der bizarren deutschen Mentalität die Hauptmotive seines Faust-Romans. Der Autor beginnt mit der Neigung der Deutschen zum Mystischen, was synonym sei mit Unaufgeklärtheit und Verhaftetsein im Spätmittelalterlichen! Im Kapitel VI des >Doktor Faustus<-Roman wird im Zuge der Zeitbloms Beschreibung der Ort Kaisersaschern und zugleich die geistige Befindlichkeit vieler Deutscher definiert. So verwertet Thomas Mann im Vortrag auch bereits fertiggestellte Romanpassagen: "Nein, in der Atmosphäre selbst war etwas hängengeblieben von der Verfassung des Menschengemütes - sagen wir: in den letzten Jahrzehnten des fünfzehnten Jahrhunderts, Hysterie des ausgehenden Mittelalters, etwas von latenter seelischer Epidemie." (>Deutschland<, S. 164) Von dieser Rückständigkeit her, welche die Neigung zum Abergläubischen und Massenwahn einschließe, wird zum Teufels-Motiv übergeleitet. Zu den Trugbildern des Hexen- und Gespensterglaubens gehöre der Teufel, und wo der Teufel sich niedergelassen habe, dort triumphiere bisweilen das Böse. Der Kontakt mit dem Fürsten der Unterwelt - Thomas Mann bedient sich im Essay wie im Roman der derselben allegorischen Bezeichnung - lasse sich wiederum auf den Hang zum Verlassen der gesunden geistigen Mitte zurückführen: "Wo der Hochmut des Intellektes sich mit seelischer Altertümlichkeit und

Gebundenheit gattet, da ist der Teufel. Und der Teufel, Luthers Teufel, Faustens Teufel, will mir als eine sehr deutsche Figur erscheinen, das Bündnis mit ihm, die Teufelsverschreibung, um der Drangabe des Seelenheils für eine Frist alle Schätze und Macht der Welt zu gewinnen, als etwas dem deutschen Wesen eigentümlich Naheliegendes." (>Deutschland<, S. 165) Mit dem Fauststoff verbindet der Autor das Musik-Motiv, das auch zur Charakteristik des deutschen Menschen herhalten muss. Damit meint er sowohl die eher illusionäre Stellung des Deutschen zur übrigen Welt als auch die Neigung zum Schwärmerischen! Dazu geselle sich der Dünkel, den anderen Nationen etwas voraus zu haben: "Soll Faust der Repräsentant der deutschen Seele sein, so müßte er musikalisch sein; denn abstrakt und mystisch, das heißt musikalisch, ist das Verhältnis des Deutschen zur Welt, - das Verhältnis eines dämonisch angehauchten Professors, ungeschickt und dabei von dem hochmütigen Bewußtsein bestimmt, der Welt an `Tiefe´ überlegen zu sein. Worin besteht diese Tiefe? Eben in der Musikalität der deutschen Seele, dem, was man ihre Innerlichkeit nennt, das heißt: dem Auseinanderfallen des spekulativen und gesellschaftlich-politischen Elements menschlicher Energie und der völligen Prävalenz des ersten vor dem zweiten." (>Deutschland<, S. 165 f) Das bedeutet also das Übergewicht der Irrationalität gegenüber dem klaren Verstand, die Dominanz des Gefühls über das Kritikvermögen!

Darüber hinaus stellt der Redner bei seinen Landsleuten eine Unfähigkeit zur ausgewogenen und entspannten Einordnung des politischen Geschäftes fest. Die behutsame und ausgleichsbereite Auseinandersetzung sei in Deutschland nicht üblich, besonders weil der unflexible Deutsche letztlich Geradlinigkeit und Eindeutigkeit anstrebe. Gerade wegen des Hangs der Deutschen zum Idealischen, störten sie sich eigentlich an der Undurchsichtigkeit und Manipuliertheit vieler politischer Prozesse und verachteten daher das Unsaubere in der alltäglichen Abwicklung von Entscheidungen und Vorhaben. Schließlich ergebe sich aus dieser Spaltung von hoher Gesinnungsmoral bei faktischer Unmoral eine Anpassung an den üblichen Stil, so dass es im Umgang mit den anderen Völkern zu Grobheit und Gewalttätigkeit komme. Dabei sei Ruppigkeit wirklich nicht die Mitte der deutschen Seele, doch viel eher ihre

Feinnervigkeit, die aber durch willentlichen Zugriff und wegen typischer Ungelenkheit im Handeln nach außen nicht beibehalten werden könne: "Ein solches auf Kompromiß beruhendes Fertigwerden mit dem Leben erscheint dem Deutschen als Heuchelei. Er ist nicht dazu geboren, mit dem Leben fertig zu werden, und er erweist seine Unberufenheit zur Politik, indem er sie auf eine plump ehrliche Weise mißversteht. Von Natur durchaus nicht böse, sondern fürs Geistige und Ideelle angelegt, hält er die Politik für nichts als Lüge, Mord, Betrug und Gewalt, für etwas vollkommen und einseitig Dreckhaftes und betreibt sie, wenn er aus weltlichem Ehrgeiz sich ihr verschreibt, nach dieser Philosophie. Der Deutsche, als Politiker, glaubt sich so benehmen zu müssen, daß der Menschheit Hören und Sehen vergeht - dies eben hält er für Politik. Sie ist ihm das Böse, - so meint er denn um ihretwillen recht zum Teufel werden zu sollen." (>Deutschland<, S. 172) Thomas Manns Analyse des deutschen Nationalcharakters läuft sowohl im >Doktor Faustus<-Roman als auch in seinem sehr deutlichen Vortrag auf die Eigenheit des Deutschen hinaus, nach erstrangigem Anstreben des Guten bei der praktischen Verwirklichung desselben danebenzugreifen und das ursprünglich Angestrebte unwillentlich ins Gegenteil zu verkehren! Weil eben die rationale Kontrolle bei der Umsetzung ursprünglich idealistischer Ziele fehle, gleite das Wirken der Deutschen ins Negative und oft ins Brutale ab! Thomas Mann definiert die Substanz im Volkscharakter sogar unmittelbar nach dem Ende des Zweiten Weltkriegs - als das volle Ausmaß der Gräuel der ganzen Welt vor Augen steht - als gut. Die innen- und außenpolitischen Aktionen seien weitgehend unfreiwillig ins Böse und weiter noch ins Teuflische hinübergedriftet: "Die Deutschen ließen sich verführen, auf ihren eingeborenen Kosmopolitismus den Anspruch auf europäische Hegemonie, ja auf Weltherrschaft zu gründen, wodurch er zu seinem strikten Gegenteil, zum anmaßlichsten und bedrohlichsten Nationalismus und Imperialismus wurde. Dabei merkten sie selbst, daß sie mit dem Nationalismus wieder einmal zu spät kamen, daß dieser sich bereits überlebt hatte. Darum setzten sie etwas Moderneres dafür ein: die Rassenparole - die sie denn prompt zu ungeheuerlichen Missetaten vermocht und sie ins tiefste Unglück gestürzt hat. Oder nehmen Sie die vielleicht berühmteste Eigenschaft der Deutschen, diejenige, die man mit dem sehr schwer übersetzbaren Wort `Innerlichkeit´ bezeichnet: Zartheit, der Tiefsinn des Herzens, unweltliche Versponnenheit, Naturfrömmigkeit, reinster Ernst des Gedankens und des Gewissens, kurz alle Wesenszüge hoher Lyrik mischen sich darin, und was die Welt dieser deutschen Innerlichkeit verdankt, kann sie selbst heute nicht vergessen: Die deutsche Metaphysik, die deutsche Musik, insonderheit das Wunder des deutschen Liedes, etwas völlig Einmaliges und Unvergleichliches, waren ihre Früchte." (>Deutschland<, S. 173) Nicht nur die Tendenz zum Ideellen zeichnet nach Thomas Mann den Deutschen positiv aus, sondern auch die außergewöhnliche Sensibilität im Gefühlshaften, die sich gerade auf dem musikalischen Sektor erwiesen habe. Diese Gefühligkeit habe sich allerdings in unkontrolliertes politisches Schwärmertum abgewandelt, das dann die NS-Ideologen für ihre verwerflichen Ziele fruchtbar gemacht haben.

Zu den genannten achtbaren Eigenschaften der Deutschen gesellte sich ein gefährliches Konglomerat aus wirtschaftlicher Macht, allgemeinem Fleiß und technischer Fortgeschrittenheit bei unangemessener mentaler Rückständigkeit! Die Orientierung am Ruhm der verflossenen Kaiserreiche habe zudem einen vorhandenen Überlegenheitsdünkel unterstützt! Die Einstellung zum gesellschaftlichen Bereich und zur Staatsstruktur hätte mit dem sonst vorherrschenden Modernitätsschub nicht Schritt gehalten. So konnten sich aus dieser mangelnden Beherrschung der Wachstumskraft ein unzeitgemäßes politisches Verhalten und schließlich sogar Gewaltbereitschaft nach außen entwickeln. Der deutsche Koloss habe sich weltpolitisch wie im Mittelalter verhalten! Statt viele zu Rate zu ziehen und innenpolitisch wie international friedliche und vernünftige Lösungen durch Debatten und Konsense zu suchen, seien tumb und leichtfertig auch im zwanzigsten Jahrhundert die Entscheidungen mittels Kampf und Krieg angestrebt worden: "Aber es erwies sich, daß der europa-übliche national-demokratische Weg zur Einigung der deutsche Weg nicht war. Bismarcks Reich hatte im tiefsten nichts mit Demokratie und als auch nichts mit Nation im demokratischen Sinn dieses Wortes zu tun. Es war ein reines Machtgebilde mit dem Sinn der europäischen Hegemonie, und unbeschadet aller Modernität, aller nüchternen Tüchtigkeit knüpfte das Kaisertum von 1871 an

mittelalterliche Ruhmeserinnerungen, die Zeit der sächsischen und schwäbischen Herrscher an. Dies eben war das Charakteristische und Bedrohliche: die Mischung von robuster Zeitgemäßheit, leistungsfähiger Fortgeschrittenheit und Vergangenheitstraum, der hochtechnisierte Romantizismus. Durch Kriege entstanden, konnte das unheilige Deutsche Reich preußischer Nation immer nur ein Kriegsreich sein. Als solches hat es, ein Pfahl im Fleische der Welt, gelebt, und als solches geht es zugrunde." (>Deutschland<, S. 174 f)
Die Ursachen für das Dritte Reich verlagert Thomas Mann in einer Verstärkung seiner emphatischen Verteidigung der Republik im Jahre 1922 und in einer erstaunlich einschränkungslosen Abkehr von seiner systemerhaltenden Position zur Zeit der >Betrachtungen eines Unpolitischen< zurück auf den wilhelminischen Machtstaat! Die gefeierte deutsche Einheit von 1871 habe die eigentlich schon überlebte deutsche Staatsorganisation noch einmal zementiert und einen Reichsbegriff und ein Gedankenmaterial vergangener Jahrhunderte wiederaufleben lassen: "Eine kulturelle Enttäuschung war das geeinte Machtreich außerdem. Nichts geistig Großes kam mehr aus Deutschland, das einst der Lehrer der Welt gewesen war. Es war nur noch stark. Aber in dieser Stärke und unter der organisierten Leistungstüchtigkeit dauerte und wirkte fort der romantische Krankheits- und Todeskeim. Geschichtliches Unglück, die Leiden und Demütigungen eines verlorenen Krieges nährten ihn. Und, heruntergekommen auf ein klägliches Massenniveau, das Niveau eines Hitler, brach der deutsche Romantismus aus in hysterische Barbarei, in einen Rausch und Krampf von Überheblichkeit und Verbrechen, der nun in der nationalen Katastrophe, einem physischen und psychischen Kollaps ohnegleichen, sein schauerliches Ende findet. Was ich Ihnen in abgerissener Kürze erzählte, meine Damen und Herren, ist die Geschichte der deutschen `Innerlichkeit´. Es ist eine melancholische Geschichte - ich nenne sie so und spreche nicht von `Tragik´, weil das Unglück nicht prahlen soll. Eines mag diese Geschichte uns zu Gemüte führen: daß es nicht zwei Deutschland gibt, ein böses und ein gutes, sondern nur eines, dem sein Bestes durch Teufelslist zum Bösen ausschlug. Das böse Deutschland, das ist das fehlgegeangene gute, das gute im Unglück, in Schuld und Untergang. Darum ist es für einen deutsch geborenen Geist auch so unmöglich,

das böse, schuldbeladene Deutschland ganz zu verleugnen und zu erklären: `Ich bin das gute, das edle, das gerechte Deutschland im weißen Kleid, das böse überlasse ich euch zur Ausrottung.'" (>Deutschland<, S. 176) Thomas Manns Wertung ist zwar ambivalent; denn er verteidigt und klagt gleichzeitig an. Aber er versteht sich als Anwalt einer Sicht, die an die beste Grundlage des Deutschtums erinnert - so wie er seinen Erzähler am Schluss des >Doktor Faustus<-Romans sprechen lässt -, so dass nicht die Rache des Auslands das letzte Wort haben soll, sondern das erzieherische Anknüpfen an bester und früher einmal vorbildlicher Kulturtradition! Den Volksorganismus Deutschland habe ein übler Infekt befallen, der Staatskörper sei krank geworden und wäre dann unter der Kuratel eines Terrorregimes nicht mehr bei sich gewesen. Trotz allem könne und solle die Nation wieder zu ihrem echten und substantiell guten Wesen zurückfinden.

Schlusswort

Thomas Mann lässt die essenziell politische Intention seines Faust-Romans auf vier motivischen Säulen aufruhen: der Musikgeschichte (mit Anspielung auf Arnold Schönberg), der Philosophiegeschichte (mit Entsprechungen zu Friedrich Nietzsche), dem Fauststoff (unter Verwertung des >Volksbuches< und Wolfgang v. Goethes >Faust<) und der Geschichte Deutschlands zwischen 1885 und 1945. Die sechs Mal eingestreuten Bezüge zu den Geschehnissen des Zweiten Weltkriegs fokussieren das ganze Werk auf die schreckliche Gegenwart Deutschlands zwischen 1943 und 1945. Das gedankliche Gewicht des Romans ist an der Analyse der Entwicklung der deutschen Gesellschaft von der Kaiserzeit, über den Verfall der Weimarer Republik bis zur Terrorherrschaft der Nationalsozialisten unter dem Führer Adolf Hitler orientiert. Der Autor füllt seine Erkenntnis über die Ursachen des deutschen Verhängnisses mit Leben. Nie gleitet dieses großartige Werk ins Sachbuchhafte ab, alles ist höchst einfallsreich und stets unterhaltsam mit buntem Leben gefüllt und alles steht in durchdachter Beziehung zur politischen Symbolik! Die Biographie und das geistige und künstlerische Können der Hauptfigur des Dr. Phil. Adrian Leverkühn dienen dem Autor als Folie für seine Überzeugung, dass die Deutschen bei bester kultureller Tradition, wozu vor allem die Ton- und Wortkunst, die Philosophie und die Wissenschaften zählen, nicht moralisch zu verwerfen, sondern als Verführte zu betrachten seien: Eine verbrecherische Ideologie sei es gewesen, verbunden mit politischer Blauäugigkeit, hochfahrender Schwärmerei und leichtfertiger Denunziation des demokratischen Systems, die aus einem guten und aufgeschlossenen Volk die Täter des Bösen hervorgebracht habe! Indem der Dichter die Übeltaten und Gräuel auf deutschem und europäischem Boden nicht verschweigt und seinen Erzähler unter deutlicher auktorialer Stützung den Abscheu vor dem Verlust des Humanen ausdrücken lässt, will er Beschönigung vermeiden. Doch er ist auch vom in Kenntnis gesetzten und empörten Ausland aus nicht zum Verwerfen der gesamten deutschen Gesellschaft bereit. Die prinzipiell gute Substanz des deutschen Nationalcharakters wird von Thomas nicht und nirgends in Zweifel gezogen! Daher dienen dem Autor die Genies Friedrich Nietzsche und

Arnold Schönberg als Belege für die außergewöhnliche künstlerische Produktivität und für das weltweit anerkannte analytische Denk- und Sprachvermögen der besten deutschen Geister. Wohl waren viele Schuldige in den Gruppierungen der deutschen Partei- und Militärdiktatur, doch die begabten, aber gefühlslastigen Deutschen waren fehlgeleitet durch Adolf Hitlers geschickte Verführung! Der Berufungsgedanke und Weltmachtträume hätten die Deutschen zu gehorsamer Kriegs- und Vernichtungsbereitschaft hingerissen! Das Fehlen rationaler und institutioneller Sicherungen ermöglichte dann Tod, Leid und Zerstörung größten Ausmaßes. Der Autor symbolisiert im Wahn seines immer stärker erkrankenden Helden den Massenwahn, in den ein euphorisch und übergroß empfindendes Volk von raffinierten Manipulateuren hineingezogen wurde. Die Krankheit des ausgewählten Genies allegorisiert die politische Krankheit der Gesellschaft, die wegen ihrer hochstrebenden Veranlagung und wegen institutioneller und rationaler Unzulänglichkeiten bereit war, erschreckend Böses zu tun. Am Ende leiden alle Deutschen für die Aggressivität und Bedenkenlosigkeit ihrer Anführer.

Die Sorge des Autors gilt dem leidenden Volk und besonders der Jugend, die wieder zum in langer Kulturtradition erwiesenen Humanismus zurückgeführt werden und auch selbst zurückfinden soll. Der kühle Tagebuch-Protokollant Thomas Mann demonstriert noch einen anderen Aspekt, nämlich den des zornigen politischen Schriftstellers, der seinem Unmut über die unzureichende Wandlungsfähigkeit der befreiten Deutschen Luft macht. Der reife Romandichter Thomas Mann lässt Milde walten und betrachtet in seinem Alterswerk den Deutschen als den faustischen Menschen, der den nationalistischen und imperialistischen Überschwang am eigenen Leib büßen muss! Die NS-Diktatur habe wie eine tödliche Infektion gewütet, viele Menschen in ihren Bann gezogen und schließlich dahingerafft. Die im Kern gute Natur des deutschen Volkes möge nach der Katastrophe wieder an der achtunggebietenden Kulturtradition, wofür das Musik-Genie Adrian Leverkühn steht, anknüpfen und sich an das Humanitätsideal halten, wie es der Autor selbst im Unterfangen seiner letztlich konstruktiven, erklärenden und wegweisenden historischen Analyse vertritt. Seit 1922 bis 1947 und auch noch danach spricht sich der Essayist Thomas Mann deutlich für den notwendigen strukturellen Rahmen für Freiheit, verantwortungsvolle Wissenschaft und individuelles künstlerisches Schaffen aus - er empfiehlt den Deutschen - um die Gefahr von Fehlleitung bei so viel aufgewiesener Innerlichkeit wissend - nachhaltig die Staatsform der parlamentarischen Demokratie! 1945 in seiner Absage, enttäuscht durch die Angriffe von Frank Thiess (nach Walter von Molos Einladung, dass er doch baldigst nach Deutschland zurückkommen solle, weil er dringend gebraucht werde), fasst Thomas Mann die Intentionen für die Wahl des Faust-Motivs noch einmal bündig zusammen und legt seine Trauer über das verführte Deutschland und seine Hoffnung auf eine bessere Zukunft offen. Er hütet sich in diesem offenen Brief trotz der Angriffe durch die in Deutschland gebliebenen Schriftsteller der Inneren Emigration vor einer Pauschalverurteilung und beruft sich noch einmal auf seine Deutung des deutschen Desasters als verhängnisvolle Verführung: "Das böse Deutschland, erklärte ich, das ist das fehlgegangene gute im Unglück, in Schuld und Untergang [...] Das war ja wohl, was man eine Solidaritätserklärung nennt - im gewagtesten Augenblick. Nicht gerade mit dem Nationalsozialismus, das nicht. Aber mit Deutschland, das ihm schließlich verfiel und einen Pakt mit dem Teufel schloß. Der Teufelspakt ist eine tief-altdeutsche Versuchung, und ein deutscher Roman, der eingegeben wäre von den Leiden der letzten Jahre, vom Leiden an Deutschland, müßte wohl eben dies grause Versprechen zum Gegenstand haben. Aber sogar um Faustens Einzelseele ist, in unserem größten Gedicht [Erg.: Goethes >Faust<] der Böse ja schließlich betrogen, und fern sei uns die Vorstellung, als habe Deutschland nun endgültig der Teufel geholt. Die Gnade ist höher als jeder Blutsbrief, und ich glaube an Deutschlands Zukunft, wie verzweifelt auch immer seine Gegenwart sich ausnehmen, wie hoffnungslos die Zerstörung erscheinen möge." (>Brief an W.v.Molo<, S. 183) Seine prinzipiell wohlwollende, aber nichts entschuldigende Beurteilung der Deutschen im >Doktor Faustus<-Roman und in seinen Reden lässt sein ungebrochenens Zugehörigkeitsgefühl zur deutschen Nation und Kulturgeschichte erkennen. Sowohl die fiktionalen Passagen als auch die metatextuellen Einschübe in seinem Roman belegen - trotz seiner Weigerung sich wieder in Deutschland niederzulassen - sein Interesse an Wohl und

Wehe der alten Heimat. Er litt und er hoffte mit dem guten Teil der Deutschen. Thomas Mann war sogar in der schwierigsten Zeit vom besten Kern der deutschen Seele überzeugt - und wurde, nicht zuletzt mit seinem >Doktor Faustus<, selbst zu einem festen Bestandteil dieser achtbaren Kultursubstanz.

Literaturverzeichnis
(Ordnung nach Entstehungszeit)

Primärtexte

Thomas Mann: >Betrachtungen eines Unpolitischen< (abgk.:
>Betrachtungen<), in T.M.: >Politische Schriften und Reden< Bd.1,
hrsg v. Peter de Mendelssohn, Frankfurt a.M. 1968
Thomas Mann: >Von deutscher Republik< (abgk.: >Republik<), in
T.M.: >Politische Schriften und Reden< Bd 2, hrsg. v. Peter de
Mendelssohn, Frankfurt a.M. 1984
Thomas Mann: >Leiden und Größe Richard Wagners< (abgk.:
>Wagner-Vortrag<), in T.M.: >Schriften und Reden zur Literatur,
Kunst und Philosophie< Bd 2; Frankfurt a.M. 1968
Thomas Mann: >Doktor Faustus< (abgk.: DF), Frankfurt a.M. 1999
Thomas Mann: >Tagebücher 1944-1946<, hrsg. v. Inge Jens,
Frankfurt a.M. 1986
Thomas Mann: >Deutschland und die Deutschen< (abgk.:
>Deutschland<), in T.M.: >Politische Schriften und Reden< Bd 3,
hrsg. v. Peter de Mendelssohn, Frankfurt a.M. 1968
Thomas Mann: >Nietzsche´s Philosophie im Lichte unserer
Erfahrung< (abgk.: >Nietzsche-Vortrag<), in T.M.: >Schriften und
Reden zur Literatur, Kunst und Philosophie< Bd 3, Frankfurt a.M.
1968
Thomas Mann: >Die Entstehung des Doktor Faustus. Roman eines
Romans<, Frankfurt a.M. 1949
Thomas Mann: >Warum ich nicht nach Deutschland zurückgehe<,
Offener Brief an Walter v. Molo (abgk.: >Brief an W.v.Molo<), in
T.M.: >Politische Schriften und Reden< Bd 3, hrsg. v. Peter de
Mendelssohn, Frankfurt a.M. 1960

Weitere Faust-Ausgaben

Dietrich Steinbach (Hrsg.): >Das Volksbuch von Doktor Faust<
(abgk.: >Volksbuch<), nach der >Historia von Doktor Johann
Fausten<, hrsg. v. Johann Spies zu Frankfurt 1587, Stuttgart 1981
Johann Wolfgang v. Goethe: >Faust. Erster und zweiter Teil<,
Vollständige Ausgabe nach dem Text der im Artemis Verlag
erschienenen >Gedenkausgabe der Werke, Briefe und Gespräche<.
Mit einem Abriß zur Entstehungsgeschichte, Anmerkungen und
Literaturhinweisen von Günther Fetzer, München 1979

Sekundärwerke

Viktor Mann: >Wir waren fünf. Bildnis der Familie Mann<, Konstanz
1949
Hans Bürgin u. Hans Otto Mayer: >Thomas Mann. Eine Chronik
seines Lebens< (abgk.: >Chronik<), Frankfurt a.M. 1980
Max Biller : >Pollinger Heimat-Lexikon< Bd II, hrsg. v. d. Gemeinde,
Polling 1992
Heinrich Pleticha (Hrsg.): >Deutsche Geschichte< Bd 10, >Bismarck-
Reich und Wilhelminische Zeit 1871-1918<, Gütersloh 1993
Heinrich Pleticha (Hrsg.): >Deutsche Geschichte< Bd 11, >Republik
und Diktatur 1918-1945<, Gütersloh 1993
Klaus Schröter: >Thomas Mann<, Reinbek bei Hamburg 1998
Ivo Frenzel : >Friedrich Nietzsche<, Reinbek bei Hamburg 2000
Eberhard Freitag: >Schönberg<, Reinbek bei Hamburg 2000